FLENSBURGER HEFTE

Anthroposophen in der Zeit des deutschen Faschismus

Zur Verschwörungsthese

Liebe Leserinnen und Leser!

Mit diesem Sonderheft Nr.8 setzen wir das Thema „Anthroposophen und Nationalsozialismus" fort, das bereits im Heft 32 behandelt wurde. So findet sich in diesem Heft auch der zweite Teil von Arfst Wagners dokumentarischer Arbeit. Die Behandlung des Themas erfolgte im Heft 32 auch in Interviews, die sich zwar auf den Nationalsozialismus und die Probleme der Vergangenheitsbewältigung bezogen, aber nicht direkt expressis verbis auf die Anthroposophie oder die Anthroposophen. Auch in dem vorliegenden Heft finden sich wieder grundlegende Artikel oder Schilderungen individueller Schicksale, die vielleicht den oberflächlich direkten Bezug zu „den" Anthroposophen vermissen lassen, die aber gleichwohl bei genauerer Überlegung einiges zur Erhellung der Problematik beitragen können. Das gilt sowohl für Johannes Rogalla von Biebersteins Artikel zur Verschwörungsthese als auch für die Erinnerungen an Nelly Sachs, an die Rettung von mindestens Tausend Menschen durch Erwin Dold als KZ-Kommandant in Dautmergen und an die Erlebnisse von József Tihanyi-Hirmann. Einen Einblick in den Stand der historischen Aufarbeitung der Geschichte der Waldorfschule im Nationalsozialismus geben die Artikel von Norbert Deuchert, während die Artikel von Kurt von Wistinghausen und Johannes Lenz aus der persönlichen Erlebnissphäre über die Verbotszeit der Christengemeinschaft berichten. Besondere Beachtung verdient der Artikel von Ingo Schultz über Leben und Werk Viktor Ullmanns. Er beschränkt sich nicht auf die Zeit der Verfolgung und Inhaftierung, sondern versucht, ein Verständnis der Persönlichkeit Ullmanns aus seiner ganzen Lebensgeschichte zu erschließen - auch deswegen bemerkenswert, weil aus diesem Lebens- und Leidensweg die Bedeutung Ullmanns als Musiker aufscheint.

Es grüßt Sie Ihre FLENSBURGER HEFTE-Redaktion

Aus dem Inhalt

Viktor Ullmann

(1898 bis 1944)

JUDE – ANTHROPOSOPH – „ENTARTETER" MUSIKER

Ingo Schultz

Aus der Musikgeschichte ist eine Reihe von Beispielen dafür bekannt, daß Komponisten und ihre Werke, ja sogar ganze Epochen für lange Zeit in Vergessenheit gerieten. So erging es - um nur den berühmtesten Fall zu nennen - dem großen Johann Sebastian Bach, dessen musikalische Renaissance sich erst 50 Jahre nach seinem Tode mit Nikolaus Forkels in patriotischer Begeisterung geschriebener Biographie[1] anbahnte, dessen Werke schließlich nach weiteren drei Jahrzehnten im Gefolge der Wiederaufführung der „Matthäus-Passion" durch Felix Mendelssohn Bartholdy[2] zu einer festen Größe des bürgerlichen Konzertrepertoires wurden.

Entsprechend erging es auch der früh- und vorbarocken Epoche, die so bedeutende Meister wie Heinrich Schütz, Claudio Monteverdi und Giovanni Gabrieli, oder noch früher Josquin Desprez, Johannes Ockeghem und Guillaume Dufay hervorgebracht hatte und die ihre Wiederentdeckung im wesentlichen der Jugendmusikbewegung und den kirchenmusikalischen Erneuerungsbestrebungen in den 20er Jahren unseres Jahrhunderts verdanken.

Weniger bekannt und der musikalischen Öffentlichkeit bis heute kaum bewußt geworden ist dagegen die Tatsache, daß einer ganzen Generation von Musikern in unserer unmittelbaren Vergangenheit aufgrund perversen ideologischen Denkens und brutalster machtpolitischer Einwirkungen die Entfaltung ihrer kreativen Kräfte, die Erprobung und Durchsetzung ihres musikalischen Schaffens bei Publikum und Kritik und nicht zuletzt die selbstbestimmte Erfüllung ihres Lebens verwehrt wurden.

Zu der großen Gruppe der in den Jahren von 1933 bis 1945 zunächst diskriminierten, dann verfolgten, schließlich getöteten und - was dem vorher geschehenen Unrecht kaum nachsteht - nach der Nazi-Herrschaft vergessenen Musiker[3] gehört der Pianist, Dirigent, Musikschriftsteller und Komponist Viktor Ullmann.

Die Beschäftigung mit seiner Persönlichkeit und die Auseinandersetzung mit seinem Werk wurde freilich dadurch fast unmöglich gemacht, daß lange Zeit keine Quellen oder Dokumente vorhanden bzw. erreichbar zu sein schienen. Noch 1961 ließ das renommierte *Riemann Musiklexikon*[4] den kurzen biographischen Artikel über Ullmann kommentarlos um 1935 abbrechen, und erst im Supplement von 1975 trug die Lexikon-Redaktion das vermutliche Todesdatum sowie die Titel einiger Werke aus der Zeit seines Zwangsaufenthalts in Theresienstadt nach.

Inzwischen sind viele Manuskripte wieder aufgetaucht, und auch die Lebensumstände im „Ghetto Theresienstadt" lassen sich anhand von Aussagen und Berichten der Überlebenden[5] rekonstruieren.

Einige Werke Ullmanns fanden sogar den Weg in den Konzertsaal und auf die Bühne, allen voran „Der Kaiser von Atlantis". Mit dieser Kammeroper verbindet sich seit ihrer eigentlichen Uraufführung 1975 in Amsterdam (in Theresienstadt war das Stück nach der Generalprobe verboten worden) eine vage umrissene Vorstellung des Komponisten

Ullmann, insbesondere aber die erschütternde Erkenntnis, daß musikalische Kreativität und selbst künstlerischer Widerstand[6] sich unter den Bedingungen eines Konzentrationslagers behaupten konnten.

Weitere Werke, wie vor allem die Lieder und die Klavierkompositionen sind dank der umsichtigen Initiative einzelner Persönlichkeiten wieder aufgefunden worden. So nimmt zum Beispiel der Münchner Pianist Robert Kolben eine musikalische Schlüsselstellung in den Bemühungen um Ullmanns Schaffen ein: als Solist und als Liedbegleiter hat er Ullmanns einschlägige Opera zu festen Bestandteilen seines Repertoires gemacht. Ihm verdankt auch die hier vorgelegte Arbeit wesentliche Impulse.

Den bislang umfangreichsten Einblick in Ullmanns kompositorisches Wirken ermöglichten die „2. Baden-Württembergischen Musikhochschultage" mit einer „Den Opfern der Gewalt" gewidmeten Veranstaltungsreihe im Oktober 1989. Die Probleme und die Hoffnungen, von denen die Beschäftigung mit den Werken der Entrechteten und Vergessenen geprägt wird, können kaum besser als im folgenden Zitat aus dem Programmheft der „Hochschultage" formuliert werden: „Die musikgeschichtliche Bedeutung (nicht nur) der für dieses Festwochenprogramm ausgewählten Komponisten wird sich erst dann erweisen können, wenn wenigstens ein Teil ihrer Werke bekannt geworden ist. Gleichzeitig wird es eine wichtige Aufgabe künftiger Forschung sein, die Quellen zu erschließen und den Zusammenhang zwischen Zeit und Werk zu untersuchen."[7]

Die Wirkungsgeschichte des Ullmannschen Oeuvres befindet sich - trotz der genannten Unternehmungen und Aktivitäten - erst in ihrer Anfangsphase, zumal eine wissenschaftliche Darstellung und praxisorientierte Notenausgaben der erhaltenen Kompositionen bis zum gegenwärtigen Zeitpunkt noch ausstehen. Mit ähnlichen Desiderata behaftet werden vorläufig auch Kenntnis und Verständnis seiner Lebensgeschichte und seiner Persönlichkeit bleiben. Zu viele Zeugen und Quellen können nicht mehr befragt werden; mancher neue Forschungsansatz hat bisher noch keine Resultate erbracht.

Deshalb kann und will die nachfolgende biographische Skizze auch nicht mehr als eine Zusammenfassung und teilweise Ergänzung bisher vorliegender Forschungsergebnisse[8] versuchen. Eine gewisse Erweiterung des Blickfeldes erhofft sich der Verfasser jedoch von einer ersten Annäherung an die Beschäftigung Ullmanns mit der Anthroposophie ebenso wie von der Darstellung seiner Beziehungen zu Persönlichkeiten des Musiklebens seiner Zeit.

Jugendjahre

Als Knabe mir träumte,
daß Flammenlohe
das Haupt umsäumte,
daß Schicksal drohe.[9]

Viktor Josef Ullmann wurde am 1. Januar 1898 in Teschen geboren. Das Geburtsdatum wird in keiner der verfügbaren bibliographischen Quellen in Zweifel gezogen, obwohl es allein auf autobiographischen Äußerungen Ullmanns beruht. Eine Eintragung in das Geburtsregister seiner Heimatstadt konnte nicht nachgewiesen werden, da die Archivalien aus jener Zeit nur noch lückenhaft oder gar nicht mehr vorhanden sind.[10] Teschen gehörte bis 1920 zu Österreich (Schlesien); nach dem Ersten Weltkrieg wurde es zwischen der Tschechoslowakei (Cesky Tesin) und Polen (Cieszyn) entlang der durch die Stadt fließenden Olsa aufgeteilt.

Über die familiären Verhältnisse und über seine jüdische Abstammung herrscht bis heute weitgehend Unklarheit. Der Vater soll - dem Bericht eines Ullmann-Schülers zufolge[11] - Offizier in der österreichischen Armee gewesen sein. Wann die Übersiedlung nach Wien erfolgte, ist ebenfalls unbekannt; es kann jedoch nicht nach 1914 gewesen sein, denn dieses Jahr gibt Ullmann als den Beginn seiner musikalischen Unterweisung in Wien bei Josef Polnauer an, die offensichtlich parallel zur Absolvierung der letzten Gymnasialklassen verlief.[12]

Ob *Polnauer* (1888-1969) sein erster musikalischer Lehrmeister war, läßt sich kaum mehr feststellen. Wieviel Ullmann ihm verdankt, kann man an der Widmung der 1925 komponierten und später sehr erfolgreichen „Variationen und Doppelfuge über ein Thema von A. Schönberg op. 3a" ablesen: „Meinem verehrten Lehrer und Freund Dr. Josef Polnauer." Polnauer gehörte bereits seit 1905 zum engeren Kreis der Schönberg-Schüler. Später spielte er als „Archivar" eine wichtige Rolle im „Verein für musikalische Privataufführungen".

Im Bannkreis Arnold Schönbergs

Es gibt Musiker, die Musik,
und solche,
die Musikgeschichte machen wollen.

Die nächste Station in Ullmanns musikalischem Werdegang stand wohl im Zusammenhang mit dem Ende seiner Schulzeit und mit der Lösung von der Familie: Er mietete ein Zimmer im Wiener 3. Bezirk und begann sein eigentliches, d.h. berufsvorbereitendes Studium in Arnold Schönbergs „Seminar für Komposition". Während der relativ kurzen Dauer dieses Ausbildungsabschnitts (von Oktober 1918 bis Mai 1919) kam er wohl kaum in den Genuß des näheren persönlichen Umgangs mit dem damals schon berühmten Meister. Berücksichtigt man zudem, daß Schönberg Schülern, die nicht zum engeren Kreis gehörten, zunächst meist recht distanziert begegnete, daß auf der anderen Seite Ullmann sich dem Meister gegenüber ganz gewiß Bescheidenheit und Zurückhaltung auferlegt hat, so kann man seiner bis in jüngste Veröffentlichungen hinein immer wieder vorgenommenen Einordnung als „Schönberg-Schüler" nicht ohne Einschränkung zustimmen.

Unbestritten bleibt, daß Ullmann aus diesem Semester wichtige Anregungen in den Fächern Kontrapunkt, Orchestrierung und Formenlehre sowie Harmonielehre und Analyse von Schönberg, über den er später immer nur voller Hochachtung sprach, erhalten hat.[13]

Arnold Schönbergs musikpädagogisches Engagement reicht bis weit in die Zeit vor dem Ersten Weltkrieg zurück: Schon seit 1904 hatte er Kurse angeboten, die in den Räumen der von Dr. Eugenie Schwarzwald geleiteten Mädchenschule stattfanden. Nach kriegsbedingter Unterbrechung (Schönberg war bis Dezember

1917 zum Militärdienst verpflichtet worden) konnte er das Seminar erst Anfang 1918 wieder eröffnen. Er griff zunächst wieder auf die Räumlichkeiten in der „Schwarzwald-Schule" zurück; da er selbst im April 1918 nach Mödling bei Wien umzog, verlegte er auch das Kompositionsseminar an seinen neuen Wohnsitz. Zu den Mitgliedern des Seminars gehörten um 1919 auch Hanns Eisler und Rudolf Serkin.[14]

Im Schönberg-Seminar lernte Ullmann seine erste Frau kennen, die damals 24jährige Martha Koref, die er am 24. Mai 1919 heiratete.[15] Martha hatte Kurse in Harmonielehre und Analyse belegt. Beide Namen tauchen übrigens weder in den bis heute bekanntgewordenen Schülerverzeichnissen des Seminars noch in der umfangreichen Schönberg-Literatur auf.[16] Dagegen ist eine Fotografie Ullmanns aus den frühen 20er Jahren bekannt, die Eingang in das von Mitschülern zusammengestellte Album zu Schönbergs 50. Geburtstag (13.09.1924) fand.[17]

Abb. I   Viktor Ullmann, 1924. Aus dem Album zu Schönbergs 50. Geburtstag.

Bald nach der Hochzeit übersiedelte das junge Paar nach Prag, wo Viktor seine Studien fortsetzte. Als Lehrer gibt er den am Neuen deutschen Theater wirkenden Kapellmeister Heinrich Jalowetz (1882-1946) an[18], weiterhin den Pianisten Eduard Steuermann, den er regelmäßig in Wien aufsuchte.

Jalowetz hatte ein Universitätsstudium mit Promotion bei Guido Adler und - wie viele Adler-Schüler[19] - eine Ausbildung in Schönbergs engstem Kreise absolviert. Ab 1916 bis 1923 war er am Neuen deutschen Theater in Prag unter Alexander von Zemlinsky Kapellmeister. Es folgten eine zweijährige Verpflichtung an die Wiener Volksoper und der Chef-Posten am Stadttheater Köln. Aus diesem Amt wurde er 1933 von den Nazis vertrieben.[20] 1936 ging er in die Emigration. Er hat sich, wie sein Freund Eduard Steuermann, nicht nur als praktischer Musiker, sondern auch mit großem publizistischen Engagement für Person und Werk Schönbergs eingesetzt.[21]

Ob Ullmann in dieser ersten Prager Zeit ausschließlich seinen Studien nachging, oder ob er bereits eigene musikalische Aktivitäten entfalten konnte, welche gesellschaftlichen Verbindungen er anknüpfte und womit er seinen Lebensunterhalt bestritt - diese Fragen können nach dem gegenwärtigen Kenntnisstand nicht befriedigend beantwortet werden. Auch für die Vermutung, er müsse sich „kurz nach Beendigung des Ersten Weltkrieges für die tschechische Staatsbürgerschaft entschieden haben"[22], stehen dokumentarische Belege aus.

Kapellmeister und Komponist in Prag

Es ist des Menschen Doppelgänger
ein ganz exakter Fugen-Sänger.
Das Thema zeigt er dir im Spiegel,
daß er dich gegen Gott aufwiegel'.
Den Contrapunkt singt er perfekt
als Spiegelkrebs-Contrasubjekt.
Er ist nach altbewährtem Schema
der Doppelfuge - zweites Thema!

Etwas mehr als ein Jahr nach seinem Weggang aus Wien trat Ullmann seine erste feste Stelle an: Er wurde Chordirektor und Kapellmeister am Neuen deutschen Theater in Prag.[23] Fraglich ist, ob dieser erste Schritt ins Berufsleben einer Empfehlung zu verdanken ist, mit der Schönberg seinen Schwager Zemlinsky, den musikalischen Leiter des Neuen deutschen Theaters, auf den jungen Musiker aufmerksam gemacht haben soll.[24] Eine gewichtige Rolle in dieser Angelegenheit wird gewiß auch Heinrich Jalowetz (siehe oben) gespielt haben.

Erwähnt sei in diesem Zusammenhang noch folgende Episode: Anton Webern, neben Alban Berg der namhafteste Schönberg-Schüler, hatte sich, auf Drängen von Zemlinsky und nach mehreren vergeblichen Anläufen in den Jahren zuvor, im August 1920 auf ein Kapellmeister-Engagement am Neuen deutschen Theater festlegen lassen. Unterschiedliche Gründe[25] bewogen ihn jedoch, den Vertrag nach wenigen Wochen zu kündigen und

Anfang Oktober nach Wien zurückzukehren. Es ist mehr als wahrscheinlich, daß die auf diese Weise entstandene Vakanz und der Dienstantritt Ullmanns zu Beginn der neuen Saison (Oktober 1920) in einer direkten Beziehung stehen.

In seiner neuen Position stand Ullmann zunächst wohl vor dem Problem, sich innerhalb kurzer Zeit die handwerklichen Grundlagen des Dirigierens aneignen zu müssen - eine für seine weitere Entwicklung wichtige Ergänzung der bisher auf das Klavier und die theoretischen Fächer beschränkten Ausbildung. Die tatkräftige Hilfe von Heinrich Jalowetz und die überwältigende Ausstrahlung Zemlinskys, dessen beispielhafte und viel bewunderte Arbeit mit Orchester und Ensemble Ullmann nun aus nächster Nähe beobachten konnte, haben ihn aber offenbar schon bald in die Lage versetzt, kleinere Dirigate zu übernehmen. So durfte er seine erste Vorstellung - Mozarts „Bastien und Bastienne" - am 21. Dezember 1921 in Vertretung Zemlinskys leiten.[26] Das menschliche Verhältnis zum Direktor scheint sich gut, später sogar freundschaftlich gestaltet zu haben (vgl. Zemlinskys Abschiedsbesuch bei Ullmann im Jahre 1938).

Zemlinskys Prager Zeit war eine lange, erfolgreiche Tätigkeit in Wien vorangegangen. Gefördert von Johannes Brahms, gehörte er zu den hoch geschätzten Komponisten der Epoche um die Jahrhundertwende und verschaffte sich als Kapellmeister an verschiedenen Wiener Bühnen - zuletzt an der Volksoper - wie auch durch auswärtige Dirigate allenthalben Anerkennung und Achtung. Seine Oper „Es war einmal" wurde 1900 von Gustav Mahler mit nachhaltigem Erfolg an der Wiener Hofoper aufgeführt. Sein Prager Amt hatte er 1911 mit einer weithin beachteten Neuinszenierung von Beethovens „Fidelio" angetreten.[27] Von seinem Wirken bis 1927 gingen weitere kräftige Impulse für das deutsche Musikleben in Prag aus, ohne daß sich darin ein Anflug von chauvinistisch-deutschtümelnder Abgrenzung gegenüber den benachbarten tschechischen Institutionen geäußert hätte. Vielmehr war Zemlinsky auf Ausgleich und Wechselwirkung mit der tschechischen Musikkultur bedacht: Er führte Werke tschechischer Komponisten im Deutschen Theater auf und wirkte als Gastdirigent in Konzerten der Tschechischen Philharmonie. Sein Einfluß auf die jungen Musiker in seiner Umgebung, insbesondere auf die Schüler Schönbergs, dessen Lehrer er vormals gewesen und dem er als Schwager auch verwandtschaftlich verbunden war, kann nicht hoch genug eingeschätzt werden.

In dieser weltoffenen, in der Tendenz eigentlich schon europäisches Denken vorwegnehmenden künstlerischen Atmosphäre reifte Ullmann schnell als Dirigent wie auch als Komponist. Noch im Jahre 1921 wurde ihm die Leitung der Proben mit dem Deutschen Männergesangsverein in Prag anvertraut, die der Vorbereitung der von Zemlinsky geleiteten Aufführungen der Schönbergschen „Gurrelieder" gewidmet waren.[28]

Am Neuen deutschen Theater hatte er - neben der regelmäßigen Probenarbeit - jährlich zwischen acht und zehn Vorstellungen, meist in Vertretung des Direktors, zu leiten. Eine Ausnahme stellte das Jahr 1925 dar, in dem er 25mal am Pult stand.

Sein Debüt als Komponist konnte er im März 1923 feiern, als sein Zyklus „7 Lieder für Sopran und Klavier" in einem Konzert des Prager Literarisch-künstlerischen Vereins aufgeführt wurde. Das Manuskript dieses Werkes gilt als verloren; Ullmann erwähnte es in einer Werkliste von 1929[29], nahm es aber in ein revidiertes Verzeichnis von 1938 nicht mehr auf.[30] Offenbar gehört der Zyklus zu einer Gruppe von Kompositionen, von denen

Abb. II   Alexander Zemlinsky und Arnold Schönberg.
Karikatur von E. Weiss anläßlich der Uraufführung der „Erwartung" beim Prager Musikfest 1924.

er sich später distanzierte. Dieser Umstand ist um so erstaunlicher, als die Lieder im Jahr nach der Uraufführung noch mindestens zwei Aufführungen an herausgehobener Stelle erlebten. Am 16. April 1924 standen sie in einer Fassung für Kammerorchester und dirigiert vom Komponisten auf dem Programm eines Vereinsabends des Prager „Vereins für musikalische Privataufführungen", und am 31. Mai 1924 wurden sie in einer Matinee des Prager Musikfestes der „Internationalen Gesellschaft für Neue Musik" (IGNM) mit Ullmann am Klavier aufgeführt.[31)]

Der Prager „*Verein für musikalische Privataufführungen*" war auf Anregung Schönbergs und unter der Ägide Zemlinskys 1922 gegründet worden. Er verfolgte die gleiche Zielsetzung wie die 1918 von Schönberg geschaffene Wiener Institution gleichen Namens: „Erstens: Klare, gut studierte Aufführungen. - Zweitens: Oftmalige Wiederholungen. - Drittens: Die Aufführungen müssen dem korrumpierenden Einfluß der Öffentlichkeit entzogen werden, das heißt: sie dürfen nicht auf Wettbewerb gerichtet sein und müssen unabhängig sein von Beifall und Mißfallen."[32] Nur zwei Jahre lang bestand der Prager „Verein", dann wurde er aufgelöst, konnte aber sein Programm in die gleichzeitig (1924) neu gebildete Musiksektion des Prager „Literarisch-künstlerischen Vereins" einbringen.

Wie der „Verein" Schönbergs und seine Prager „Filiale", so wurde auch die „Internationale Gesellschaft für Neue Musik" (IGNM) zu einer richtungweisenden Institution der „Neuen Musik". 1922 in Salzburg gegründet, veranstaltete sie ab 1923 jährliche Musikfeste in wechselnden Orten und Ländern. Das Prager Fest im Jahre 1924 erhielt seine besondere Note durch die Aufführung des Monodramas „Erwartung" von Schönberg *(siehe dazu die Karikatur auf der vorangehenden Seite).* - Ullmann war Mitglied sowohl des „Literarisch-künstlerischen Vereins" als auch der IGNM.[33]

In die Jahre um 1925 fallen die ersten publizistischen Erwähnungen des kompositorischen Wirkens von Viktor Ullmann. Von besonderem Gewicht erscheint die Aufnahme seines Namens - wenn auch nur in einer Aufzählung - in das bis heute zu den Standardwerken der Musikgeschichtsschreibung zählende *Handbuch der Musikgeschichte* von Guido Adler. Ullmann wird als Schönberg-Schüler in der einbändigen ersten wie auch in der zweibändigen zweiten Auflage genannt.[34]

Die Zeitschrift *Die Musik* druckte in ihrem Mai-Heft 1925 einen Bericht über „Junge Musik in der Tschechoslowakei" ab. Dort heißt es über Ullmann: „Viktor Ullmann (1898), ein persönlicher Schüler Schönbergs, verfolgt konsequent den Stil des Meisters, seine Kammerorchestergesänge beweisen, daß er nicht nur Mut, sondern auch Erfindung und Klangsinn hat, die Musik zum chinesischen Spiel 'Der Kreidekreis' wirkt reizvoll durch ihre aparte Einfachheit, seine beiden Streichquartette und seine Oper 'Der Fremde' sind unaufgeführt."[35]

Der Autor dieses Berichts, Erich Steinhard, ist ein stets wohlwollender Beobachter der künstlerischen Entwicklung Ullmanns gewesen; er begleitete dessen Aktivitäten publizistisch bis etwa 1938.

Steinhard (1886-1941) hatte in Prag und Berlin bei namhaften Lehrern Theorie und Praxis der Musik studiert und war bis 1921 Bibliothekar der Karls-Universität in Prag. Seit 1920 war er Chefredakteur des *Auftakts*, der wichtigsten deutschsprachigen Musikzeitschrift in der Tschechoslowakei, für die auch Ullmann später mehrere Beiträge schrieb. Steinhards Bemühungen galten der ausgewogenen Darstellung des tschechischen und des deutschen Musiklebens in Prag und im ganzen Land. Diese von Toleranz geprägte Grundhaltung schlug sich in seiner regelmäßigen Berichterstattung aus Prag für die damals im ganzen deutschsprachigen Raum weitverbreitete Zeitschrift *Die Musik* wie auch in dem mit seinem tschechischen Co-Autor Vladimír Helfert gemeinsam herausgegebenen Werk „Die Musik in der Tschechoslowakischen Republik" nieder.[36] - Steinhard wurde im Oktober 1941 aus Prag deportiert und ist wahrscheinlich im Konzentrationslager Litzmannstadt bei Lódz umgekommen.

Als Höhepunkte seiner bisherigen Karriere kann die 1927 erfolgte Verpflichtung Ullmanns als Opernchef an das Stadttheater in Aussig gelten. Sie fiel wohl nicht von ungefähr mit dem Weggang Zemlinskys aus Prag zusammen. Die an der Elbe gelegene Stadt Aussig (Ústi nad Labem) war Hauptstadt des Kreises Nordböhmen mit überwiegend deutschsprachiger Bevölkerung. Das Theater wurde für Oper, Operette und Schauspiel genutzt und stand etwa viermal monatlich auch für Gastspiele tschechischer Ensembles zur Verfügung.[37] Offensichtlich erlaubten es Ullmann gerade diese Umstände, auch weiterhin engen Kontakt zu Personen und Institutionen seines bisherigen Wirkungskreises zu pflegen.

In der Saison 1927/28 stellte Ullmann unter Beweis, daß er während der Jahre der Zusammenarbeit mit Zemlinsky zu einer respektablen Dirigentenpersönlichkeit gereift war: Sieben Premieren durchweg anspruchsvoller Opern[38] brachte er während seines nur halbjährigen Engagements in Szene, darunter die gerade erst (am 10. Februar 1927 in Leipzig) uraufgeführte Krenek-Oper „Jonny spielt auf". Die erhaltenen Rezensionen im *Aussiger Tagblatt* betonen die Perfektion und die Professionalität seiner Aufführungen und meinen, bei ihm - ebenso wie bei Zemlinsky - die gleiche Sensitivität für die Zeitgenossen wie für Mozart zu finden.[39]

Wanderjahre

Das Schöne sucht' ich und verfiel in Sucht,
der Kunst ergab ich mich und wurde schlecht,
dem Fluch entfloh ich und ich ward verflucht,
nach Freiheit strebend wurde ich ein Knecht.

Nach diesen unleugbaren Erfolgen muß es um so unverständlicher anmuten, daß Ullmann schon nach der ersten Saison seinen Vertrag in Aussig wieder löste und nach Prag zurückkehrte. Quellen und Selbstzeugnisse aus dieser Zeit sind in derart geringem Umfang vorhanden, daß es auf reine Spekulation hinausliefe, künstlerische oder persönliche Probleme oder institutionelle Konflikte als Ursache für diese überraschende Entwicklung anzunehmen. Einige Indizien deuten jedoch darauf hin, daß Ullmann vor der endgültigen Entscheidung für den Kapellmeisterberuf wohl vor allem deshalb zurückschreckte, weil er davon eine wesentliche Beeinträchtigung seines kompositorischen Schaffens befürchtete. Zwar übernahm er 1928 nochmals für ein Jahr die Leitung des „Deutschen Männergesangvereins" in Prag, doch nach wahrscheinlich erfolglosen Bemühungen um eine Stelle als Kapellmeister der Bühnenmusik am Zürcher Schauspielhaus trat er später nur noch einmal als Dirigent der Rundfunkaufnahme eines eigenen Werkes in Erscheinung.[40]

Bei allem äußeren Erfolg in Aussig mußte sich Ullmann allerdings auch eingestehen, daß ihm der Durchbruch als Komponist noch nicht geglückt war. Trotz mancher Aufführungen - zum Beispiel der „Variationen und Doppelfuge über ein Klavierstück von Schönberg" (op. 3a) oder des „Konzerts für Orchester" (op. 4) - hatte noch kein Verleger eine Komposition zur Drucklegung angenommen; die Partitur der Oper „Peer Gynt" blieb unvollendet (das Manuskript ist verlorengegangen). So kann es für ihn nur ein schwacher Trost gewesen sein, als Erich Steinhard berichtete: „Viktor Ullmann hat vom Novak-Frank-Quartett (in Prag; I.S.) ein Streichquartett uraufführen lassen, dessen wunderbare

Formgestalt, Geistesklarheit und Erfindungskraft ihn doch noch - trotz alles bisherigen Mißgeschicks - bekannt machen wird."[41]

Gegenüber seinem Schüler Max Bloch hat Ullmann die nun folgende Zeit „seine Odyssee" genannt.[42] Sie führte ihn über Zürich, wo er sich vom Herbst 1930 bis zum Mai 1931 aufhielt[43], mit Zwischenstationen in Wien und Prag nach Stuttgart (1931-1933). Auch über diese Jahre existieren kaum Dokumente; auffällig ist jedoch, daß Ullmanns Kompositionstätigkeit im genannten Zeitraum vollständig aussetzte. Dagegen veröffentlichte er mehrere interessante Beiträge in den Zeitschriften *Pult und Taktstock*, *Auftakt* und *Anbruch*. Auf eine nähere persönliche Beziehung zu Alban Berg läßt der Artikel schließen, den Ullmann zum 45. Geburtstag des „Wozzeck"-Komponisten verfaßte.[44]

Aus einem etwa ein Jahr später an Berg adressierten Brief geht schließlich hervor, daß die Gründe für seine noch andauernde „Odyssee" und für seine künstlerische Stagnation weniger in der Enttäuschung über frühere Mißerfolge zu suchen seien, als vielmehr in der intensiven Auseinandersetzung mit einer Fülle von neuen Dingen, die sein Leben innerlich und äußerlich verändert hätten.[45] Erklärend weist er einerseits auf seine erneute eheliche Bindung hin[46]; andererseits bekennt er, sich schon seit längerer Zeit mit der Lehre Rudolf Steiners beschäftigt zu haben. Der vom 11. Oktober 1931 datierte Brief an Berg gab dem Adressaten auch Aufschluß darüber, daß Ullmann nicht etwa als Kapellmeister an der Stuttgarter Oper beschäftigt war. „Zwar bin ich nicht am Theater, sondern ich arbeite, einen alten Herzenswunsch erfüllend, in der Bücherstube des Goetheanums, um der anthropos. Bewegung unmittelbar dienen zu können."[47] Diese Tätigkeit sollte nur von kurzer Dauer sein, denn schon Anfang 1933, nach der nationalsozialistischen Machtergreifung, wurde der Buchladen geschlossen. Ullmann, der hier wohl zum ersten Mal bewußt die Vergiftung der politischen und menschlichen Verhältnisse durch Intoleranz, Diffamierung und Gewalt miterlebt hatte, verließ Stuttgart und kehrte mit seiner Familie (der erste Sohn Maximilian war 1932 geboren worden) nach Prag zurück.

Ein neuer Anfang in Prag

Und doch - ich weiß: Es gibt ein Leben,
wo Pflicht und Glück zusammenfließt,
ein stilles Immer-aufwärts-Streben,
das frei entsagt und frei genießt.

Seine erste Sorge galt hier natürlich der Sicherung des Lebensunterhalts, den er von nun an in erster Linie mit den Honoraren aus privatem Musikunterricht bestreiten mußte. Daneben war er auch weiterhin mit Beiträgen für den *Auftakt* publizistisch tätig, hielt Vorträge und wurde freier Mitarbeiter des Tschechoslowakischen Rundfunks.[48] Max Bloch, seit 1933 Schüler Ullmanns, lernte ihn als „einen Mann von mittlerer Größe, ruhig und freundlich" kennen, „mit langen, dunklen Haaren und einer auffälligen Nase. Am deutlichsten aber traten in seinem Gesicht die dunklen, glühenden Augen hervor."[49]

Von den vielen bedeutenden Persönlichkeiten, denen Ullmann im Prag der 30er Jahre begegnete, sollen im Zusammenhang dieser Arbeit nur Leo Kestenberg und Alois Hába genannt werden. Mit Kestenberg stimmte er nicht nur in den Grundfragen der Musiker-

Abb. III   Viktor Ullmann, 1938.

ziehung überein (ein wesentlicher Grund für seine Mitarbeit in Kestenbergs „Internationaler Gesellschaft für Musikpädagogik"), sondern auch hinsichtlich der damals allenthalben diskutierten Frage nach der Stellung und Verantwortung des Künstlers in der Gesellschaft. Wie Ullmann hatte auch *Leo Kestenberg* (1882-1962) die schmerzliche Erfahrung der Konfrontation mit dem nationalsozialistischen Regime gemacht. Trotz aller Erfolge, die er als spiritus rector und Organisator der Schulmusik-Reform in den 20er Jahren erzielen konnte, wurde er von blindwütigen Propagandisten als „der marxistische Musikdiktator in Preußen"[50] diffamiert, zur Aufgabe seines Regierungsamtes und schließlich zur Emigration gezwungen. In Prag konnte er außer vielen Gleichgesinnten auch tschechische Regierungsstellen (Außenminister Krofta) für das Projekt einer „Internationalen Gesellschaft für Musikpädagogik" interessieren, die 1934 im Anschluß an das Musikfest der IGNM in Florenz gegründet wurde und ihren Sitz in der tschechoslowakischen Hauptstadt hatte. Hier fand 1936 auch der erste Kongreß der Gesellschaft statt, auf dem Musiker und Erzieher aus aller Welt (zum Beispiel Ernst Krenek, Heitor Villa-Lobos, Emile Jaques-Dalcroze) ihre Ideen vorstellen und diskutieren konnten.

Kestenberg verließ die Tschechoslowakei 1938 nach der Unterzeichnung des Münchner Abkommens und übernahm in Tel Aviv das Management des Palästina-(Hubermann-)Orchesters.[51]

Zu den erwähnten pädagogischen Problemen und zu allgemeineren gesellschaftlichen Fragen nahm Ullmann in zwei fast gleichzeitig erschienenen Aufsätzen Stellung.

In seinem Beitrag „Das Wort im Dienste der Erziehung zur Musik" schrieb er ausführlich über die volksbildnerische Aufgabe des Pädagogen: „Betrachten wir sonach die Kunst als Lebensfaktor von unermeßlicher Bedeutung, als Erzieherin zur freien, harmonischen Persönlichkeit, so müssen wir als wichtigste soziale Forderung empfinden, den im Menschen schlummernden Künstler zu erwecken."[52] Wenn man dieser Aufgabe gerecht werden wolle, dürfe man auf die sprachliche Vermittlung von musikalischen, geschichtlichen und gesellschaftlichen Zusammenhängen nicht verzichten. Insbesondere das Verständnis der zeitgenössischen Musik sei nicht ohne eine vertiefte Einsicht in ihre geschichtlichen Wurzeln und ihre gesellschaftlichen Bindungen erreichbar. „Das gesprochene Wort kann die Brücke zu wahrem Musikverständnis werden", gerade auch wenn es um „die Darstellung des Zusammenhangs zwischen allgemeiner kultureller Krise und aktuellen Problemen der heutigen Musik" gehe.[53]

Einen anderen Aspekt dieser Thematik greift Ullmann in dem Artikel „Musik und Staat" auf, in dem er im Anschluß an chinesische und griechische Philosophen und im Gegensatz zur gewohnten Lesart betont: „Die Musik selbst ist es, welche auf alle übrigen Gebiete des Geisteslebens, ja des öffentlichen Lebens einwirkt, sie ist nicht nur der Maßstab für den Wert einer Kultur, sie beeinflußt ihn, erzeugt oder zerstört ihn."[54] Der hieran anschließende Hinweis auf die drastischere Formulierung Platos, „der Verfall der Musik führe den Verfall der guten Sitten, ja des Staates herbei", konnte von aufmerksamen Lesern nur als verschlüsselte, in der Umkehrung des Gedankens aber unmißverständliche Kritik an den Zuständen im mächtigen Nachbarstaat aufgefaßt werden, der gerade im Begriff stand, die „Säuberung" seines Einflußbereichs von „entarteter Kunst" zum Abschluß zu bringen.

Der Beginn der Bekanntschaft mit Alois Hába ist durch einen Brief Ullmanns vom 4. August 1931 dokumentiert, in dem er sich für die günstige Beurteilung seiner Werke durch Hába bedankt.[55] Die Beziehung scheint bald freundschaftlichen Charakter angenommen zu haben; aber über den persönlichen Kontakt hinaus hat Ullmann auch die intensive Auseinandersetzung mit den künstlerischen Prinzipien Hábas gesucht. Er nahm sogar unter Hábas Anleitung noch einmal ein regelrechtes Studium am Prager Konservatorium auf.

Hába (1893-1973) hatte schon zu Beginn der 20er Jahre nach Möglichkeiten gesucht, die Teilung der Oktave in 12 gleiche Halbtonschritte durch andere, noch kleinerschrittige Systeme zu ersetzen. Sein 2. Streichquartett von 1921 war seine erste Komposition in Vierteltönen. In den folgenden Jahren baute er diese neue Kompositionstechnik, die er theoretisch u.a. mit dem Rückgriff auf antike Theoretiker begründete, weiter aus. Seit 1923 war er Professor für „Halb-, Viertel- und Sechstelton-Musik im thematischen und athematischen Stil"[56] am Prager Konservatorium; diese Stelle hatte er ununterbrochen bis 1953 inne. Während der 30er Jahre war er auch an Versuchen zur Konstruktion von geeigneten Instrumenten für die Realisierung seiner Musik beteiligt.

Zwei Jahre lang studierte Ullmann bei Hába; die Belege dafür finden sich in den Jahresberichten 1935/36 und 1936/37 des Prager Konservatoriums.[57] Zum Abschluß dieser Zeit entstand eine „Sonate für Vierteltonklarinette und Klavier", die Mitte 1937 aufgeführt worden ist.[58] Sie blieb die einzige Komposition Ullmanns in der Viertelton-technik.

Seine eigene musikalische Sprache hatte er schon vor dem Studienbeginn wieder-gefunden. Es kann kaum verwundern, daß dies in engster Beziehung zu seiner Auseinan-dersetzung mit der anthroposophischen Lehre Rudolf Steiners geschah. Die erste großformale Komposition, die Ullmann nach langjähriger Schaffenspause Ende 1935 vollendete, war die Oper „Der Sturz des Antichrist". Sie basiert auf einem Mysteriendrama Albert Steffens, des Nachfolgers Steiners als Vorsitzender der Anthroposophischen Gesellschaft, aus dem Jahre 1928.

Ullmanns Weg zur Anthroposophie und die Durchdringung seines Denkens und Schaffens mit anthroposophischen Grundgedanken bilden ein komplexes Phä-nomen, das im Rahmen dieser Skizze nicht aufgearbeitet werden kann. Die folgenden Daten und Fakten können deshalb nur mehr Hintergrund und Mosaik-steine für ein nicht annähernd abgeschlossenes Bild liefern.

In der Prager (deutschen) Anthroposophischen Gesellschaft war Ullmann An-fang der 30er Jahre Mitglied geworden.[59] Die Schriften von Steiner und Steffen waren in der Tschechoslowakei wohl bekannt, einige, wie z.B. Steffens Essay „Die Krisis im Leben des Künstlers" (1928), auch in tschechischer Übersetzung. Ullmanns Lehrer Alois Hába kannte Steffen persönlich; der Hinweis auf Hábas „anthroposophische Überzeugungen" fehlt in keinem Lexikon-Artikel.[60] In seinen Aufsätzen weist Ullmann mehrfach auf anthroposophische Quellen hin.[61]

Im Mittelpunkt der „Antichrist"-Oper, deren Handlung von Steffen auf das Ende des 20. Jahrhunderts projiziert wurde, steht die Symbolfigur des Künstlers. Er allein wider-steht in der geistigen Auseinandersetzung mit den totalen Machtansprüchen des „Re-genten" allen Versuchungen und Bedrohungen (zu denen auch eine KZ-ähnliche Inhaftierung zählt), während sich die Symbolfiguren des Priesters und des Technikers in den Dienst des Tyrannen zwingen lassen.

Verführung der Massen durch Propaganda, Korrumpierbarkeit auch der Vertreter geistiger Mächte und die materialistische Hybris des Diktators sind Elemente, die wirkungsvoll zum inneren Kampf des Künstlers kontrastiert werden, die aber zugleich in Synopsis zu dem sich immer deutlicher artikulierenden Totalitarismus im national-sozialistischen Deutschland gesehen werden müssen. Ullmanns mit diesem Werk wieder aufgenommene musikalische Produktion bekommt - wenn man die angedeuteten Zusammenhänge berücksichtigt - geradezu programmatische Züge. Was hier, noch aus scheinbar sicherer Distanz, als Aufgabe und Verantwortung des Künstlers dargestellt wurde, gewann später unter den völlig veränderten Bedingungen des „Ghettos" Theresienstadt im „Kaiser von Atlantis" eine weiterentwickelte, durch eigenes Erleben und Erleiden geprägte Gestalt. Die Partitur der „Antichrist"-Oper ist erhalten; sie wurde bis heute weder gedruckt noch aufgeführt.

Neben dieser Hinwendung zum sprachlich vermittelten und inhaltlich eindeutigen Opern-Genre hat Ullmann die absolute Musik keineswegs vernachlässigt - eine Parallelität, die auch für die Theresienstädter Werke charakteristisch ist. Die nach 1935 entstandenen Instrumentalwerke, insbesondere die 1. Klaviersonate (op. 10, 1936), zeigen vielmehr, daß Ullmann gerade in diesem Bereich zu einer neuen Profilierung seiner musikalischen Ausdrucks- und Gestaltungsmittel gelangt war. Er selbst bezeichnete die 1. Klaviersonate als einen Markstein seines Schaffens; er sah sie als eine eigenständige Lösung - als Brücke zwischen romantischer und atonaler Harmonik, zwischen Schönbergs Konstruktivismus und Hábas melodischer Sensitivität, als Beispiel für die Überwindung des klassischen Formenkanons und für die Realisierung eines neuen Formgefühls.[62]

Vom Münchner Abkommen zur Wannsee-Konferenz

Ich bin allein. Die Welt ist tot.
Des Antichristen Banner loht.
Und Gott ist fern
auf seinem Stern.

Wir sind all-ein. Die Welt, sie lebt.
Des Michael goldnes Banner schwebt
und Gott ist nah
im Herzen da.

Eine große Anzahl weiterer Kompositionen entstand nun in schneller Folge. Die trügerische Ruhe des Prager Domizils wurde jedoch jäh zerstört, als am 12. März 1938 die Nachrichten vom Einmarsch deutscher Truppen in Österreich eintrafen. Ullmann versuchte in der Folgezeit zunächst briefliche Kontakte zu Freunden und Bekannten im Ausland zu knüpfen (auch Alois Hába scheint bei der Vermittlung von Adressen geholfen zu haben).

Mitte des Jahres begab er sich auf eine längere Reise, deren erste Station London war. Sein Interesse wird hier wohl weniger den Veranstaltungen des gleichzeitig stattfindenden IGNM-Musikfestes gegolten haben, als vielmehr den Gesprächen über Möglichkeiten und Hilfestellungen für die in Aussicht genommene Emigration.[63]

Nach zehntägigem Aufenthalt verließ er England und reiste weiter nach Dornach in der Schweiz, wo er am Goetheanum mit Freunden aus der Anthroposophischen Gesellschaft sprach. In einem Brief an Alois Hába vom 21. Juli 1938 berichtete er über weitere Dornacher Aktivitäten: Er habe ein Konzert gegeben, in dem außer der 1. Klaviersonate auch ein Zyklus von Liedern nach Texten von Albert Steffen (op. 17) aufgeführt worden sei. Außerdem habe er im kleinen Kreis noch aus anderen Werken vorgespielt.[64] Nach der Rückkehr nach Prag muß ihm bald klargeworden sein, daß es für ihn keine Aussicht mehr gab, das Land noch einmal zu verlassen; denn im folgenden halben Jahr überstürzten sich die Ereignisse. Das Münchner Abkommen vom 29. September 1938 gab dem unabhängigen tschechoslowakischen Reststaat nur eine kurze Überlebenschance; mit dem Einmarsch der deutschen Truppen am 14. und 15. März 1939 wurde der tschechische Teil dem Deutschen Reich als „Protektorat" einverleibt.

Die Monate zwischen diesen schicksalsschweren Daten waren eine Zeit des Abschiednehmens. Unter den vielen Ullmann nahestehenden Menschen, die sich dem nationalsozialistischen Zugriff noch entziehen konnten, war auch Alexander von Zemlinsky. Er besuchte Ullmann in Prag, unmittelbar vor seiner Abreise ins amerikanische Exil. Ullmann bedankte sich, indem er seinem alten Mentor den kleinen Liederzyklus op. 29 „in unwandelbarer Treue" widmete. Ebenso konnte auch Max Brod, der mehrfach über Aufführungen Ullmannscher Werke freundlich-anerkennende Rezensionen geschrieben hatte, in letzter Sekunde die rettende Grenze nach Rumänien erreichen.[65]

Zwar stellten die Musiker unter den im „Protektorat" verbliebenen Juden (etwa 120.000) nur einen verschwindend geringen Anteil, doch waren sie, wie das Beispiel Ullmann zeigt, der beginnenden Isolierung, Entrechtung und Enteignung in besonderem Maße ausgesetzt. Viktor Ullmann bot den Verfolgern nicht nur als Jude, sondern auch als Anthroposoph und „entarteter" Musiker viele Angriffspunkte. Er war weithin bekannt und hatte sich während der letzten Jahre zunehmend Anerkennung im vielgestaltigen Prager Musikleben verschafft. Allein deswegen mußte er als bevorzugte Zielscheibe der anrollenden SS-Maßnahmen gegen die jüdische Bevölkerung gelten. Vor diesem Hintergrund muß es um so mehr verwundern, daß er viele seiner Aktivitäten bis ins Jahr 1942 hinein fortsetzen konnte und daß er erst mit einem der letzten Transporte aus Prag nach Theresienstadt deportiert wurde.

Die öffentliche Betätigung wurde jüdischen Künstlern allerdings schon bald nach der Besetzung Prags verwehrt. Ullmann zog daraus früh persönliche Konsequenzen, indem er im Freundeskreis und mit wenigen geladenen Gästen Klavierabende, Schallplattenvorführungen und Vorträge zu musikalischen Themen in privaten Räumlichkeiten veranstaltete. Einladungsbriefe zu solchen Treffen vom Oktober 1939 und vom Januar 1940 sind erhalten.[66]

Als er im März 1940 seine Wohnung aufgab und zur Untermiete in ein Zimmer zog, kamen auch die „Privatkonzerte" zum Erliegen.[67]

Die Zwangsmaßnahmen eskalierten schnell: Noch 1939 mußten alle Rundfunkgeräte abgeliefert werden; 1940 wurde eine Ausgangssperre nach 20 Uhr verhängt; die Benutzung von Taxen, Schlaf- und Speisewagen wurde Juden ebenso verboten wie der Besuch von Kinos und Theatern; Mitte 1941 begannen mit der Registrierung aller Juden die unmittelbaren Vorbereitungen für die Deportation, verbunden mit einem auch banalste Kleinigkeiten erfassenden „Vermögensbekenntnis"; im September folgte die Kennzeichnungspflicht („Judenstern"), die insbesondere nach dem Amtsantritt Reinhard Heydrichs als stellvertretender Reichsprotektor mit aller Härte durchgesetzt wurde; Ende des Jahres mußten unter anderem auch Musikinstrumente, Grammophone und Schallplatten abgegeben werden.[68]

Trotz allem gelang es Ullmann auch unter diesen Umständen weiter zu komponieren: Ein Klavierkonzert, eine „Slawische Rhapsodie für Orchester und obligates Saxofon", Liederzyklen, Klaviersonaten und sogar eine Oper („Der zerbrochene Krug") entstanden, die meisten mit Widmungen an Musikerfreunde versehen, die noch vor ihm nach Theresienstadt deportiert worden sind (Alice Herz-Sommer, Juliette Arányi, Marion Podolier).

In das Jahr 1940 fällt eine weitere Zäsur in das bewegte Familienleben Ullmanns - die Scheidung von seiner zweiten Frau und die Wiederverheiratung. Wann er sich von Anna trennte bzw. wann er seine dritte Frau Elisabeth heiratete, kann jedoch nicht genauer belegt werden.[69]

Die Verschärfung aller antijüdischen Maßnahmen nach dem Attentat auf Heydrich im Mai 1942 mag Ullmann zu Überlegungen veranlaßt haben, wie er die Manuskripte seiner Kompositionen aus der Prager Zeit in Sicherheit bringen könne. Aber erst nach dem Eingang seiner „Einberufung" zum Theresienstadt-Transport übergab er die noch in seinem Besitz befindlichen Partituren seinem Freund Alexander Waulin, der sie nach dem Krieg dem Musikwissenschaftlichen Institut der Karls-Universität in Prag überließ.[70]

Musik im Konzentrationslager

Was liegt an mir!
Ein Kämpfer fiel -
das Schlachtpanier
weht einst am Ziel.
Es fällt das Tier!
Den ich erwähl',
ewig regier'
der Michael.

Am 8. September 1942 wurde Ullmann gemeinsam mit seiner Frau Elisabeth nach Theresienstadt gebracht. An diesem Tag kamen vier Transporte mit insgesamt 1995 Gefangenen im „Ghetto" Theresienstadt an.[71] Mit dem gleichen Ziel waren auch seine erste Frau Martha und seine zweite Frau Anna mit zwei Kindern aus Prag deportiert worden.

Die ehemalige österreichische Festung *Theresienstadt* wurde im November 1941 als Konzentrationslager eingerichtet. Mit Transporten aus dem gesamten Reichsgebiet, aus Holland, Luxemburg, Dänemark und Frankreich kamen bis April 1945 mehr als 140.000 Menschen hierher; 35.000 starben im Lager, 17.000 überlebten und wurden bei Kriegsende befreit; 88.000 wurden in die „Ost-transporte" gezwungen und kamen in den Vernichtungslagern um.[72]

Die Festungsstadt war - solange sie noch als Garnison diente - mit Wohnraum für gut 7.000 Menschen (1930) ausgestattet. Nach deren Evakuierung wurde in die gleichen Räumlichkeiten eine immer größer werdende Anzahl von Deportierten gepreßt. Im September 1942, als Ullmann in Theresienstadt eintraf, erreichte das Lager, das während der Wannsee-Konferenz zur Transit-Station für die östlichen

Vernichtungslager erklärt worden war, mit über 58.000 Gefangenen seinen höchsten Belegungsstand.

Das „Ghetto Theresienstadt" hatte eine Scheinautonomie, repräsentiert durch die von der SS eingesetzte jüdische Selbstverwaltung, in deren Aufgabenbereich auch die Zusammenstellung der „Osttransporte" fiel.

Von der Lagerführung gebilligt, entstand unter schwierigsten Bedingungen ein breitgefächertes kulturelles Leben. Unter der Bezeichnung „Freizeitgestaltung" wurde die Theresienstädter Kultur von der SS zwar geduldet und zeitweise sogar gefördert, zugleich aber - insbesondere seit den „Verschönerungsaktionen" - in maßlosem Zynismus zu einem Instrument der Täuschung umfunktioniert: Mit seiner Hilfe konnte der Weltöffentlichkeit noch 1944 das propagandistisch aufbereitete Trugbild eines „Vorzugslagers" vorgegaukelt werden.[73]

Zum Zeitpunkt seines Eintreffens fand Ullmann eine kulturelle Szene vor, die zum Teil bereits gut organisiert oder gar institutionalisiert war. So bestand als Organ der jüdischen Selbstverwaltung die Sektion „Freizeitgestaltung" (Theater, Konzerte, Vorträge u.a.), in der er schnell als Leiter eines „Studios für neue Musik" Beschäftigung fand.[74] Wie die Veranstaltungen des Studios inhaltlich strukturiert waren, geht aus einem Konzertprogramm mit Ullmann und Alice Herz-Sommer als Pianisten sowie der Sängerin Heda Grab-Kornmeyer hervor. Vorgetragen wurden Werke von Max Reger, Alexander von Zemlinsky, Arnold Schönberg, Alois Hába, Bruno Walter und Gustav Mahler.[75]

Neben seiner Tätigkeit als Solist und Begleiter am Klavier fand er auch Zeit für neue Kompositionen. Zum größten Teil handelt es sich dabei um solistische und chorische Vokalwerke; es entstanden aber auch ein Streichquartett und drei Klaviersonaten, die Zeugnis für seine ungebrochene Kreativität ablegen. Seinen literarisch-publizistischen Neigungen folgte er weiterhin mit der Anlage seines Theresienstädter „Tagebuchs in Versen" (meist zi-

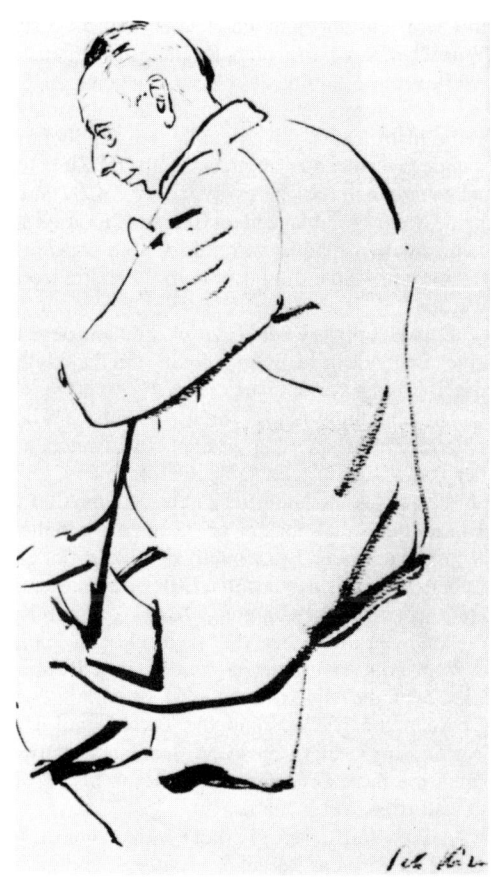

Abb. IV. Viktor Ullmann. Zeichnung von Peter Kien.

tiert unter dem Titel „Der fremde Passagier") und als Verfasser von insgesamt 27 Kritiken über kulturelle Ereignisse im „Ghetto".[76] Eine der Kritiken enthält die folgende Reflexion über das Problem des künstlerischen Schaffens unter den kunst- und lebensfeindlichen Bedingungen der Lagerinternierung:

„... So erschien mir Goethes Maxime: 'Lebe im Augenblick, lebe in der Ewigkeit' immer den rätselhaften Sinn der Kunst ganz zu enthüllen. ... Theresienstadt war und ist für mich die Schule der Form. Früher, wo man Wucht und Last des stofflichen Lebens nicht fühlte, weil der Komfort, diese Magie der Zivilisation, sie verdrängte, war es leicht, die schöne Form zu schaffen. Hier, wo man auch im täglichen Leben den Stoff durch die Form zu überwinden hat, wo alles Musische im vollen Gegensatz zur Umwelt steht: Hier ist die wahre Meisterschule, wenn man mit Schiller das Geheimnis des Kunstwerks darin sieht: den Stoff durch die Form zu vertilgen, was ja vermutlich die Mission des Menschen überhaupt ist, nicht nur des ästhetischen, sondern auch des ethischen Menschen. Ich habe in Theresienstadt ziemlich viel neue Musik geschrieben, meist um den Bedürfnissen und Wünschen von Dirigenten, Regisseuren, Pianisten, Sängern und damit den Bedürfnissen der Freizeitgestaltung des Ghettos zu genügen. Sie aufzuzählen scheint mir ebenso müßig wie etwa zu betonen, daß man in Theresienstadt nicht Klavier spielen konnte, solange es keine Instrumente gab. Auch der empfindliche Mangel an Notenpapier dürfte für kommende Geschlechter uninteressant sein. Zu betonen ist nur, daß ich in meiner musikalischen Arbeit durch Theresienstadt *gefördert* und nicht etwa gehemmt worden bin, daß wir keineswegs bloß klagend an Babylons Flüssen saßen und daß unser Kulturwille unserem Lebenswillen adäquat war; und ich bin überzeugt davon, daß alle, die bestrebt waren, in Leben und Kunst die Form dem widerstrebenden Stoffe abzuringen, mir Recht geben werden."[77]

Zum Hauptwerk der „Ghetto"-Zeit wurde jedoch die Oper „Der Kaiser von Atlantis", eine „Legende in 4 Bildern", für die der damals 25jährige Graphiker und Maler Peter Kien das Textbuch verfaßt hatte.

Die Handlung nimmt ihren Ausgang von der „Tod-Verweigerung": Als der Kaiser Overall von Atlantis den „großen, segensreichen Krieg Aller gegen Alle" erklärt, zerbricht der Tod, bis dahin gehorsamer Gefolgsmann, sein Schwert und weigert sich, die Menschen sterben zu lassen. Natürliches Sterben im Alter und willkürliches Töten durch Krieg und Hinrichtung sind forthin ebensowenig möglich wie das erlösende Lebensende nach Krankheiten oder Epidemien. Ein Ende findet diese grauenhafte Vision des „ewigen Lebens" erst, als der Tod den Bitten des Kaisers nachgibt und sein Amt wieder antritt. Er stellt jedoch eine Bedingung: Als Erster muß Kaiser Overall sterben.

Auf wen die „Legende" zielte, konnte niemandem verborgen bleiben, zumal eine Anzahl von verfremdeten Zitaten (zum Beispiel eine Moll-Variante der Deutschland-Lied-Melodie) die kritische Absicht unmißverständlich ausdrückte.

Auch die SS verstand die Parabel auf Hitler und seinen Krieg und verbot die Aufführung. Allein diese Maßnahme bestätigte der Oper - ganz im Gegensatz zur Intention ihrer Zensoren - ihren Rang als Akt der musikalischen Provokation und des gewaltlosen Widerstandes.[78]

Als das Aufführungsverbot verhängt wurde, hatte die Generalprobe gerade stattgefunden. Der Dirigent Rafael Schächter, schon zuvor Leiter vieler Theresienstädter Musikveranstaltungen, und der Regisseur Karl Meinhard, ehemals Theaterleiter in Berlin und in

Theresienstadt Mitarbeiter an dem Filmprojekt „Der Führer schenkt den Juden eine Stadt", wurden wie die meisten Mitwirkenden im Herbst 1944 nach Auschwitz deportiert und kamen dort in den Gaskammern um.

Peter Kien schloß sich freiwillig dem Transport an, der seine Familie nach Auschwitz brachte und ging gemeinsam mit seiner Frau in den Tod.

Noch im Sommer 1939 war es Ullmann gelungen, seine beiden Kinder Johann und Felicia mit einem der letzten Kindertransporte nach England in Sicherheit zu bringen. Sie überlebten, aber sie erlitten schwere psychische Schäden. Seine erste Frau Martha wurde am 8. Oktober 1942 nach Treblinka deportiert und dort umgebracht; seine zweite Frau Anna und der älteste Sohn Maximilian - der jüngste Sohn Paul, 1940 geboren, war schon 1943 in Theresienstadt gestorben - kamen Ende Oktober 1944 in Auschwitz um. Viktor Ullmann und seine dritte Frau Elisabeth kamen am 16. Oktober 1944 mit einem der „Herbsttransporte" aus Theresienstadt nach Auschwitz und wurden wahrscheinlich zwei Tage später in der Gaskammer ermordet.[79]

Abb. V

Anmerkungen:

1) Johann Nikolaus Forkel: Ueber Johann Sebastian Bachs Leben, Kunst und Kunstwerke. Leipzig 1802

2) Zur Wiederaufführung der „Matthäus-Passion" im März 1829 vgl. Willi Reich (Hg.): Felix Mendelssohn im Spiegel eigener Aussagen und zeitgenössischer Dokumente. Zürich 1970, S.94 ff.

3) Zur Rolle der musikwissenschaftlichen Forschung in dieser Sache vgl. Eckhard John: Musik und Konzentrationslager. In: Archiv für Musikwissenschaft (AfMw) 1991, S.1 ff.

4) Riemann Musiklexikon. Personenteil Bd. II. Mainz 1961, S.865. Ergänzungsband II. Mainz 1975, S.814 f. In der 17bändigen Enzyklopädie „Die Musik in Geschichte und Gegenwart" (Kassel 1949 ff.) fehlt jeder Hinweis auf Ullmann. - Die beiden Nachschlagewerke werden in der Folge abgekürzt „RL" bzw. „MGG" zitiert.

5) Hans Günther Adler: Theresienstadt 1941-1945. Das Antlitz einer Zwangsgemeinschaft. Geschichte, Soziologie, Psychologie. Tübingen 1960, S.60. Dieses grundlegende Werk über Theresienstadt wird in der Folge abgekürzt „Adler" zitiert.

6) vgl. Albrecht Dümling/Peter Girth (Hg.): Entartete Musik. Zur Düsseldorfer Ausstellung von 1938. Eine kommentierte Rekonstruktion. Düsseldorf 1988, S.XXIV, XXXIII. - John (Anm.3)

7) Beate Schröder-Nauenburg: Annäherung an ein Stück ungeschriebene Geschichte. In: Den Opfern der Gewalt. 2. Baden-Württembergische Musikhochschultage. Stuttgart, 11.-18.10.1989. Programmheft, S.11

8) Als grundlegende Arbeiten über Ullmann seien genannt: Jitka Ludvová, V.U. Tschechisch in: Hudebni veda 1979. Mir liegt eine englische Übersetzung dieses ausführlichen und auf eigenen Nachforschungen beruhenden Artikels vor. In der Folge abgekürzt zitiert „Ludvová", mit den Seitenzahlen der englischen Version.
Max Bloch: V.U. A Brief Biography and Appreciation. In: Journal of the Arnold Schoenberg Institute. Vol. III, 2. Los Angeles 1979, S.151 ff. In der Folge abgekürzt zitiert „Bloch". - Ferdinand Zehentreiter: V.U.

Ungekürzte Fassung eines Beitrags für das Programmheft der Wiener/Berliner Aufführung von „Der Kaiser von Atlantis" (Tabori). In der Folge abgekürzt „Zehentreiter". - Henrike Schulz: V.U. Von Teschen nach Auschwitz. Leben und Werk eines jüdischen Komponisten. Unveröffentlichte Diplomarbeit. Münster 1990

9) Die unter den Zwischentiteln eingerückten Strophen sind Ullmanns „Tagebuch in Versen" („Der fremde Passagier") entnommen, das in Theresienstadt entstanden ist.

10) Ludvová, a.a.O., S.6

11) Bloch, a.a.O., S.151

12) Erich Hermann Müller: Deutsches Musiker-Lexikon. Dresden 1929, Sp. 1479. In der Folge abgekürzt zitiert „Müller".

13) vgl. Bloch, a.a.O., S.172

14) Willi Reich: Arnold Schönberg, oder: Der konservative Revolutionär. Wien 1968, S.149

15) Bloch, a.a.O., S.153

16) z.B. Willi Reich (Anm.14). - Josef Rufer: Das Werk Arnold Schönbergs. Kassel 1959. - Erwin Stein (Hg.): Arnold Schönberg. Ausgewählte Briefe. Mainz 1958. Englisch London, NY 1964

17) Bloch, a.a.O., S.150

18) Müller (Anm.12)

19) z.B. Anton Webern, Egon Wellesz, Josef Polnauer

20) Fred K. Prieberg: Musik im NS-Staat. Frankfurt/M. 1968, S.44

21) vgl. Heinrich Jalowetz: Arnold Schönberg. In: Anbruch 5, 1923. - Eduard Steuermann: Moderne Klaviermusik. In: Melos 1, 1920

22) Zehentreiter, a.a.O., S.2

23) Müller, a.a.O. - Ludvová, a.a.O., S.6

24) Ludvová, a.a.O., S.7

25) Friedrich Wildgans: Anton Webern. Tübingen 1967, S.81 f.

26) Ludvová, a.a.O., S.7

27) Arnost Mahler: Alexander Zemlinsky. In: Die Musikforschung (Mf) XXIV, 1971, S.253 f.

28) vgl. hierzu und zu den folgenden Daten Ludvová, a.a.O., S.8 f.

29) Müller, a.a.O.

30) Ludvová, a.a.O., S.8 f.

31) Ivan Voitech: Die Konzerte des Prager Vereins. In: Heinz Klaus Metzger/Rainer Riehn (Hg.): Schönbergs Verein für musikalische Privataufführungen. Mainz 1984 (Musikkonzepte, Heft 36), S.116

32) Auszug aus dem „Prospekt" zur Vereinsgründung im November 1918. Willi Reich: a.a.O., S.159. - Unter gänzlich veränderten Bedingungen sollte Ullmann sich um 1939 gezwungen sehen, diesen Gedanken privater Musikveranstaltungen wieder aufzunehmen (s.d.).

33) Müller, a.a.O.

34) „Jüngere Schönberg-Schüler sind Viktor Ullmann, Felix Greißle aus der Wiener Zeit …" Guido Adler: Handbuch der Musikgeschichte. Wien 1924, S.925. - ²1929, S.1025

35) Erich Steinhard: Junge Musik in der Tschechoslowakei. In: Die Musik XVII/8 (Mai 1925), S.574

36) Vladimír Helfert/Erich Steinhard: Die Musik in der Tschechoslowakischen Republik. Prag 1936. ²1938

37) Ludvova, a.a.O., S.9

38) Nikolai: Lustige Weiber. - Verdi: Troubadour. - Strauss: Ariadne. - Krenek: Jonny spielt auf. - Hubicka: Der Kuß. - Mozart: Figaro. - Wagner: Tristan. - So bei Ludvová, a.a.O., S.9

39) Ludvová, a.a.O., S.17

40) ebd., S.19

41) Erich Steinhard, in: Die Musik XX/2 (November 1927), S.152 f.

42) Bloch, a.a.O., S.155

43) Ludvová, a.a.O., S.10

44) Anbruch 2/1930, S.50 f.

45) Bloch, a.a.O., S.164 f.

46) 1931 heiratete er Anna Winternitz, eine Professorentochter aus Prag. Wann er von seiner ersten Frau Martha geschieden wurde, steht nicht fest; einige Anzeichen deuten auf ein Datum vor 1929 hin. Vgl. Bloch, a.a.O., S.155 f.

47) Musiksammlung der Österreichischen Nationalbibliothek Wien. F21 Berg. 1472/5

48) Ludvová, a.a.O., S.10

49) Bloch, a.a.O., S.170

50) Theo Stengel/Herbert Gerigk (Hg.): Lexikon der Juden in der Musik. Berlin 1940, Sp.134

51) Leo Kestenberg: Bewegte Zeiten. Wolfenbüttel 1961, S.96 ff.

52) in: Volk und Kultur. September 1937, S.162. Diese Zeitschrift wurde von der „Internationalen Gesellschaft für Musikpädagogik" herausgegeben.

53) ebd., S.163 f.

54) in: Auftakt 17/1937, S.97

55) Ludvová, a.a.O., S.11

56) RL I, S.708 f.

57) Ludvová, a.a.O., S.11

58) vgl. Auftakt 1937, S.96

59) Ludvová, S.11 f. - Der deutsche Zweig der Gesellschaft wurde 1914, der tschechische 1915 gegründet.

60) vgl. RL I, S.708. - MGG 5, Sp.1185

61) In „Das Wort im Dienste der Erziehung zur Musik" (Vgl. Anm.52) nennt er Rudolf Steiners „Goethes Geistesart" (1926). - „Zur Charakteristik der Tonarten" (in: Auftakt 17/1937, S.244 ff.) ist eine ausführliche Rezension des Buches „Vom geistigen Wesen der Tonarten", das 1926 von Hermann Beckh, einem der Mitbegründer der Christengemeinschaft, veröffentlicht wurde. Unter dem Titel „Die Sprache der Tonarten in der Musik" wurde es 1987 als Fischer-Taschenbuch neu aufgelegt. - Zu Hermann Beckh vgl. Wolfgang Gädeke: Anthroposophie und die Fortbildung der Religion. Flensburg 1990, S.389, 393

62) Ludvová, a.a.O., S.17 f.

63) Bloch, a.a.O., S.157

64) Ludvová, a.a.O., S.11

65) Max Brod: Streitbares Leben. München 1960, S.439 ff.

66) Ludvová, a.a.O., S.11

67) Bloch, a.a.O., S.158. Möglicherweise konnte sich Ullmann durch diese Taktik des Ausweichens und Sich-Zurückziehens kurzzeitig einen gewissen Freiraum verschaffen; denn nach Adler, a.a.O., S.10, mußten „ab April 1940 ... alle Wohnungsänderungen

der Jüdischen Kulturgemeinde (JKG) gemeldet werden".

68) Adler, a.a.O., S.13 ff.

69) Bloch, a.a.O., S.158

70) ebd., S.160

71) Adler, a.a.O., S.694

72) Martin Weinmann (Hg.): Das nationalsozialistische Lagersystem. Frankfurt/M. 1990, S.44

73) Adler, a.a.O., S.584 ff., Kapitel „Kulturelles Leben". - Ulrike Migdal (Hg.): Und die Musik spielt dazu. Chansons und Satiren aus dem KZ Theresienstadt. München 1986. - Arie Goral-Sternheim (Hg.): KZ-Transit Theresienstadt. Bilder und Dokumente aus Ghettos und Lagern. Ausstellungskatalog des Jüdischen Museums Rendsburg. Rendsburg 1991

74) Ludvová, a.a.O., S.12

75) ebd.

76) Adler, a.a.O., S.841. - Ludvová, a.a.O., S.15

77) Adler, a.a.O., S.661

78) Zu den Kategorien „musikalische Gegenwelten", „musikalischer Widerstand" u.a. vgl. John (Anm.3), S.23 f.

79) Ludvová, a.a.O., S.12. - Bloch, a.a.O., S.159 f.

Abbildungsnachweis:

Abb. I: Journal of the Arnold Schoenberg Institute. Vol. III, Nr.2, Oktober 1979, S.150

Abb. II: Willi Reich: Arnold Schönberg, oder: Der konservative Revolutionär. Wien 1968, S.79

Abb. III: Vladimír Helfert/Erich Steinhard: Die Musik in der Tschechoslowakischen Republik. Prag: Orbis ^{2}1938, S.36

Abb. IV: Programmheft zu „Der Kaiser von Atlantis". Neuköllner Oper, Berlin 1989, S.9

Abb. V: Christian Ginat (Hg.): Viktor Ullmann, Streichquartett III (1943). Dornach 1986, S.3 u. 17

Wir suchen Materialien zum Leben und Werk Viktor Ullmanns.
Wer Materialien besitzt (Informationen aller Art, Manuskripte, Noten, Briefe, Dokumente, Bilder, Zeitungsberichte, persönliche Erinnerungen usw.) oder zugänglich machen kann, wer Hinweise geben kann, die geeignet sind, weitere Klärung zu biographischen Fragen betreffend Viktor Ullmann zu bringen, wird freundlich gebeten, mit dem Autor in Kontakt zu treten:
Dr. Ingo Schultz, Osterkamp 47, D-2397 Handewitt, Tel.: 04608 / 67 53

Die These von der jüdisch-freimaureri-schen Weltverschwörung 1776-1945

Johannes Rogalla von Bieberstein*

Fragestellung

Im Januar 1937 hielt Heinrich Himmler einen Vortrag über *Wesen und Aufgabe der SS und der Polizei*. Darin erklärte er: „Wir müssen uns darüber klar sein, daß der Gegner in einem Krieg nicht nur im militärischen Sinne Gegner ist. Wenn ich hier von Gegner spreche, so meine ich selbstverständlich damit unseren natürlichen Gegner, den internationalen jüdisch-freimaurerisch geführten Bolschewismus."[1] Zwei Jahre später, am 25. Februar 1939, behauptet Josef Goebbels in einem Artikel im *Völkischen Beobachter:* Die Drahtzieher hinter der umfassenden Kampagne gegen das friedliebende Deutschland sind „die Kreise des internationalen Judentums, der internationalen Freimaurerei und des internationalen Marxismus".[2]

Im folgenden wird der Versuch unternommen, den Ursprung und die politische Funktion dieser von führenden Nationalsozialisten benutzten Verschwörungsthese zu skizzieren und zu analysieren, welche - wie eine kurz vor seinem Tode abgegebene Stellungnahme von General Franco und die Affäre des Erzbischofs Lefebvre zeigen - auch heute noch Anhänger hat.

Der weltanschauliche Hintergrund der Verschwörungsthese

Der weltanschauliche Hintergrund sowohl für die Entstehung der Verschwörungsthese als auch für ihren Einsatz als publizistisches Kampfinstrument ist die Bekämpfung von Aufklärung und Französischer Revolution durch die politische und religiöse Orthodoxie; denn der aufklärerische Glaube an die Vernunft und die humanitären Ideale sowie der Toleranzgedanke der aufklärerischen Philosophie schienen die aus dem Mittelalter überkommene, religiös gegründete und durch konfessionelle und ständische Schranken gekennzeichnete Herrschaftsordnung von *Thron und Altar* indirekt oder gar direkt in Frage zu stellen.

Da es in verschiedenen Staaten Europas zu einem - oft recht oberflächlichen - Bündnis von absolutistischen Herrschern und aufklärerischer Philosophie kam, war es unvermeid-

---

*Erstveröffentlichung in: *Aus Politik und Zeitgeschichte*, Beilage zur Wochenzeitung *Das Parlament*, Bonn/Trier, 25.06.1977. Der Abdruck erfolgt mit freundlicher Genehmigung. Der vorliegende Aufsatz stellt die überarbeitete Fassung eines Referates dar, welches der Verfasser Ende Februar 1977 auf Einladung der Deutschen Botschaft in Israel in Jerusalem, Haifa und Tel Aviv gehalten hat. In ihm sind einige der wichtigsten Forschungsergebnisse der Dissertation des Verfassers zusammengefaßt, die 1976 unter dem Titel „Die These von der Verschwörung 1776-1945. Philosophen, Freimaurer, Juden, Liberale und Sozialisten als Verschwörer gegen die Sozialordnung" in Bern, erschienen ist. Das Buch wird im Jahr 1991 im Flensburger Hefte Verlag neu aufgelegt.

lich, daß die Repräsentanten der kirchlichen Orthodoxie die aufklärerischen Ideen als zersetzend betrachteten. Aus ihrer Perspektive sahen kirchliche Traditionalisten es nicht ohne Grund als verhängnisvoll an, daß die vielfach deistisch geprägten aufklärerischen Ideale die überkommenen Dogmen aufweichten. In diesem Zusammenhang ist speziell an das unter politischem Druck zustande gekommene päpstliche Verbot des Jesuitenordens von 1773 zu erinnern, der in vielen katholischen Staaten praktisch über ein Erziehungsmonopol verfügt und damit so etwas wie die Rolle eines Garanten der Rechtgläubigkeit wahrgenommen hat. Im Zusammenhang solch einer Politik wirkte es begreiflicherweise fatal, daß aufgeklärte Despoten auf die sakrale Legitimation ihrer Herrschaft und damit auch auf die Kirche als eine wichtige soziale Stütze ihrer Macht offensichtlich keinen sonderlichen Wert mehr legten und vielmehr unter tendenzieller Aufgabe der Symbiose von *Thron und Altar* dazu neigten, sich wie Friedrich der Große zweckrational-utilitaristisch, d.h. modern ausgedrückt: nach dem Leistungsprinzip, zu legitimieren.

In der historischen Rückschau erscheinen die Vorhaltungen von Traditionalisten gegenüber manchen zeitweiligen Bundesgenossen und Weggefährten aufgeklärter Fürsten insbesondere auch aus dem einfachen Grund nicht ungerechtfertigt, weil anhand einer Anzahl von Biographien der Nachweis geführt werden kann, daß sich auf dem Wege eines konsequenten Übergangs aus einer aufgeklärt-absolutistischen eine konstitutionalistische oder gar eine demokratisch-republikanische Einstellung entwickeln konnte. Friedrich Wilhelm von Preußen, der Nachfolger von Friedrich II. (dem Großen), gehörte zu denen, welche das Steuer noch vor Ausbruch der Revolution herumzuwerfen suchten. So kann das gegenaufklärerische *Religionsedikt* von 1788, welches denjenigen Geistlichen und Lehrern, die „Irrtümer öffentlich oder heimlich" ausbreiteten, die Amtsenthebung androhte und eine scharfe Überwachung der Lehr- und Pfarramtskandidaten verfügte[3], bereits als eine Art konterrevolutionärer Präventivakt interpretiert werden.

Nachdem aufklärerische Grundsätze bereits in der Amerikanischen Unabhängigkeitserklärung von 1776 zu politischen Formprinzipien geworden waren, wurde also schon vor der Französischen Revolution in einigen europäischen Staaten - darunter Preußen - eine allerdings mehr ideologische und potentielle als reale und politische Bedrohung des *Ancien Régime* konstatiert. Ihre organisatorische und soziale Verankerung schien diese Bedrohung der überkommenen Sozialordnung vornehmlich in den sogenannten „geheimen Gesellschaften" zu haben.[4]

Nach den Worten des protestantischen Leipziger Theologen, radikalen Aufklärers und Freimaurers Karl Friedrich Bahrdt sind eben diese Gesellschaften neben der Aufklärung als solcher das „Steckenpferd" gewesen, „auf dem sich Thorheit und Weisheit unserer Zeitgenossen tummelt"[5]. Die hervorragende Bedeutung, welche im späten 18. Jahrhundert den meist unpolitischen und harmlos-geselligen *geheimen Gesellschaften* fast durchgängig zugebilligt wurde, erklärt sich daraus, daß diese Gesellschaften freie Zusammenschlüsse von Gleichgesinnten gewesen sind und in der gebildeten Ober- und Mittelschicht *tout le monde* ihnen angehörte. In einer noch durch ständische und konfessionelle Schranken geprägten Gesellschaft waren solche freien Assoziationen etwas durchaus Neues. Denn der absolutistische Staat konnte aufgrund seines Selbstverständnisses kein Assoziationsrecht, welches der Vereins- und Parteifreiheit zugrunde liegt, gewähren. Vielmehr lizensierte und tolerierte er *geheime Gesellschaften* nur insoweit, als sie keine politischen oder sonstwie unerwünschten Aktivitäten entfalteten. Das Attribut „geheim" weist in diesem Zusammenhang in aller Regel nicht darauf hin, daß die betreffende Gesellschaft im heutigen Sinn geheim war. Vielmehr ist hier geheim als gleichbedeutend mit „nichtstaatlich", „privat" zu interpretieren.

Die Freimaurerei als Substrat der Verschwörungsthese

Die Freimaurerei, welche 1796 von einem konterrevolutionären deutschen Publizisten als „Grund aller Revolutionen, die bisher vorgegangen und noch bevorstehen", bezeichnet und diffamiert worden ist[6], stellte im 18. Jahrhundert gewissermaßen die geheime Gesellschaft *par excellence* dar. Als eine zwar private und diskrete, jedoch im heutigen Sinn nicht geheime Gesellschaft war sie das „stärkste Sozialinstitut der moralischen Welt im 18. Jahrhundert".[7] In diesem Institut manifestierte sich der „Geist der Freiheit", welcher nach Kant die veranlassende Ursache aller geheimen Gesellschaften gewesen ist.[8] - Abgesehen von diesem Charakter der Freimaurerei waren in ihr die aufklärerischen Ideale von religiöser und konfessioneller Toleranz, kosmopolitischer Einstellung, Humanität und Brüderlichkeit verkörpert. Insbesondere, weil diese Prinzipien die religiösen, staatlich-nationalen und ständischen Schranken relativierten, konnte die Freimaurerei als eine Art private und konkrete Vorwegnahme auf eine ideale Wert- und Sozialordnung erfahren werden. Eine Wiener Freimaurerschrift von 1786, welche den bezeichnenden Titel *Schatten und Licht* führt, macht dies deutlich. Es heißt darin: „Die Maurerei ... vereinigt Leute aus allen Nationen, von allen Religionen, von allen Ständen: der Mexikaner, der Sibirier, der Deutsche und der Japaner, der Christ und der Muselman, und der Jude, der Minister, der Kapuziner und der Feldmarschall umarmen einander in der Loge: die Meinungen der Sekten werden wechselseitig geduldet."[9]

Da die moderne, spekulative Freimaurerei, die bereits 1788 von Nicolas de Bonneville als *phénomène dans d'histoire de l'esprit humain*[10] gepriesen wurde, am Anfang des 18. Jahrhunderts im protestantischen England gegründet worden ist, hat sie naturgemäß sehr bald den Argwohn der katholischen Kirche erweckt. Die die religiöse Toleranz propagierende und daher dem Deismus-Verdacht, wenn nicht gar dem Atheismus-Vorwurf ausgesetzte Freimaurerei wurde bereits im Jahre 1738 durch eine im Prinzip auch heute noch gültige, allerdings im Jahre 1974 modifizierte und erheblich abgeschwächte[11] päpstliche Bulle verdammt. Bei der Begründung dieser Verdammung standen bezeichnenderweise politische Argumentationen wie die vermeintliche Bedrohung der Ruhe des Staates im Vordergrund.

Nachdem der Abbé Gaultier bereits 1746 die Freimaurer bezichtigt hatte, unter dem Schlagwort der natürlichen Religion alle Sekten zu organisieren und eine „conspiration générale contre la religion" zu bilden[12], veröffentlichte der Abbé Larudan 1747 in Amsterdam die Broschüre *Les francs-macons écrasés*. In dieser Schrift, die den englisch-französischen Krieg zum Hintergrund hat, warnte Larudan vor einer großen antikatholischen, protestantisch-freimaurerischen Verschwörung. Er warf den Freimaurern vor, sie machten „die vollkommene Freiheit und Gleichheit, so uns von allen Arten der Obrigkeit losmacht ... einem jeden beliebt und anständig".[14] Cromwell habe den Freimaurerorden gegründet, um „das menschliche Geschlecht zu bessern und Könige und Potentaten, deren Geißel er war, auszurotten".[14]

Während diese beiden Schriften bei aller Grundsätzlichkeit eine tagespolitische Zielsetzung hatten, soll nun anhand zweier Belegstellen der dieser Polemik zugrunde liegende christlich-heilsgeschichtliche Bezugsrahmen der Verschwörungsthese aufgezeigt werden. Joseph Torrubia, ein spanischer Dominikaner und Mitglied der Inquisition, hat diesen 1752 in seiner Schrift *Centinella contra Francs-Masones* mit der folgenden Warnung bezeichnet: „Der Katholik ist hier (in der Loge) der Bruder des Lutheraners, des Kalvinisten, des Zwinglianers, des Schismatikers und wer weiß, ob nicht des Mohammedaners und Juden."[15] Nachdem die Fortschritte der Aufklärungsbewegung, welche nicht zuletzt in einer enormen Expansion der Freimaurerei zum Ausdruck kommen, die Befürchtungen der christlichen Orthodoxie nur noch steigern konnten, diffamierte der Aachener Dominikaner Greinemann 1778 die Freimaurer von der Kanzel wie folgt: „Die Juden, die den Heiland kreuzigten, waren Freimaurer, Pilatus und Herodes die Vorsteher einer Loge. Judas hatte sich, bevor er Jesus verriet, in einer Loge zum Maurer machen lassen."[16] Mit diesen Äußerungen stellte sich Greinemann in die Tradition des christlichen Antisemitismus. Zugleich aber brachte er erstmals die Juden und die Freimaurer in einen konspiratorischen Zusammenhang, welcher dann bis in das 20. Jahrhundert hinein von vielen konterrevolutionären und faschistischen Agitatoren und Propagatoren der Verschwörungsthese immer wieder behauptet und konstruiert worden ist.

Wie brisant dieses zugleich antifreimaurerische wie antijüdische Feindbild bereits damals war, ist daraus zu ersehen, daß die zitierte Predigt des Pater Greinemann pogromartige Ausschreitungen gegen freimaurerische - gewissermaßen liberale - Aachener Bürger provoziert hat. Diese haben Interventionen protestantischer Reichsfürsten gegen die Reichsstadt Aachen zur Folge gehabt.

Das Bemerkenswerteste, sozialpsychologisch vielleicht Zugkräftigste und für alle Verschwörungstheoreme Charakteristische an der Argumentation dieses Geistlichen ist die in der Verschwörungsthese vollzogene Synthese von archaisch-religiösen und säkular-weltlichen Momenten. Das letztere ist darin begründet, daß die Freimaurerei als eine zugleich aufklärerische und unpolitisch-esoterische Organisation ungeachtet aller freimaurerischer Praktiken und Riten eine moderne, bürgerliche Organisationsform verkörperte, welche zwar in keinem offenen, aber doch latenten Gegensatz zur ständisch-hierarchischen stand. Dieser besondere Charakter der Freimaurerlogen, der über das „Freimaurerische" im engeren Sinne hinauswies, war es auch, welcher den Freimaurer Lessing 1779 sagen ließ: „Die Freimaurerei ist nichts Entbehrliches, sondern etwas Notwendiges, das in dem Wesen des Menschen und der bürgerlichen Gesellschaft gegründet ist."[17] In der gleichen Schrift *Ernst und Falk* sprach Lessing von einem Freimaurer, der zu denjenigen gehöre, die „in Europa für die Amerikaner fechten". Er habe „die Grille" - so heißt es weiter -, „daß der Congreß eine Loge ist, daß da endlich die Freimaurer ihr Reich mit gewaffneter Hand gründen".[18]

Wenngleich Lessings Vorstellungen kaum für die deutschen oder auch europäischen Freimaurer verbindlich gewesen sein dürften, so machen sie doch deutlich, warum nach 1789 (bis hin zu den Nationalsozialisten!) die Parolen der Französischen Revolution „Freiheit, Gleichheit und Brüderlichkeit" fälschlicherweise als spezifisch freimaurerisch hingestellt und auf dieser Annahme Verschwörungskonstruktionen errichtet werden konnten. Bereits 1791 konnte daher ein Augsburger Jesuit im Hinblick auf die Freimaurerei erklären: „Eine Bruderschaft, die unter Personen von verschiedenen Ständen eingegangen wird, hat kein Verhältnis zu der Verschiedenheit der hierarchischen Ordnung, welche Gott zur guten Leitung der Welt eingesetzt hat, und daraus folgt unnachläßlich der Umsturz des geistlichen und weltlichen Systemes."[19] Auch die nach 1789 gemachte Äußerung eines bayerischen Grafen läßt erkennen, daß die Ablehnung des Gleichheitsprinzips der Verschwörungsthese zugrunde liegt: „Ich kann nicht begreifen, wie ein Edelmann Illuminat werden konnte, wenn er nach den Gesetzen des Ordens zum Schuster und Schneider Bruder sagen mußte."[20]

Die Verschwörungsthese als konterrevolutionäre Drahtzieher-Theorie

Eines der interessantesten Ereignisse der Untersuchung der Entstehung der Verschwörungsthese ist die Tatsache, daß das Grundmuster der antifreimaurerischen Verschwörungsthese bereits vor der Französischen Revolution und nicht erst als Reaktion auf diese Revolution entwickelt worden ist. Die Tatsache, daß dies vornehmlich in Deutschland geschah, kann als Beleg dafür genommen werden, daß die Verschwörungsthese nicht durch ein distanziertes und unparteiisches Erkenntnisstreben charakterisiert ist; vielmehr handelt es sich bei ihr um ein wertorientiertes, politisch-ideologisches Kampfinstrument.

Die Vorgeschichte der Verschwörungsthese ist eng mit dem 1776 in Bayern gegründeten und 1785 von der bayerischen Regierung verbotenen radikalaufklärerischen Illuminatenorden verknüpft.[21] Dieser Orden war formal eine Art von freimaurerischer Organisation und war doch zugleich als ein militanter und somit unfreimaurerischer Kampfbund am Vorbild des Jesuitenordens ausgerichtet. Er wurde binnen kurzem so berüchtigt, daß er von orthodox-katholischer Seite mit dem Satan in Verbindung gebracht wurde. Er war so diffamiert worden, daß Papst Pius VI. 1785 glaubte, die Sekte der Freimaurer habe ihren Sitz in München aufgeschlagen und verbreite „die für königliche Macht und Religion gleichermaßen verderbliche Pest in der ganzen Welt".[22] Der sich in einer Fülle von Pamphleten manifestierende Skandal war so groß, daß in der 1786 anonym publizierten Schrift *Enthüllung des Systems der Weltbürger-Republik* „Revolutionen, die unausbleiblich sind"[23], prognostiziert und Freimaurerlogen als „politische und moralische Pesthäuser"[24] denunziert worden sind.

Solche Belege machen deutlich, daß das Bewußtsein gegenaufklärerischer Kreise in Deutschland bereits vor 1789 so präformiert war, daß der Pariser Bastillesturm von deutschen Repräsentanten der Gegenaufklärung sogleich als das Resultat freimaurerischer und illuminatischer Machenschaften hingestellt werden konnte. Mit der deutschen antiilluminatischen Verschwörungsthese hat der mehrere Jahre am Hofe des Landgrafen von Hessen-Kassel tätige Marquis de Luchet das französische Publikum bereits 1789 in seinem *Essai sur la secte des Illuminés* vertraut gemacht. Nachdem der Hochstapler Cagliostro im Dezember 1789 von der päpstlichen Polizei verhaftet worden war, ist die antifreimaurerische und antiilluminatische Verschwörungsthese von vatikanischen und kirchlich-antirevolutionären Kreisen gezielt verbreitet worden. So wurden Gerüchte lanciert, nach denen Cagliostro der Chef des für den Bastillesturm verantwortlichen Illuminatenordens sei. In der 1791 von der päpstlichen Kammerdruckerei veröffentlichten und auch in französischer, deutscher, englischer und polnischer Übersetzung erschienenen Dokumentation zum Cagliostro-Prozeß wurde den „Freimaurerrotten" vorgeworfen, das „Joch der Subordination und des Gehorsams" abschütteln zu wollen, um die „ganze Welt in Aufruhr und Tumult" zu setzen.[25]

Wie hier nicht näher dargelegt werden kann, ist die Verschwörungsthese in den Jahren 1790 bis 1795 im wesentlichen von deutschen Autoren, die übrigens überwiegend anonym und konspirativ arbeiteten, zu einem schlagkräftigen publizistischen Instrument entwikkelt worden.[26] Als solches Instrument war die Verschwörungsthese nicht zuletzt ein Produkt der Revolutionsfurcht, d.h. der Furcht vor dem äußeren französischen und dem inneren deutschen Feind. Dabei wurden die als innerer Feind angesehenen und vielfach als deutsche Jakobiner bezeichneten Republikaner als Sympathisanten und vermeintliche Verbündete der revolutionären Franzosen und damit zumindest als potentielle Urheber konspirativer Machenschaften nicht weniger als der äußere Feind gefürchtet. Denn schließlich behauptete die Verschwörungsthese in ihrer extremsten Ausprägung als Drahtziehertheorie, daß die französischen Freimaurerlogen vom deutschen „Illuminatismus imprägniert" worden seien und daß ohne diesen „letzten und gefährlichsten Stoß" die Französische Revolution schwerlich ausgebrochen wäre.[27] In der hier zitierten und von dem antirevolutionären Professor Leopold Alois Hoffmann herausgegebenen *Wiener Zeitschrift* wurde diese Variante der Komplott-Theorie pathetisch und nicht ohne Chauvinismus so formuliert: „Nicht die Franzosen sind die Erfinder dieses großen Entwurfes, die Welt umzukehren; diese Ehre kommt den Deutschen zu ... Aus dem in Deutschland entstandenen und noch gar nicht verloschenen, sondern nur verborgen und desto gefährlicher sein Wesen treibenden Illuminatismus, sind diese Comités politiques entstanden, die dem Jakobinerclub sein Dasein gegeben."[28]

Wenngleich festzuhalten ist, daß die Verschwörungsthese vornehmlich in Deutschland entwickelt worden ist, so sind doch die beiden großen synthetischen Darlegungen dieser These nicht von Deutschen, sondern im Jahre 1797 von einem Franzosen und einem Schotten vorgelegt worden.[29] Dies waren die von dem im englischen Exil lebenden Exjesuiten und Abbé Barruel verfaßten und in neun(!) europäischen Sprachen übersetzten *Mémoires pour servir à l'histoire du Jacobinisme* und das ebenfalls mehrfach aufgelegte und übersetzte Buch des Edinburgher Professors John Robison *Proofs of a conspiracy against all the religions and governments of Europe, carried on in the secret meetings of free masons, illuminati and reading societes.*

Die Einbeziehung der Juden unter die Verschwörer

Es wurde bereits gezeigt, daß die christlichen Freimaurer auch die Mohammedaner und Juden als „Brüder" angesprochen haben. Weiter wurde anhand eines Zitates aus einer Predigt des Aachener Dominikanerpaters Greinemann belegt, daß die damit beförderte Emanzipation der Juden und ihre Integration in die bürgerliche Gesellschaft aus orthodoxer Sicht nicht nur scharf abgelehnt, sondern zum Anlaß dafür genommen wurde, den christlich-mittelalterlichen Judenhaß neu zu beleben.

Tatsächlich ließ das freimaurerische Grundgesetz, die *Alten Pflichten* von 1723, eine Aufnahme von Juden in Freimaurerlogen prinzipiell zu.[30] Wenn jedoch mit Ausnahme von Holland und England in die europäischen Logen Juden in aller Regel nicht aufgenommen wurden, so geschah dies nicht so sehr deshalb, weil etwa die Freimaurer judenfeindlich gewesen wären, sondern weil sie Rücksicht auf die ihnen vielfach argwöhnisch gegenüberstehende Obrigkeit nehmen mußten. Dies schloß natürlich nicht aus, daß Aufklärer und Freimaurer wie Lessing Wesentliches zur Vorbereitung der Judenemanzipation geleistet haben.

Daß die Diskriminierung der Juden durch die Freimaurer nicht unumstritten war, geht zum Beispiel daraus hervor, daß es 1780 zu der Gründung einer nichtregulären, „Winkelloge" genannten Freimaurerloge kam, welche Christen und Juden zu ihren Mitgliedern zählte. Der Gründer dieses von Jacob Katz erforschten *Orden der asiatischen Brüder*[31], Hans Carl Ecker von Eckhofen, veröffentlichte 1788 die Schrift *Werden und können Israeliten zu Freimaurern aufgenommen werden?*, in welcher er die Aufnahme von Juden in die Freimaurerlogen befürwortete. Außer diesem Orden hat sich besonders die 1792 in Hamburg gegründete Demokratenloge *Einigkeit und Toleranz* für die Judenemanzipation eingesetzt. In den Statuten dieser Loge, deren Ämter von Juden und Christen paritätisch besetzt waren, heißt es programmatisch: „Es findet kein Unterschied der Religion statt, Türken, Juden und Christen sind unsere Brüder. Wir glauben, daß Wahrheit und Weisheit keine Fabrikware sind, die eines Monopols oder Patents bedürfen."[32]

Neben diesen beiden Logen spielt in der konterrevolutionären Propaganda - bis hin zur nationalsozialistischen - die 1807 in Frankfurt gegründete Loge *Zur Aufgehenden Morgenröthe* eine besondere Rolle. Da ihre Mitglieder überwiegend Juden waren - auch Ludwig Börne gehörte dazu -, wurde sie vielfach als „Judenloge" bespöttelt. Der gegen diese Loge zielende Antisemitismus war insofern nicht mehr der traditionell christliche, weil er bereits eine Allianz mit dem modernen Nationalismus eingegangen war. Fatal war, daß diese Loge unmittelbar dem Pariser *Grand Orient* unterstand und sie deswegen nach der Ausschaltung Napoleons als landesverräterische Organisation verdächtigt werden konnte.

Anhand der 1816 in Frankfurt am Main von Johann Christian Ehrmann publizierten Schrift *Das Judentum in der Maurerey, eine Warnung an alle deutschen Logen* kann verdeutlicht werden, wie Nationalismus, Antiliberalismus, Fremdenhaß und Antisemitismus eine gefährliche, in einer Verschwörungsthese kulminierende Synthese eingehen konnten. Dort wird nämlich nicht nur die *Aufgehende Morgenröthe* als Teil des französischen, „politisch-militärischen Spionagesystems" denunziert, in dem „Spieler, Huren und Juden" eine wichtige Rolle gespielt hätten[33], sondern darüber hinaus wird der in der Verbannung lebende Napoleon als Mittelpunkt einer Verschwörung dargestellt, die eine „allgemeine Weltrevolution" zum Ziel habe. Bei dieser bevorstehenden Revolution käme der von den Juden unterwanderten Freimaurerei eine besondere Rolle zu, zumal die Juden mit ihrem Geld schon viele Staatsmänner von sich abhängig gemacht hätten.[34]

Während der hier angesprochene Nationalismus sowie der Antikapitalismus die weltlich-moderne Komponente der Verschwörungsthese verkörperten, verfügte diese zugleich über eine religiöse und apokalyptische Seite. Dies zeigen zum Beispiel die kirchlichen Reaktionen auf die Einberufung der jüdischen Notabelnkonferenz - das Sanhedrin - durch Napoleon im Jahre 1806; denn dieser Schritt trug ihm den Vorwurf ein, eine antichristliche Politik zu verfolgen und ein falscher Messias zu sein.

Im unmittelbaren Zusammenhang mit dieser Politik Napoleons muß ein Schreiben interpretiert werden, welches der Florentiner Hauptmann Simonini 1806 an den Abbé

Barruel gerichtet hat. Darin beglückwünschte Simonini Barruel zunächst zu seinen oben erwähnten *Mémoires,* kritisierte jedoch, daß er bei der Entlarvung der verschwörerischen Sekten die jüdische nicht berücksichtigt habe. Die *secte judaique* stelle nämlich eine *puissance la plus formidable* dar. Gemeinsam mit den anderen Sekten der Sophisten, Freimaurer, Illuminaten und Jacobiner bilde sie eine einzige Fraktion, deren Ziel die Auslöschung des Christentums sei. „Zwei Juden" hätten die Freimaurerei und den Illuminatenorden gegründet mit dem Ziel, die wirtschaftliche Macht der Christen zu brechen und eine jüdische Weltherrschaft aufzurichten.[35] Diese phantastische Konstruktion, die von orthodox-katholischen Kreisen in ganz Europa kolportiert worden ist, soll von Papst Pius VII. als richtig und glaubwürdig anerkannt worden sein.

Im Zusammenhang mit der europäischen Krisensituation von 1819 ist die antisemitisch akzentuierte Verschwörungsthese neu aufgefrischt worden. So behauptete der spanische Gesandte in Berlin, Vallejo, in einer Denkschrift, daß „alle Juden" der revolutionären Sekte angehörten und daß die Juden ihre „wichtigsten Bankiers" seien.[36] Wenige Monate später soll ein ominöser Mann dem Abbé Barruel folgendes erzählt haben: Die in Cadiz meuternden Truppen, die zur Unterdrückung der Revolution in Südamerika eingeschifft werden sollten, seien von Emissären des Pariser *Grand Orient* zur Befehlsverweigerung angestiftet worden. Dieser Grand Orient unterstehe einem *Très Grand Orient,* der sich aus 21 Mitgliedern zusammensetze. Neun dieser 21 obersten Freimaurer wären Juden! Alle Freimaurer auf der Welt seien dieser Organisation zu absolutem Gehorsam verpflichtet, was um so bedeutsamer sei, als sie sogar in jedem Dorf über Agenten verfügten.[37]

Der historische und ideologische Ursprung dieser antisemitisch geprägten Version der Verschwörungsthese, welche zu den Vorläufern der um 1900 gefälschten sogenannten *Protokolle der Weisen von Zion* gehört, ist das *Grand Firmament* des Florentiners Filippo Buonarroti und der Newtons-Rat von Henri de Saint-Simon. Das *Grand Firmament* war eine am organisatorischen Vorbild der Freimaurerei ausgerichtete republikanische und national-emanzipatorische Organisation, welche in der Reaktionszeit die nationalen Freiheitsbewegungen ohne großen Erfolg zu koordinieren suchte. Die Bildung des *Conseil de Newton* war von Saint-Simon in seinen *Lettres d'un habitant de Genève*[38] vorgeschlagen worden. Dieser aus 21 Mitgliedern bestehende Rat sollte die Herrschaft der Wissenschaft einleiten und die vom Vatikan geprägte christliche Ära durch eine szientistische, nachchristliche ablösen.

Die dargelegten Fakten erlauben es mittlerweile, die innere Logik und damit auch die politische Brisanz der die Freimaurer und die Juden in eine konspiratorische Beziehung setzenden Verschwörungsthese zu verdeutlichen. Diese These führte schließlich am Ende des 19. Jahrhunderts zu den Doppelbezeichnungen *judéo-maçonnerie, judeo-masonstvo* und *Judeo-Freimauerei.* Sie kulminierte in der Behauptung Erich Ludendorffs, daß „das Geheimnis der Freimaurerei überall im Juden" verborgen liege, ja, daß der Freimaurer ein „künstlicher Jude" sei.[39]

Der Hintergrund für solche Diffamierungen war die bereits dargelegte Tatsache, daß die Freimaurerei als eine aufklärerische Organisation auch einen Beitrag zur Emanzipation der Juden geleistet hat. In diesem Zusammenhang ist anzumerken, daß bereits die christliche Orthodoxie und die politische Konterrevolution den Aufklärern und den Revolutionären vorgeworfen hatten, sie nähmen die Juden in Schutz und die Juden stellten als Nutznießer der Revolution ein Werkzeug der antichristlichen und revolutionären Sekte dar. In einer Fußnote zu der deutschen Übersetzung der *Mémoires* des Abbé Barruel ist deshalb bezeichnenderweise schon im Jahre 1800 vom „Judentum der Freimaurer" oder der „Freimaurerei der Juden" die Rede.[40]

Wenn man berücksichtigt, daß die christliche und politische Orthodoxie davon ausging, daß die Aufklärung eine „philosophische Conjuration"[41] darstelle, und darüber hinaus von einem „philosophischen Satanismus"[42] sprach, so wird deutlich, daß die Freimaurerei in ihren Augen gewissermaßen die soziale Konkretisierung aller negativen Prinzipien darstellte.

Dadurch, daß auch Juden von dieser Organisation profitieren konnten (statistisch gesehen war es natürlich nur ein winziger Prozentsatz von zugleich aufgeklärten und begüterten Juden), neigte man dazu, die von der christlich-mittelalterlichen Dämonologie ohnehin mit Satan in Verbindung gebrachten Juden nicht nur als Nutznießer, sondern auch als angebliche diabolisch-allmächtige Drahtzieher der Freimaurerei und aller unerwünschten politischen Entwicklungen überhaupt hinzustellen und zu diffamieren.[43]

Die antimodernistische und antidemokratische Funktion des modernen Antisemitismus

Als den Freimaurern im Jahre 1854 in der Berliner *Evangelischen Kirchenzeitung* unterstellt wurde, sie verleugneten den Heiland, um „mit Juden und Türken fraternisieren zu können"[44], hatte Heinrich Sybel zuvor in seiner *christlich-germanischen Staatslehre* von 1851 den politischen Stellenwert solcher Diffamierungen klar zum Ausdruck gebracht. Er lobte nämlich die solche Theoreme verbreitenden und den Gleichheitsgrundsatz bekämpfenden Christlich-Konservativen dafür, daß sie „in der ersten Linie des Kampfes gegen das demokratische Prinzip" ständen.[45] Aus solch einer Perspektive konnten die liberalen und demokratischen Ideen nur zu einer *Verjudung des christlichen Staates* führen - so der Titel einer 1865 in Leipzig anonym publizierten Schrift. Darin wird im übrigen beispielsweise behauptet, der von den Juden „so lange ersehnte Messias heißt Mammon, und das Weltreich der Juden wird die Geldherrschaft sein. Das ist die Perspektive der Zivilisation von heute".[46]

Auch der für die Geschichte der Verschwörungsthese wichtige Jesuit Pachtler sagte den Freimaurern 1876 nach, sie böten dem „Christus hassenden Judentum ... ein wahres Labsal und eine hocherwünschte Operationsbasis".[47] In den *Historisch-politischen Blättern für das Katholische Deutschland* war über die Nutznießer-These hinaus bereits 1872 eine ausgesprochen antisemitische Version der Verschwörungsthese lanciert worden. Es heißt dort nämlich: „Die Spitze der Loge bildet Juda, die christlichen Logen sind blinde Puppen, welche von Juden in Bewegung gesetzt werden, ohne es größtenteils zu wissen."[48]

Der tiefere Grund für diese Polemik ist 1875 in der *Allgemeinen Zeitung des Judentums* treffend charakterisiert worden: Indem die Kirchenpartei, so heißt es dort, „auf die Juden losschlage, glaube sie den ganzen modernen Staat, die ganze liberale Tendenz der Gesellschaft" zu treffen.[49] Gleiches läßt sich auch von der antifreimaurerischen Agitation sagen. Hierfür ist besonders bezeichnend, daß der Terminus Freimaurer schon zu Ende des 18. Jahrhunderts im übertragenen, metaphorischen Sinne als ein klerikal-konterrevolutionäres Schimpfwort gebraucht wurde. So denunzierte zum Beispiel der französische Abbé Lefranc 1791 das Regime der Assemblée Générale als freimaurerisch.[50]

Der Terminus Freimaurer wurde also zu einer antimodernistischen Diffamierungschiffre für nahezu alle unerwünschten Entwicklungen. Als der mehr religiös geprägte Oberbegriff für Freimaurer ist der Begriff der häretischen Sekte anzusehen, der außer auf die Freimaurer besonders auf die Philosophen, Protestanten, Juden, Physiokraten, Jakobiner und Republikaner angewandt worden ist.

Der Abbé Barruel hat dieser „Sekte" in seinen Memoires bezeichnenderweise nachgesagt: „Die Sekte kündigte sich in Amerika mit den ersten Grundlagen des Codex der Gleichheit, der Freiheit und des Souveränen-Volkes an."[51] Letztlich ging es also darum, und Barruel hat dies sehr deutlich und unmißverständlich ausgesprochen, das sakral gegründete, hierarchisch strukturierte Ancien Régime (Thron und Altar) gegen das Prinzip der politischen Gleichheit und damit der Volkssouveränität zu verteidigen. Die Berufung auf die Volkssouveränität wurde dabei als ein Aufstand des unmündigen Menschen gegen seinen göttlichen Herrn gewertet.

Die antisozialistische und antikapitalistische Ausprägung der Verschwörungsthese

Tatsächlich ging es den Verfechtern und Anhängern der Verschwörungsthese nicht nur um ideelle, religiöse und verfassungspolitische Interessen. So wurde nicht immer ohne jeden Grund außer Thron und Altar auch die besitz-bürgerliche Sozialordnung als bedroht angesehen. Bei manchen Propagatoren der Verschwörungsthese, die in der Regel auch Antisemiten waren, liegt im übrigen der Verdacht nahe, daß sie ihre politische Theoreme bewußt und kalkuliert als Rechtfertigungs- und Kampfinstrument für kaschierte politische und materielle Ziele eingesetzt haben.

Parallel zur krisenhaft verlaufenden historischen Entwicklung vom Absolutismus zur bürgerlichen und sozialen Demokratie, welche in der bolschewistischen Diktatur eine linkstotalitäre Perversionsform besitzt, erfolgte eine stete Anpassung der bereits im 18. Jahrhundert entwickelten Verschwörungsthese an die im Zeitalter der Industrialisierung und des Imperialismus in einem raschen Wandel begriffenen politischen und sozialökonomischen Rahmenbedingungen. Dies kann hier nur exemplarisch mit wenigen Fakten und Stichworten belegt werden.[52]

Charakteristisch ist zum Beispiel der folgende Umstand: Nachdem der katholische Advokat Ekkert aus Prag 1852 erklärt hatte, die deutsche Reichsverfassung von 1848/49 sei „vom engeren Maurerbund den reinen Social-Demokraten dekretiert"[53] worden, stellte der Jesuit Pachtler in Reaktion auf den Pariser Kommune-Aufstand die These auf, die Sozialistische Internationale sei letztlich eine Schöpfung der Freimaurerei. Der internationale Arbeiterbund, den Pachtler für die „furchtbarste politische und religiöse Verschwörung in der ganzen Weltgeschichte"[54] hielt, sei nach den Grundsätzen der Loge aufgebaut. Für Pachtler, der ja auch die Ansicht geäußert hatte, die Loge stelle für das Christus hassende Judentum eine willkommene Operationsbasis dar, stand eine Symbiose von Freimaurerei und Liberalismus fest. Denn nach ihm „führen die Prinzipien der maurerischen Humanität direkt zum Sozialismus".[55] Dabei glaubte er, daß der vom jüdisch-freimaurerischen Liberalismus begünstigte Sozialismus seinem liberalen Ziehvater als „Gottesgeißel für den Liberalismus"[56] und mit ihm auch dem Freimaurertum und seinen Adepten letztlich „den jähen Untergang" bereite.[57]

Außer durch das Aufkommen des Sozialismus ist die im letzten Drittel des 19. Jahrhunderts zu beobachtende Revitalisierung der Verschwörungsthese besonders durch die unter liberalem Vorzeichen erfolgte Einigung Italiens und Deutschlands sowie den Kulturkampf und Wirtschaftskrisen begünstigt worden.

Ein wichtiger religiös-ideologischer Ausgangspunkt für den Kulturkampf ist der 1864 von Papst Pius IX. verkündete *Syllabus errorum* gewesen. Darin werden unter anderem Pantheismus, interkonfessionelle Toleranz, Rationalismus, Liberalismus, Sozialismus und Freimaurerei in scharfer Form verdammt.[58] Das in diesem Syllabus formulierte antimodernistische Feindbild stellt die Folie für die besonders von kirchlicher Seite vorgenommene Aktualisierung der Verschwörungsthese dar. Die anspruchsvollste Neuauflage der Verschwörungsthese ist das zwischen 1874 und 1876 publizierte und mehrmals neu aufgelegte Werk des französischen Jesuiten Nicolas Deschamps *Les sociétés secrètes ou la philosphie de l'histoire contemporaine*. Dieses Buch knüpft unmittelbar an die Barruelschen *Mémoires* an, welche im übrigen 1887 in Rom nochmals in italienischer Sprache veröffentlicht wurden.

Edouard Drumont hat 1885 in seinem Buch *La France Juive* die Juden nicht nur als Nutznießer der Revolution bezeichnet, sondern darüber hinaus den Gründer des erwähnten, quasifreimaurerischen Illuminatenordens, Adam Weishaupt, fälschlicherweise als Juden bezeichnet!

In seiner 1893 in Paris publizierten Schrift *La Francmaçonnerie-Synagogue de Satan* rekurierte der französische Erzbischof Léon Meurin unmittelbar auf Barruel. Er berief sich ferner auf die Frankfurter „Judenloge" *Zur Aufgehenden Morgenröthe* und den Brief von Simonini. Gleich dem Abbé Bertrand, der 1901 in Paris das Pamphlet *La Francmaçonnerie, Secte Juive* veröffentlichte, glaubte Meurin das Geheimnis der Freimaurerei im Juden erblicken zu können.

Daß es sich bei den genannten Autoren nicht um Außenseiter in der katholischen Kirche handelt, belegt die 1884 erlassene antifreimaurerische Enzyklika von Papst Leo XIII. *Humanum Genus*. In dieser Enzyklika werden die Freimaurer erneut mit dem Kirchenbann belegt; es wird ihnen vorgeworfen, daß sie darauf hinarbeiten, das Reich Gottes auf der Erde durch das von ihnen kontrollierte Reich des Satans zu ersetzen, „unter dessen Herrschaft alle stehen, die dem ewigen göttlichen Gesetz den Gehorsam verweigern".[59]

Als satanisch erschien den Traditionalisten neben dem Liberalismus auch der moderne Kapitalismus und die von ihm herausgeforderte sozialistische Bewegung. Ausdruck dieser traditionalistischen und mittelständlerischen Einstellung sind antikapitalistische und antisozialistische Parolen, wie sie sich in dem Buch des Monsignore Anselme Tilloy von 1897 *Le péril judéo-maçonnique* finden. In dieser Schrift, die bezeichnenderweise Cagliostro für einen Juden ausgibt, steht die rein politische, antikapitalistische Argumentation im Vordergrund, und zwar auf eine Weise, daß bei aller Traditionsbezogenheit die moderne rechtsradikale Demagogie überwiegt. So wird dort behauptet, daß sich Frankreich in ökonomischer, politischer und sozialer Hinsicht unter dem Joch der jüdisch-freimaurerischen Sekte befände.[60] Aus dieser Feststellung wird die Forderung der rechtlichen Diskriminierung der Juden abgeleitet, wobei das mittelalterliche Verbot des Grundbesitzes hervorgehoben wird. Außer gegen die Juden wollte Tilloy gegen die Hochfinanz und gegen die Aktiengesellschaften vorgehen. Dabei definierte er ähnlich dem anonymen Verfasser der bereits erwähnten Schrift *Die Verjudung der christlichen Völker* den angeblich jüdisch kontrollierten Kapitalismus als System, in dem das Geld und die Spekulation den ersten Platz auf der Wertskala einnähmen.[61]

Offensichtlich wollten die Anhänger solcher Auffassungen die als heil vorgestellte vorindustrielle Welt restaurieren, welche durch den Kapitalismus noch nicht verwüstet sei; denn dessen unmittelbare Folge sei Klassenhaß, Klassenkampf und der die gesellschaftliche Ordnung auflösende Sozialismus. Zumal auch der Übergang des traditionellen zu dem rassenideologischen Antisemitismus fließend ist, war mit dieser sozialromantischen Argumentation das Grundmuster der späteren rechtsradikalen Gesellschaftsanalyse und Agitation praktisch vorgegeben. Sie liefert nämlich die Begründung dafür, warum es zum Beispiel am 24. April 1894 in der katholischen *Augsburger Postzeitung* heißt: „Die Sozialdemokratie - eine Sondertruppe der Börse und des Judentums"[62], und warum es schließlich in dem Programm der NSDAP scheinbar paradox lautet: „Der Marxismus ist ein ausgesprochen kapitalistisches Truggebilde ... Kapitalismus und Marxismus sind eines."[63]

Für diese radikal antimodernistische These hatte der Antisemitismus, der im Parteiprogramm der NSDAP als der „gefühlsmäßige Unterbau" der Bewegung[64] deklariert wurde, die Funktion einer Klammer. Zum einen war nämlich der Jude als Außenseiter der alten Gesellschaft zwangsläufig in den „modernen" Berufs- und Wirtschaftszweigen massiert und somit (sei es als Kapitalist oder sei es als liberaler Bürger oder sozialistischer Intellektueller) Verkörperung der Modernität; zugleich jedoch blieb der Jude trotz dieser Modernität für die kirchlichen, politischen und sozialen Antimodernisten sowie auch für den durch die sozialökonomische Entwicklung bedrohten Mittelstand eine seit alters her von der christlich-mittelalterlichen Dämonologie mit unheimlichen Zügen ausgestattete Figur.

Auf dem Hintergrund der Agitation gegen die Freimaurerei - welche als geheime Gesellschaft für Verdächtigungen unterschiedlichster Art anfällig war und auf welche die Vorwürfe des christlich-mittelalterlichen Hexenglaubens mit großem Erfolg übertragen worden sind - konnte die sozialpolitisch brisante These von einer angeblich jüdischfreimaurerischen Weltverschwörung ein explosives Kampfinstrument darstellen.

Ein wichtiger historischer Anlaß für die Aufstellung der bereits erwähnten sogenannten *Protokolle der Weisen von Zion*[65] ist der Baseler Zionistenkongreß von 1897 gewesen. Nach diesen Protokollen, die unter Rückgriff auf die ältere antisemitische und antifreimaurerische Literatur unter maßgeblicher Beteiligung der zaristischen Geheimpolizei gefälscht worden sind, wurden in Basel uralte Träume von einer jüdischen Weltherrschaft zu einem politischen Aktionsprogramm verdichtet. Danach sollten die Juden unter Ausnützung der Freimaurerei sowie von Liberalismus, Demokratie und Sozialismus für ihre ureigenen Zwecke in diabolischer Weise auf den Sturz aller Throne, Religionen und Staaten hinarbeiten, um auf deren Ruinen ein jüdisches Weltreich zu errichten.

Wie der von hohen kirchlichen und politischen Stellen begünstigte Einsatz der *Protokolle* während der russischen Revolution von 1905 zeigt, war diese Verschwörungsthese die extremste ideologische Waffe der jegliche Liberalisierung ablehnenden orthodoxen Verteidiger von *Thron und Altar.* Nach übereinstimmendem Urteil der Historiker offenbarten die radikalen Verteidiger der zaristischen Selbstherrschaft bereits „prä-faschistische" Züge. So hat zum Beispiel der mit dem Zarenhof in Verbindung stehende erste Herausgeber der *Protokolle,* Kruszewan, bei der Anstiftung der blutigen Pogrome von Kischinew eine finstere Rolle gespielt.

Diese Vorgänge verdeutlichen, daß Repräsentanten von autoritären Staaten im Moment ihrer politischen Infragestellung nicht vor einer extremen Radikalisierung zurückschrecken. In solchen Momenten der vitalen Bedrohung wurden die schließlich in Reaktion auf Aufklärung und Französische Revolution entwickelten Verschwörungstheoreme auch von solchen Konservativen gleichsam als Rettungsring aufgegriffen, welche ihnen und ihren oft recht obskuren Verfechtern in politisch ruhigen Zeiten sehr distanziert gegenüberstanden.

Die Reaktivierung der Verschwörungsthese im Ersten Weltkrieg

Dieses Verhalten kann auch an den Auswirkungen des Ersten Weltkrieges in Deutschland demonstriert werden. Bereits 1915 wurde der Krieg in einem *Weltkrieg und Freimaurerei* überschriebenen Artikel der *Historisch-politischen Blätter für das Katholische Deutschland* als Resultat einer freimaurerischen Verschwörung hingestellt. Der Haß aller Freimaurer richte sich gegen Deutschland und Österreich, weil diese in den Augen der Loge das europäische „Bollwerk des monarchischen Gedankens und den Hort des Klerikalismus, d.h. gläubigen Christentums" bildeten. Die „Zertrümmerung dieser beiden Reiche ist darum das Ziel des Freimaurerhasses", wird abschließend gewarnt.[66]

In der 1917 publizierten Schrift *Freimaurerei, Weltkrieg und Weltfriede* griff auch der Jesuit Gruber auf die Verschwörungsthese zurück. Er behauptete, daß die Freimaurer an allen Revolutionen seit 1776 „hervorragenden Anteil"[67] hätten und daß die Losung der Französischen Revolution „Freiheit, Gleichheit, Brüderlichkeit" eine freimaurerische wäre. Der mit der Freimaurerei verbündeten Entente ginge es im Weltkrieg um den „Sieg des demokratisch nationalen Prinzips über das theokratisch-autokratische, monarchisch-feudale, militaristisch-imperialistische".[68]

Ganz ähnlich äußerte sich am 9. Juli 1918 im preußischen Herrenhaus der alldeutsche Präsident des deutschen Flottenvereins, Fürst Otto von Salm-Horstmar. Für ihn war der Weltkrieg eine Auseinandersetzung der „jüdisch-demokratischen" mit der „deutsch-aristokratischen" bzw. „deutsch-germanischen" Weltanschauung. Der mit der Geschichte der Verschwörungsthese gut vertraute Salm-Horstmar glaubte, daß alle Revolutionen der Neuzeit von Freimaurern angezettelt wurden. Dabei wäre der Freimaurerorden stets ein Werkzeug der Juden gewesen. Lenin und Trotzki seien beide nicht nur Juden, sondern auch Freimaurer.[69] Im Jahre 1933 hieß es dann in dem von Curt Rosten verfaßten offiziösen *ABC des Nationalsozialismus:* „Der geistige Schöpfer des Kommunismus ist der Jude und Freimaurer Karl Marx-Mardochay. In seinem Werk *Das Kapital,* das er im Auftrage der internationalen jüdischen Freimaurerloge vor hundert Jahren anfertigte, hat er die geistige Basis für den Kommunismus geschaffen."[70]

Solche abwegigen Thesen sind während des Ersten Weltkrieges auch von dem schon 1912 gegründeten *Germanen-Orden* aufgestellt worden, der 1918 in *Thule-Gesellschaft* umbenannt wurde und sich als eine Art Anti-Freimaurerorden verstand. Von programmatischer Bedeutung ist die am 21. Juli 1918 in den *Runen* formulierte Aussage dieses Ordens: „Was uns (germanische Logen; d.Vf.) von der Freimaurerei trennt, ist unsere Weltanschauung ... Wir hassen das Schlagwort von der Gleichheit, Gleichheit ist der Tod ... Wir arbeiten für unser Volkstum und wissen, daß wir für den Fortschritt der Menschheit viel mehr tun, als alle Logen der Welt ... Wir sind keine Demokraten ... Demokratie ist jüdisch ... Wir sind Aristokraten ...".[71]

Weihnachten 1917 wurde der Hochstapler Rudolf Glauer, der sich den klangvollen Namen „Rudolf von Sebottendorf" zugelegt hatte, zum Chef der bayerischen Provinz des Germanen-Ordens bestellt. Er übernahm 1918 die Zeitung *Münchener Beobachter,* die im gleichen Jahr in die Hände der NSDAP gelangte und unter dem Namen *Völkischer Beobachter* weitergeführt wurde. Mitglieder der in der Revolution von 1918/19 als rechtsradikal-terroristische Geheimorganisation operierenden *Thule-Gesellschaft* waren so prominente spätere Nationalsozialisten wie Georg Feder, Dietrich Eckart, Hans Frank und Rudolf Heß.

Die Verwendung der Verschwörungsthese durch Völkische und Nationalsozialisten

Zeitgeschichtliche Forschungen haben ergeben, daß Adolf Hitler als V-Mann der Reichswehr Kontakt zu rechtsradikalen Kreisen aufnahm und auch in die *Thule-Gesellschaft* geladen worden ist.[72] Die Bedeutung der Tatsache jedoch, daß er und seine Anhänger Verschwörungstheoreme übernommen haben, welche ihrer Herkunft nach kirchlich-antimodernistischen und konservativ-monarchistischen Ursprungs sind, ist in den Gesamtdarstellungen des Nationalsozialismus und seiner Ideologie noch nicht recht gewürdigt worden.

Kaum Beachtung gefunden haben bisher auch folgende Fakten: Wenn man einmal von der Bezugnahme auf die sogenannten *Protokolle der Weisen von Zion* in Hitlers *Mein Kampf* absieht, so weist dieser ebenso wie der *Mythus des 20. Jahrhunderts* von Alfred Rosenberg keine Quellenangaben zur Herkunft der antifreimaurerischen und antisemitischen, d.h. antidemokratischen Verschwörungstheoreme auf. Dies hat zur Folge, daß die Verschwörungsthese bis heute vielfach fälschlicherweise als spezifisch nationalsozialistisch angesehen wird. Dabei wurde übersehen, daß der frühere Moskauer Architekturstudent Alfred Rosenberg Ende 1918 in München zur *Thule-Gesellschaft* gestoßen ist. Abgesehen davon, daß er bereits zuvor die bei den russischen „Weißen" populären *Protokolle der Weisen von Zion* kennengelernt hatte, trat Alfred Rosenberg in den Jahren 1920 bis 1923 als Übersetzer und Verfasser von antisemitischen Schriften und auch als Herausgeber einer deutschen Ausgabe der genannten *Protokolle* hervor. Unter dem Titel *Der Jude, das Judentum und die christlichen Völker* veröffentlichte Rosenberg 1920 eine Übersetzung der Schrift des Franzosen Gougenot des Mousseaux von 1869 *Le Juif, le Judaisme et la Judaisation des Peuples Chrétiens.* Diese seinerzeit von Papst Pius IX. gelobte Schrift stellt eines der Vorbilder für die *Protokolle* dar und weist den Freimaurern eine Hilfsfunktion bei der Vernichtung des Christentums und der Aufrichtung der Judenherrschaft zu.

In seinen 1920 und 1922 in München publizierten Pamphleten *Die Spur des Juden im Wandel der Zeiten* und *Das Verbrechen der Freimaurerei, Judentum, Jesuitismus, Deutsches Christentum* greift Rosenberg fast auf die gesamte Pamphlet-Literatur zur Verschwörungsthese zurück. So beruft er sich zum Beispiel auf den Abbé Barruel, auf Simonini, auf die Schrift *Das Judenthum in der Maurerey* von 1816, auf Eckert und den Jesuiten Pachtler.

Außer Rosenberg bezogen sich damals noch weitere Propagatoren der Verschwörungsthese auf die christlich-konterrevolutionäre Literatur. Unter ihnen seien hier Karl Heise und Friedrich Wichtl hervorgehoben. Heise veröffentlichte 1919 sein Buch *Ente-Freimaurerei und Weltkrieg* und Wichtl 1919 und 1921 die Pamphlete *Weltfreimaurerei, Weltrevolution und Weltrepublik* sowie *Freimaurerei, Zionismus, Kommunismus, Spartakismus, Bolschewismus*. Nach der Lektüre der *Weltfreimaurerei* von Friedrich Wichtl, in der Weltkapitalismus, Zionismus, Bolschewismus und Freimaurerei in eine verschwörerische Beziehung gesetzt werden, notierte der 19jährige Heinrich Himmler in sein Tagebuch: „Ein Buch, das über alles aufklärt (u)nd uns sagt, gegen wen wir zu kämpfen haben."[73]

Diese Notiz macht deutlich, welch gefährliche Wirkung solche Autoren wie Wichtl in politischen Umbruchzeiten auf desorientierte und fanatisierte Leute haben können. Wichtl, der „in dem bolschewistischen Chaos eine Art Übergangsstadium zur rein jüdischen Weltherrschaft"[74] erblickte, hat 1921 in seiner *Weltfreimaurerei* drohend gesagt: „Das arme beschwindelte und so schmachvoll betrogene deutsche Volk aber stand bis jetzt jammernd da und schwieg - lange dauerte es, bis sich beim gewissenhaften Deutschen die Wahrheit durchringt; aber dann wird der Furor teutonicus hervortreten wie nie zuvor."[75]

Die „Annullierung der Revolution von 1789" als Ziel

So prophetisch solche Worte auch in der Rückschau erscheinen mögen, so wird doch deutlich, daß sie in erster Linie die durch den Ersten Weltkrieg herbeigeführte Situation widerspiegeln. Ohne irgend etwas beschönigen zu wollen, muß doch festgehalten werden, daß es die Weltwirtschaftskrise war, die die bereits stabilisierte Weimarer Republik aus dem Gleichgewicht brachte. Als ideologische Waffe und demagogisches Mobilisierungsinstrument spielte die Verschwörungsthese in den sozialen und politischen Entscheidungsschlachten eine nicht zu übersehende Rolle; denn mittels der in ihr benannten Sündenböcke wurde ein die reale Situation verschleierndes, dualistisches Weltbild erzeugt.

Außer Ernst-Wolfgang Böckenförde, welcher 1961 den vieldiskutierten Aufsatz *Der deutsche Katholizismus im Jahre 1933* veröffentlichte[76], hat insbesondere Ernst Topitsch darauf hingewiesen, daß bei aller prinzipiellen Ablehnung des Nationalsozialismus durch die Katholische Kirche zwischen beiden eine historisch fatale „gemeinsame Kampfstellung gegen Aufklärung, Liberalismus und Sozialismus" bestand.[77]

In wie zynisch-kalkulierter Weise diese von Ernst Nolte als „feindliche Nähe von Konservatismus und Nationalsozialismus"[78] charakterisierte Nachbarschaft in der ideologisch-politischen Feindabwehr ausgenützt werden konnte, verdeutlicht das 1924 von Franz Haiser veröffentlichte Buch *Freimaurer und Gegenmaurer im Kampf um die Weltherrschaft*. Darin legt der Begründer des den Nationalsozialisten nahestehenden

„Allarischen Bundes" sein Konzept offen so dar: „Vom christlichen Standpunkt aus ist der Jude ein Feind und Zerstörer von Religion und Sittlichkeit, von Thron und Altar. Diese Ansicht fördert den Zusammenhalt der rechtskulturellen Bewegung und wäre daher vom 'Allarischen Bund' zu betonen".[79] Je nach Zweckmäßigkeit müsse in manchen Ländern auf „die Unterwühlung von Thron und Altar durch die jüdisch-demokratische Freimaurerei", in anderen dagegen auf die „Gefahren des Bolschewismus" am meisten hingewiesen werden.[80] Weiter heißt es bei Haiser vielsagend: „Religionsfragen dürfen wir in unserem Bunde nur sehr vorsichtig anfassen, weil wir uns an alle deutschen Rechtsparteien wenden, - somit auch an die kirchlich gesinnten."[81] Schließlich forderte er in Konsequenz dieser Überlegungen, daß die Stellung seines Bundes zu den Monarchisten, Legitimisten und Christlich-Sozialen „sehr dehnbar und berechnend" sein müsse. Denn: „Wir brauchen sie als Kämpfer gegen die Juden, Liberalismus, 'Fortschritt', 'Aufklärung' und Pöbelherrschaft, ihr sonstiges Programm geht uns nichts an. Jedenfalls ist äußerste Vorsicht mit ihnen am Platze".[82]

Daß das hier angesprochene und durch die Symbiose von Thron und Altar geprägte christlich-konservative Weltbild wegen seiner - ungewollten - Vermittlung einer „ideologischen Befangenheit"[83] gegenüber dem Rechtstotalitarismus tatsächlich Ansatzpunkte für die faschistische Demagogie bot, zeigt auch die Tatsache, daß Papst Pius XII. noch am 24. Juli 1958 die Freimaurerei als „gemeinsame Mutter" von wissenschaftlichem Atheismus, dialektischem Materialismus, Rationalismus und Laizismus bezeichnete und sie als HauptUrheberin des „modernen Glaubensverfalls" angriff.[84]

Außer General Erich Ludendorff, welcher im Jahre 1927 in seiner *Vernichtung der Freimaurerei durch Enthüllung ihrer Geheimnisse* behauptet hatte, mit den „jüdisch-freimaurerischen Schlagworten Freiheit, Gleichheit und Brüderlichkeit werden die Völker geknechtet"[85], war im übrigen auch der Protestant Kaiser Wilhelm II. in seiner niederländischen Emigration davon überzeugt, daß „der Weltkrieg durch die jüdischen Freimaurerlogen in Frankreich, England und Italien angezettelt" worden sei.[86]

Die recht pauschal-antimodernistische und im *Ancien Régime* wurzelnde Frontstellung der Verschwörungsthese kann dazu beitragen zu erklären, warum ein nicht unerheblicher Teil des deutschen Bürger- und Bauerntums sowie auch der Geistlichkeit trotz aller fraglos bestehenden grundsätzlichen Vorbehalte gegenüber dem Nationalsozialismus in einer krisenhaften Situation mit ihm als dem vermeintlich geringeren Übel paktierte und somit die „Machtergreifung" begünstigt bzw. ermöglicht hat. Dabei spielte der Umstand eine erhebliche Rolle, daß die mit der Krisenbewältigung überforderte Weimarer Republik für viele mehr das Produkt der Niederlage als die Errungenschaft einer vorbehaltlos bejahten demokratischen Revolution war. So konnte etwa auch der Versailler „Knebelungsvertrag" als antideutsches Komplott „jüdisch-freimaurerisch-demokratischer" Entente-Mächte und als „Werk im Geist der Freimaurerei"[87] hingestellt werden.

Aus den skizzierten Gründen richtete sich die Konspirationstheorie außer gegen die Juden und Freimaurer gegen die in der amerikanischen und französischen Revolution wurzelnde westliche Demokratie; darüber hinaus noch gegen die bolschewistische Diktatur, die von den Gegnern der westlichen Demokratie gemäß ihrem Selbstverständnis ihrerseits als Konsequenz der *Ideen von 1789* hingestellt wurde.[88]

Dies ist der Hintergrund dafür, warum der Wiener Nationalökonom und Ständestaatstheoretiker Professor Othmar Spann im Jahre 1931 auf einer Tagung des Katholischen

Akademikerverbandes im Kloster Maria Laach zur „Vernichtung der Midgardschlange von Marxismus und Demokratie" aufrufen konnte[89] und es in einem Hirtenbrief des Linzer Bischofs Gföllner vom 21. Januar 1933 heißt: „Das entartete Judentum im Bunde mit der Freimaurerei ist auch vorwiegend Träger des mammonistischen Hochkapitalismus und vorwiegend Gründer und Apostel des Sozialismus und Kommunismus, der Vorbote und Schrittmacher des Bolschewismus."[90] Aufgrund einer entsprechenden Lagebeurteilung hat der im deutschen Episkopat nicht unumstrittene Freiburger Erzbischof Gröber[91] im Oktober 1933 das unter seiner Mitwirkung zwischen dem „Dritten Reich" und dem Vatikan abgeschlossene Konkordat in kurzsichtiger Weise folgendermaßen begrüßt: „Eine der ersten Kundgebungen des Führers war eine christliche. Er hat seine Hand erhoben gegen alle diejenigen, die gegen das Kreuz anstürmten."[92] In seiner vom Sicherheitsdienst (SD) der SS kolportierten Erklärung vom 5. Februar 1942, in welcher davon die Rede ist, daß sich zwei verschiedene, in ihren „Grundtendenzen" jedoch vollständig einige „Richtungen des Atheismus" gegenüberständen, und zwar „auf der einen Seite der Bolschewismus, verbunden mit dem Weltfreimaurertum, und auf der anderen Seite der heidnische Nationalsozialismus"[93], hat Erzbischof Gröber deutlich werden lassen, daß diese politische Einschätzung gleich der traditionellen Verschwörungsthese aus dem Boden eines christlich-antipluralistischen Weltbildes erwachsen ist, welches als vordemokratisch zu kennzeichnen ist.

Wenn man einmal davon absieht, daß bereits der 4. Kongreß der Kommunistischen Internationale im November 1922 einen Unvereinbarkeitsbeschluß zwischen KP-Mitgliedschaft und Logenzugehörigkeit gefaßt hat, weil die westlichen Humanitätsidealen verpflichtete Freimaurerei eine der „reaktionärsten" Bewegungen der kapitalistischen Länder darstelle[94], so ist hier besonders darauf hinzuweisen, daß die von den Nationalsozialisten übernommene und für ihre Zwecke zurechtgemachte Verschwörungsthese die Ablehnung der *Ideen von 1789* eingestandenermaßen zur Basis hat. So hat zum Beispiel Alfred Rosenberg am 11. August 1940 im *Völkischen Beobachter* die Freimaurerei bezichtigt, sie sei es gewesen, „aus deren Mitte die Losungen der Französischen Revolution gestiegen" wären. Bereits im *Mythus des 20. Jahrhunderts* hat Rosenberg behauptet, die Juden hätten sich die „Freimaurerphilosophie" dienstbar gemacht, weil dank der freimaurerischen „Humanitätspredigt und der Lehre von der Menschengleichheit ... jeder Jude, Neger, Mulatte vollberechtigter Bürger eines europäischen Staates werden konnte".[95]

Dementsprechend heißt es in dem vom nationalsozialistischen *Institut der Judenfrage* veröffentlichten Buch *Die Juden in Deutschland*, daß die „amerikanische Verfassung von 1787 und die Französische Revolution von 1789 in den jahrhundertealten Wall (des Ghettos; d.Vf.) eine Bresche gelegt haben. Beide proklamierten die Gleichberechtigung der Juden nach dem Prinzip der Freiheit und Gleichheit vor dem Gesetz."[96] Nachdem der sich hinter dem Pseudonym „Wilhelm Meister" verbergende Paul Bang im Jahre 1919 in *Judas Schuldbuch. Eine deutsche Abrechnung* unter Bezugnahme auf Ferdinand Lassalles Kampf um das demokratische Wahlrecht gehöhnt hatte: „Der Einzug ins gelobte Land (der Juden; d.Vf.) bildet hier das allgemeine gleiche Wahlrecht"[97], erklärte dann Engelbert Huber im Jahre 1934 in seinem Buch *Freimaurerei. Weltmacht hinter den Kulissen*, hinter der Forderung der politischen Ausschaltung der Freimaurer und Juden stünde das Ziel: „Annullierung der Revolution von 1789".[98]

Das Reichssicherheitshauptamt als Vollstrecker der Verschwörungsthese

Wie hier nicht näher begründet werden muß, hat sich die nationalsozialistische Gewaltherrschaft letztlich auch gegen diejenigen Konservativen und Christen gewandt, die mit dem Nationalsozialismus in der Negation der *Ideen von 1789* weitgehend übereinstimmten. Ihre oft parteitaktisch motivierte anfängliche Begünstigung des Nationalsozialismus, dessen Skrupellosigkeit sie in keiner Weise gewachsen waren, entbehrt somit nicht der Tragik. Hier sei nur darauf verwiesen, daß die katholische Kirche 1937 mit der Enzyklika *Mit brennender Sorge* nach der gescheiterten Koexistenzpolitik erneut eine grundsätzliche Frontstellung gegenüber dem Nationalsozialismus bezog.[99]

Auf der Seite des „Dritten Reiches" manifestierte sich dieser Klärungsprozeß auch darin, daß die nationalsozialistische Verschwörungsthese in ihrer extremsten, wesentlich auf General Ludendorff zurückgehenden Ausprägung neben den Juden, Freimaurern, Liberalen und Sozialisten auch die Jesuiten und damit die katholische Kirche als angebliche Verschwörer denunzierte. Ludendorff hatte nämlich in dem von ihm 1929 gemeinsam mit seiner Frau Mathilde veröffentlichten Pamphlet *Das Geheimnis der Jesuitenmacht und ihr Ende* behauptet, der Jesuit sei als „Finanzmagnat mit dem jüdischen Volke eng verbunden und mit der Freimaurerei in den Hochgradlogen eng vereint".[100]

Ihren institutionellen Niederschlag hat diese Variante der Verschwörungsthese darin gefunden, daß im Amt VII des Reichssicherheitshauptamtes, welchem die „Weltanschauliche Forschung und Auswertung" übertragen war, im Jahre 1939 eine Stelle für weltanschauliche Bekämpfung der Gegner Judentum, Kirche und Freimaurer eingerichtet worden ist. Leiter des Amtes VII des RSHA war der nationalsozialistische Freimaurerexperte Prof. Dr. Franz Alfred Six, welcher 1938 in seiner Schrift *Freimaurer und Judenemanzipation* als Beleg für seine Verschwörungsthese auch die oben erwähnte Broschüre von 1788 *Werden und können Israeliten zu Freimaurern aufgenommen werden?* angeführt hat.[101]

Franz Alfred Six, der auch stellvertretender Leiter des Amtes II (Haushalt und Wirtschaft) des Reichssicherheitshauptamtes war, ist im Zweiten Weltkrieg als Vertrauensmann von Heinrich Himmler zum Leiter der Kulturpolitischen Abteilung des Auswärtigen Amtes aufgestiegen. In dieser Eigenschaft hat Six - der seinen zeitweise im Freimaurermuseum von Heinrich Himmler beschäftigten Untergebenen Adolf Eichmann als einen „pflichtbewußten und sachlich einwandfreien SS-Mann"[102] gelobt hat - im April 1944 auf der interministeriellen Konferenz der Judenreferenten in Krummhübel ausdrücklich die „physische Beseitigung des Ostjudentums" und damit die sogenannte *Endlösung der Judenfrage* begrüßt.[103]

In der Broschüre *Das Reich und der Westen* hat Six das Credo des Nationalsozialismus und damit den Bezugsrahmen der Verschwörungsthese so formuliert: „Der Nationalsozialismus stellt in allen seinen Postulaten eine Antithesis zum Westen, eine Gegenwelt zur nivellierenden Tendenz der Menschheitsauffassung des parlamentarisch-demokratischen Nihilismus, der Herrschaft der Vielen und Minderwertigen dar".[104]

Nach einem *Schulungsbrief* der NSDAP von 1939 fand die „gegnerische Einstellung der NSDAP zur Geisteshaltung der Französischen Revolution .. ihren Ausdruck in der ... ablehnenden Haltung gegenüber der Freimaurerei", wobei diese als projüdische „zwischenvölkische Organisations- und Propagandaform für die Verbreitung der westlichen Organisations- und Verbrüderungsideologie des Liberalismus" gebrandmarkt wurde.[105]

Als Resümee sei hier festgehalten, daß sich die nationalsozialistischen Verschwörungstheoreme unmittelbar auf die in Reaktion auf Aufklärung und bürgerliche Revolution von Anhängern des Ancien Régime entwickelte Verschwörungsthese zurückführen lassen. Damit ist natürlich noch keine Antwort auf die quälende und vielleicht überhaupt nicht befriedigend zu klärende Frage erteilt, wie es geschehen konnte, daß die ein zugkräftiges, antimodernistisches und zugleich antidemokratisches Kampfinstrument darstellende Verschwörungsthese in Verbindung mit dem nationalsozialistischen Rassenwahn von Heinrich Himmler und seinem konspirativ arbeitenden Reichssicherheitshauptamt zu einem die menschliche Vorstellungskraft übersteigenden physischen Vernichtungsprogramm umgestaltet werden konnte.

Wenngleich somit ein Bruch zwischen der antimodernistischen, christlich-konservativen Tradition und der nationalsozialistischen 'Weltanschauung' mit ihrem *Endlösungs*-Programm zu konstatieren ist, wie er einschneidender kaum gedacht werden kann, so hat man sich andererseits doch zu vergegenwärtigen, daß wesentliche Teile der NS-'Weltanschauung' - bei aller Modernität von Sozialdarwinismus, Rassismus und anderer Züge des „Dritten Reiches" - tief in dem durch die Symbiose von *Thron und Altar* gekennzeichneten vor- bzw. antidemokratischen Ancien Régime verankert sind.[106] Deshalb sollte man sich gelegentlich daran erinnern, daß Benjamin Disraeli einst prophezeit hat, die Zerstörung der traditionellen Einflüsse würde die Rache der „erzürnten Tradition"[107] hervorbringen.

Anmerkungen:

1) Heinrich Himmler: Wesen und Aufgabe der SS und der Polizei (1937). In: Der Prozeß gegen die Kriegsverbrecher. Bd. 29, Nürnberg 1948, S.229; vgl. auch Heinrich Himmler: Geheimreden 1933 bis 1944. Frankfurt/M. 1974, S.56-58

2) zit. nach Ernest K. Bramsted: Goebbels und die nationalsozialistische Propaganda 1925-1945. Frankfurt/M. 1971, S.503

3) zit. nach Ludwig Haeusser: Deutsche Geschichte vom Tode Friedrichs des Großen. Bd. 1, Berlin 1859, S.202

4) hierzu Kap. 2.5 („Absolutistisch-ständestaatliche Gesellschaft und 'geheime Gesellschaften'") von Rogalla von Bieberstein: Die These von der Verschwörung 1776-1945. Bern 1976, Flensburg ²1991

5) Karl Friedrich Bahrdt: Über Aufklärung und Beförderungsmittel derselben von einer Gesellschaft. Leipzig 1789, S.249

6) Leopold Alois Hoffmann: Die zwo Schwestern P+++ (= Paris) und W+++ (= Wien) oder neu entdecktes Freymaurer- und Revolutionssystem. O.O. 1796, Vorspruch

7) Reinhard Koselleck: Kritik und Krise. Freiburg/München 1959, S.64

8) Immanuel Kant: Werke, Bd. VI. Berlin 1914, S.389 („Gemeinspruch")

9) Schatten und Licht. Wien 1786, S.30

10) Nicolas de Bonneville: Les Jésuites chassés de la Maçonnerie. London 1788, S.1 f.

11) hierzu: Herder-Korrespondenz 1974, H.11, S.599 f. Zum beginnenden katholisch-freimaurerischen Dialog siehe Rolf Appel/Herbert Vorgrimler: Kirche und Freimaurer im Dialog. Frankfurt/M. 1975

12) zit. nach Albert Monod: De Pascal à Chateaubriand. Paris 1916, S.302

13) (Larudan) Allerneueste Geheimnisse der Freimaurer. Th.1, o.O. 1780, S.108

14) ebd., Th.2 (1780), S.39

15) zit. nach Reinhold Taute: Die katholische Geistlichkeit und die Freimaurerei. Berlin [3]1903, S.142

16) zit. nach Arthur Singer: Der Kampf Roms gegen die Freimaurerei. Leipzig 1925, S.37

17) Gotthold Ephraim Lessing: Sämtliche Werke (ed. F. Muncker). Band XIII, Leipzig 1897, S.344

18) ebd., S.400

19) Projekte der Ungläubigen. O.O. (Augsburg) 1791, S.5

20) zit. nach Richard Du Moulin-Eckart: Forschungen zur Kultur- und Literaturgeschichte Bayerns. Zweites Buch, München 1894, S.197

21) hierzu Richard van Dülmen: Der Geheimbund der Illuminaten. Stuttgart 1975. Ferner: Johannes Rogalla von Bieberstein: Die These von der Verschwörung 1776-1945, a.a.O., Kap. 2.7

22) zit. nach Leopold Engel: Geschichte des Illuminatenordens. Berlin 1906, S.13

23) Ernst August von Göchhausen: Enthüllung des Systems der Weltbürger-Republik. Rom (= Leipzig) 1786, S.VII

24) ebd., S.418

25) Leben und Thaten des Joseph Balsamo, sogenannten Grafen Cagliostro ... Zürich 1791, S.VIII

26) hierzu Kap. 3.3 („Die Verdichtung der Verschwörungsthese zu einer Drahtzieher-Theorie") in: Johannes Rogalla von Bieberstein, a.a.O.

27) Wiener Zeitschrift 1793, H.2, S.153 f.

28) ebd., S.156

29) hierzu Kap. 3.4 („Die Systematisierung der Verschwörungsthese") in: Johannes Rogalla von Bieberstein, a.a.O.

30) hierzu Jacob Katz: Jews and Freemasons in European History 1723-1939. Cambridge/Mass. 1970, S.13 ff.

31) hierzu ebd., Kap. III („The order of the asiatic brethren")

32) zit. nach Walter Grab: Norddeutsche Jakobiner. Frankfurt/M. 1967, S.36

33) Johann Christian Ehrmann: Das Judenthum in der M—y (Maurerey). Frankfurt/M. 1816, S.4

34) ebd., S.7

35) Die angesprochenen Quellen sind publiziert in: Le Contemporain. Revue Catholique, T.XVI (Paris 1878), S.59 ff.

36) zit. nach Etienne Lamy: Nicolas de Bergasse. Paris 1910, S.300

37) Le Contemporain, Tonband = t XVI (1878), S.67 f.

38) Neu publiziert in: Henri Saint-Simon: Oeuvres t. I. Aalen 1964

39) zit. nach: Freimaurerlexikon (Hg.: Lennhoff/Poser). Zürich 1932, Art.: Ludendorff

40) Augustin Barruel: Denkwürdigkeiten zur Geschichte des Jakobinismus. Th. 1. Münster/Leipzig 1800, S.349

41) Karl von Eckartshausen: Über die Gefahr, die den Thronen, den Staaten und dem Christenthume den gänzlichen Verfall drohet ... O.O. 1791, S.76

42) ebd., S.96

43) Näheres hierzu in Kap. 5.1 („Die Rolle der Juden im Rahmen der Verschwörungsthese") in: Rogalla von Bieberstein, a.a.O.

44) Nr.20 vom 11. März 1854

45) Heinrich von Sybel: Kleine Historische Schriften. Bd. I, Stuttgart ³1880, S.365

46) Die Verjudung des christlichen Staates. Leipzig 1865, S.23

47) G. M. Pachtler: Der stille Krieg gegen Thron und Altar oder das Positive der Freimaurerei. Amberg ²1876, S.23

48) Bd. 70 (1872), S.668

49) zit. nach Jacob Toury: Die politische Orientierung der Juden in Deutschland. Tübingen 1966, S.271

50) J.F. le Franc: Le voile levé pour les curieux ou le secret de la révolution rélévé à l'aide de la francmaçonnerie. O.O. 1791, S.62

51) Barruel, a.a.O. (siehe Anm. 40), Th. 4 (1804), S.599

52) Näheres hierzu bei Rogalla von Bieberstein, a.a.O., Kap. 6

53) Eduard Emil Eckert: Der Freimaurerorden in seiner wahren Bedeutung. Dresden 1852, S.367

54) G.M. Pachtler: Die internationale Arbeiterverbindung. Essen 1871, S.77 f.

55) G.M. Pachtler: Der Götze der Humanität oder das Positive der Freimaurerei. Freiburg 1875, S.431

56) Pachtler: Die internationale Arbeiterverbindung, a.a.O., S.99

57) ebd., S.106

58) hierzu Handbuch der Kirchengeschichte. Hg. H. Jedin. Bd. VI, Teil 1 (1971), S.750-756

59) zit. nach Herder-Korrespondenz 1958/59, S.746

60) Anselme Tilloy: Le péril judéo-maçonnique. Paris 1897, Kap. VII

61) ebd., S.130

62) zit. nach Amine Haase: Katholische Presse und die Judenfrage. München 1975, S.154

63) Gottfried Feder: Das Programm der NSDAP. 891.-895. Tausend, München o.J., S.53

64) ebd., S.26

65) hierzu Norman Cohn: Die Protokolle der Weisen von Zion. Der Mythos von der jüdischen Weltverschwörung. Köln/Berlin 1969; Walter Laqueur: Deutschland und Rußland. Berlin 1966, S.99-121

66) Bd. 156 (1915), S.65-71

67) Hermann Gruber: Freimaurerei, Weltkrieg und Weltfriede. Leipzig ²1917, S.1

68) ebd., S.41

69) Stenogr. Berichte u. Verhandl. des Preuß. Herrenhauses in der Session 1916/18, 34. Sitzung, Sp.1042-1045

70) Curt Rosten: ABC des Nationalsozialismus. Berlin ⁵1933, S.240

71) zit. nach Rudolf von Sebottendorf: Bevor Hitler kam. München 1933, S.25 f.

72) hierzu Rogalla von Bieberstein, a.a.O. (1976), S.206 f., wo sich weiterführende Literaturhinweise finden.

73) zit. nach Josef Ackermann: Himmler als Ideologe. Göttingen 1970, S.25

74) Friedrich Wichtl: Freimaurerei, Zionismus, Kommunismus, Spartakismus, Bolschewismus. Hamburg 1921, S.31

75) ebd., S.31

76) Hochland 53. Jg. (1961), H.3, S.215 ff.

77) Ernst Topitsch: Sozialphilosophie zwischen Ideologie und Wissenschaft. Neuwied, Berlin ²1966, S.79 f.

78) Ernst Nolte: Theorien über den Faschismus. Köln ⁴1976, S.60

79) Ernst Haiser: Freimaurer und Gegenmaurer im Kampf um die Weltherrschaft. München 1924, S.4

80) ebd., S.5

81) ebd., S.103

82) ebd., S.123

83) Ernst-Wolfgang Böckenförde: Der deutsche Katholizismus im Jahre 1933 (1961), zit. nach Gotthard Jasper (Hg.): Von Weimar zu Hitler 1930-1933. Köln/Berlin 1968, S.342

84) zit. nach Franz Hillig: Haben sich die Freimaurer gewandelt? In: Stimmen der Zeit, Bd. 175 (1965), S.100

85) Hamburg 1927, S.10

86) zit. nach Friedrich Schmitt-Ott: Erlebtes und Erstrebtes. Wiesbaden 1952, S.195

87) Friedrich Hasselbacher: Frankreichs Totentanz um die 'Menschenrechte'. Berlin [3]1941, S.223; vgl. auch die katholische Wochenschrift „Allgemeine Rundschau", in der es unter Bezug auf den Versailler Vertrag heißt: „So wie einst die Christen im Circus Maximus des heidnischen Rom den Löwen vorgeworfen wurden, so sind wir - will es uns scheinen - den Finanzhyänen der freimaurerisch-jüdischen Weltplutokratie zum Fraß hingeworfen." Zit. nach Heinrich Lutz: Demokratie im Zwielicht. Der Weg der deutschen Katholiken aus dem Kaiserreich in die Republik, 1914-1925. München 1963, S.79

88) vgl. Adolf Hitler: Mein Kampf. München [18]1933, S.85: „Die Demokratie des heutigen Westens ist der Vorläufer des Marxismus, der ohne sie gar nicht denkbar wäre. Sie gibt erst dieser Weltpest den Nährboden, auf dem sich dann diese Seuche ausbreiten kann."

89) zit. nach Klaus Breuning: Die Vision des Reiches. Deutscher Katholizismus zwischen Demokratie und Diktatur, 1929-1934. München 1969, S.37

90) zit. nach Anton Pelinka: Stand oder Klasse? Die christliche Arbeiterbewegung Österreichs 1933-1938. Wien 1972, S.216

91) zu Gröber siehe jetzt Ludwig Volk: Die Fuldaer Bischofskonferenz und Hitlers Machtergreifung bis zur Enzyklika 'Mit brennender Sorge'. In: Dieter Albrecht (Hg.): Katholische Kirche im Dritten Reich. Mainz 1976, besonders S.42 ff.

92) zit. nach Hans Müller (Hg.): Katholische Kirche und Nationalsozialismus. München 1965, S.213

93) zit. nach Heinz Boberach (Bearb.): Berichte der SS und der Gestapo über Kirchen und Kirchenvolk in Deutschland 1934-1944. Mainz 1971, S.631

94) zit. nach Guy Vinatrel: Communisme et Franc-maçonnerie. Paris 1961, S.122

95) Alfred Rosenberg: Der Mythus des 20. Jahrhunderts. München [170]1941, S.207

96) Die Juden in Deutschland. München [5]1936, S.19

97) Wilhelm Meister (d.i. Paul Bang): Judas Schuldbuch. München 1919, S.36

98) Engelbert Huber: Freimaurerei. Weltmacht hinter den Kulissen. Stuttgart 1934, S.296

99) Zu dem vielschichtigen und leidenschaftlich diskutierten Problemkomplex katholische Kirche und Nationalsozialismus siehe jetzt die von Dieter Albrecht hg. Aufsatzsammlung „Katholische Kirche im Dritten Reich", Mainz 1976. Diese Aufsatzsammlung bemüht sich um ein einfühlendes Verständnis gegenüber der Kirche und versucht dabei, die ebenso kritischen wie materialreichen Untersuchungen von Hans Müller (Katholische Kirche und Nationalsozialismus. Dokumente 1930-1935, München 1963) und Guenter Lewy (Die katholische Kirche und das Dritte Reich, München 1965) in die richtige Perspektive zu rücken. Darüber hinaus ist hier gesondert auf das unmittelbar auf der Erfahrung der nationalsozialistischen Kirchenverfolgung basierende und 1946 von Johann Neuhäusler veröffentlichte Buch „Kreuz und Hakenkreuz. Der Kampf des Nationalsozialismus gegen die Katholische Kirche", München 1946, hinzuweisen, in dem freilich die Widerstandsfähigkeit der Kirche einseitig hervorgehoben wird.

100) 31.-35.Tausend München 1929, S.3

101) Hamburg 1938, S.10 f.

102) zit. nach Robert Kempner: Eichmann und Komplizen. Zürich 1961, S.28

103) zit. nach Robert Kempner: SS im Kreuzverhör. München 1964, S.284

104) Berlin 1940, S.27 f.

105) Schulungsbrief. Zentrales Wochenblatt der NSDAP und der DAF, 6. Jg. (1939), 7.F., S.269

106) vgl. hierzu Giuseppe Antonio Borgese: Der Marsch des Faschismus. Amsterdam 1938, S.340, wo festgestellt wird, der Faschismus habe als erster „die Methoden der Linksrevolution und die Technik des Maschinenzeitalters den Zwecken eines reaktionären Umsturzes dienstbar gemacht ..." Ferner Arthur Rosenberg (Historikus): Der Faschismus als Massenbewegung, Karlsbad 1934, S.7: „Der Faschismus ist weiter nichts als eine moderne, volkstümlich maskierte Form der bürgerlich-kapitalistischen Gegenrevolution." Zum Stand der Faschismus-Diskussion siehe Ernst Nolte (Hg.): Theorien über den Faschismus. Köln ⁴1976.

107) zit. nach Klemens von Klemperer: Konservative Bewegungen zwischen Kaiserreich und National-sozialismus. München 1962, S.14

Anthroposophen in der Zeit des Nationalsozialismus

(Teil II)

Arfst Wagner

Wie bereits in der ersten Arbeit zum Thema[1] erwähnt, wäre es wünschenswert, wenn in der Zukunft eine umfassende anthroposophische Arbeit zum Thema „Nationalsozialismus" erschiene, die, aufbauend auf historisch-empirischer Grundlage, die spirituellen Hintergründe des „Dritten Reiches" beleuchten und aufarbeiten würde. Eine solche Arbeit, auch als Beitrag zum Historikerstreit, muß erwartet werden. Der hiermit vorgelegte zweite Teil der Arbeit kann sich diese Aufgabe jedenfalls nicht stellen.

Neben gewichtigem Zuspruch sahen manche Zuschriften auch kritisch auf die erste Arbeit hin, da dort nicht geurteilt wurde, sondern die dokumentierten Sachverhalte der Bildung einer Urteilsgrundlage dienen sollten, und zwar vor dem Hintergrund und in dokumentarischer Ergänzung der bis dahin bereits erschienenen Publikationen.[2] Manche Vorgänge müssen auch noch offen stehenbleiben, da ein abschließendes Urteil - auch im Ansatz - nicht möglich ist. Andere hingegen empfanden die Arbeit deshalb als negativ, „weil darin überall geurteilt wurde"! Wieder andere lasen gar heraus, daß Rudolf Steiner nationalistische Tendenzen zugeschoben werden sollten, obwohl es zum Beispiel hieß: „Es wäre vollkommen absurd, Rudolf Steiner als einen Nationalisten zu bezeichnen."[2a] So trug mancher Leser seine eigene Haltung in den Aufsatz beim Lesen hinein. Wir hoffen trotzdem, das Anliegen, das durch die Arbeit verfolgt wird, deutlich vermitteln zu können: Arbeitsansätze aufzuzeigen und - im Hinblick auf die Gegenwart - alte Denkstrukturen und Verhaltensmuster in Frage zu stellen, um dadurch heute Fehler zu vermeiden, die uns in einigen Jahrzehnten vorgehalten werden müßten. Nicht nur in diesem Sinne können wir aus der Geschichte lernen.

„Was du ererbt von deinen Vätern ..."

Um nicht in frühere Fehler zu verfallen, muß offen und ehrlich die eigene Geschichte angeschaut werden. „Was du ererbt von deinen Vätern, erwirb es, um es zu besitzen." Dieser Spruch Goethes weist darauf hin, daß eine Erbschaft nicht automatisch zum Besitz wird. Wie kann man eine Erbschaft - ob Schuld, ob Reichtum oder beides - zunächst erwerben, um sie dadurch in Besitz zu nehmen? Man kann in diesem Spruch Stufen historischen Bewußtseins erleben, die vom Erben durchschritten werden müssen: vom Ererbten zum Erworbenen und dadurch zum Besitz. Auch für unsere Geschichte gilt, sie in diesem Sinne zu unserem Besitz zu machen.

Als Ergebnis der ersten Arbeit kann in keinem Fall die Behauptung aufrechterhalten werden, es handle sich bei der Anthroposophischen Gesellschaft oder Bewegung bzw. bei deren Tochterbewegungen um Organisationen mit faschistoiden Tendenzen. Im Gegenteil ist aus den großen Zusammenhängen anthroposophischen Gedankenguts und Wirkens heraus eindeutig erkennbar, daß insbesondere Nationalismus und Rassismus der Anthroposophie fremd sind. Dies sei ausdrücklich betont, da auch in dieser Arbeit wieder einige Aussagen von Anthroposophen gebracht werden müssen, die Zeichen einer solchen, der Anthroposophie entgegengesetzten Gedankenwelt tragen. Eine kollektive Verantwortung von Anthroposophen bezüglich der Aussagen einiger bekannter Anthroposophen kann es nicht geben, auch dann nicht, falls sich möglicherweise Aussagen Rudolf Steiners in einer Richtung deuten ließen, die als problematisch bezeichnet werden müßte. Jeder Anthroposoph hat jedoch das Recht und kann sich auch verpflichtet fühlen, gegenüber solchen Aussagen die Dinge richtig zu stellen. Diese Haltung ist sogar wünschenswert.

Als eine Kritik an der ersten Arbeit erreichte den Verfasser immer wieder die Ansicht, daß er doch mehr auf positives Verhalten von Anthroposophen im Nationalsozialismus hätte eingehen sollen. Dazu ist zu sagen, daß sowohl vom positiven als auch vom negativen Verhalten der Anthroposophen und darüber hinaus auch in den Darstellungen von Angriffen gegen die Anthroposophie nur einzelne Punkte beschrieben und dokumentiert worden sind. Wie bereits des öfteren betont wurde, kann es sich bei den beiden vorgelegten Arbeiten in keiner Weise um eine abschließende Behandlung des Themas handeln. Beabsichtigt ist vielmehr eine Anregung und dokumentarische Ergänzung zu der bisher weitgehend unaufgearbeiteten Geschichte - das betrifft keineswegs nur die NS-Zeit - der anthroposophischen Bewegung.[3]

Wie schwer die damalige Situation zu beurteilen ist, zeigt die gesamte Auseinandersetzung mit der damaligen Zeit, so auch der Historikerstreit. Christoph Lindenberg beschreibt in der Zeitschrift *Die Drei* im April dieses Jahres die Schwierigkeiten einer Beurteilung des Verhaltens von Anthroposophen in der Zeit des Nationalsozialismus.[4] Er hat damit in den Grundzügen recht. Allerdings müssen demjenigen, der überhaupt in die Möglichkeit des Urteilbildens geraten soll, auch Fakten bekannt sein. Und zu den wesentlichen Fakten über die damalige Zeit zählen nunmal Dokumente. Die Fakten müssen bekannt sein, wenn man zu einer Erkenntnis der Gesamtzusammenhänge kommen will, und erst im weiteren Gespräch können die Dinge historisch „verdaut" werden. Dieser „Verdauungsprozeß" ist jetzt hoffentlich angeregt. Manche meinen zwar, es sei bereits alles verdaut, diese Ansicht geht jedoch völlig fehl.

Der vorliegende zweite Teil meiner Arbeit soll nun nicht die grundsätzlichen Fragen des ersten nochmals wiederholen, sondern in erster Linie weitere Informationen liefern, die den beschriebenen Prozeß weiter fördern sollen. Über die Gewichtung der einzelnen Beispiele wird man sicher wieder streiten. Konträre Ansichten sind im Sinne einer wahren Aufarbeitung der Problematik. Wer meint, besonders dieser zweite Teil wäre doch bloß ein Informations-Zettelkasten, der mag diese Ansicht gern äußern. Auch ein solcher Zettelkasten ist bisher nicht vorhanden gewesen.

Ludendorff contra Anthroposophie

Der General Erich Ludendorff (1865-1937) gehörte mit seiner Frau Mathilde zu den schärfsten Gegnern der Anthroposophie Rudolf Steiners. Die Philosophie seiner Frau wirkt bis heute durch den sogenannten „Bund für Gotterkenntnis (L)" und verbreitet eine eigene Form der Weltverschwörungstheorie besonders durch die Zeitschrift *Mensch und Maß* des Verlages „Hohe Warte".[5]

HANS KOPP

DER GENERAL
UND DIE RELIGION

Erich Ludendorff auf der Titelseite einer Ludendorff-Schrift (nach 1945)

Erich Ludendorff war ein fanatischer Gegner der Freimaurerei. Eines seiner bis heute immer wieder aufgelegten Bücher trägt den Titel „Vernichtung der Freimaurerei durch Enthüllung ihrer Geheimnisse"[6]. Erich Ludendorff glaubte zu erkennen, daß die Freimaurer gemeinsam mit den Jesuiten dem Weltjudentum als Instrumente dienen, um die arische Menschheit, besonders aber die Deutschen zu vernichten. In dem Buch über „Das Geheimnis der Jesuitenmacht und ihr Ende" liest man:

„Deutsche, seid überzeugt, daß der Kampf bereits in allen Weltteilen geführt wird, daß den Logen in Deutschland heute schon der Nachwuchs mangelt und sie die Schwere des Kampfes fühlen. ...

Je größer aber die moralischen Anklagen sind, die wir gegen Juden, Jesuiten und Freimaurer zu erheben haben, um so dringlicher ist es nötig, daß sich jeder einzelne eingehend mit den Enthüllungswerken befaßt und dies nicht 'den Führern und Rednern' überläßt. Nur der Wissende kann befreien. ...

Wir nannten schon fluchwürdig den Vernichtungskampf der überstaatlichen Mächte, weil sie das Edelste im Menschen zertreten und den Völkern die ihnen von Gott gegebene Eigenart und die Selbstbestimmung rauben.

Aber Gotteslästerung ist der 'ewige Krieg' des Jesuitengenerals gegen alles Lebensvolle und Strebende im Menschen im Namen Gottes. ...

Gotteslästerung ist die göttliche Verehrung, die er fordert. Diese 'Gottheit' ist in all ihrem Wollen und in allen ihren Taten der Gegensatz zu dem das Weltall erfüllenden Gott. Nun wißt ihr, wen ihr abzuwehren habt."[7]

Im dritten Band seiner Lebenserinnerungen, unter dem Titel „Vom Feldherrn zum Weltrevolutionär und Wegbereiter Deutscher Volksschöpfung", findet sich nun eine Beschreibung und Bewertung der Anthroposophie typisch Ludendorffscher Machart.

„War schon der Hauersche Okkultismus neben dem der Christenlehre für die Deutschen eine so große Gefahr, so wurde diese noch viel mehr durch andere neubuddhistische Organisationen und namentlich durch die Anthroposophie Rudolf Steiners gezeitigt. Dieser lehrte die Wiedergeburt verstorbener Menschen in lebenden, so auch die Reinkarnation Buddhas und seines Nachfolgers Christi. Er lehrte, daß diese Reinkarnation in jedem Jahrhundert sich einmal wiederhole, wobei er bescheiden in Zweifel ließ, ob er nicht selbst Christi Reinkarnation des 19. oder 20. Jahrhunderts war, wie Goethe die des 18. und 19. Jahrhunderts. Da er dies in der Schwebe ließ, so konnten seine anthroposophischen Anhänger nun auch verbreiten, daß Buddha-Christus sich doch noch im 20. Jahrhundert wiederum inkarniert habe, und präsentierten diese neue Inkarnation zunächst einmal vertarnt dem Volke. Andererseits verkündete auch Rudolf Steiner das Karma, das Unabänderliche des Schicksals, und machte dadurch den Menschen zu einem Spielball gewissenloser Betrüger namentlich dann, wenn diese zugleich die Reinkarnation Buddhas-Christi darstellen. Da die Anthroposophie ihre Anhänger tief in die nationalsozialistischen Kreise geschoben hatte, so war sie besonders gefährlich. In welchem Umfange dies der Fall war, wurde mir indes erst nach der Machtübernahme voll bewußt.

Ich habe am Ende des zweiten Bandes bereits darauf hingewiesen, daß meine Frau Mitte Januar 1933 in 'Ludendorffs Volkswarte' eine Abhandlung gegen Rudolf Steiner, der einen maßgebenden Einfluß auf den unglückseligen Chef des Generalstabes des deutschen Heeres, General v. Moltke, ausübte, geschrieben hatte. Meine Frau hatte sich den Kampf gegen den Okkultismus als eine wichtige Lebensaufgabe gestellt. Sie hatte schon vor dem Weltkriege den Kampf gegen den damals herrschenden Spiritismus aufgenommen. Sie hatte dann auf die Seelenschädigungen durch die Christenlehre und das Freimaurerritual und im besonderen auf die Schädigungen des Seelenlebens durch die Jesuitendressur hingewiesen. Sie hatte dann den Wahnglauben der Astrologie gekennzeichnet und Ende 1932 die kleine Schrift 'Der Trug der Astrologie' veröffentlicht. Im Januar 1933 hatte sie ihr Werk 'Induziertes Irresein durch Okkultlehren' herausgegeben;

E. und M. Ludendorff

Das
Geheimnis
der Jesuitenmacht
und ihr Ende

51. bis 53. Tausend

Ludendorffs Verlag G m b H. / München 19

sie hatte darin die Seelenschädigungen, namentlich auch der indischen okkulten Lehren, geschildert. Als nun im Januar 1933 in der Presse verschiedene Abhandlungen über den damals erfolgten Tod der Lisbeth Seidler, des Mediums Rudolf Steiners bei der völlig okkulten Frau v. Moltke, der Gattin des Chefs des Generalstabes, zu lesen waren, entschloß sich meine Frau, die hier vorliegenden Angaben mit sonstigem Material zu der oben erwähnten Abhandlung 'Das Wunder an der Marne. Ein okkultes Verbrechen der Geweihten Jahwehs' zu verwenden. Sie zeigte darin das Wirken Steiners und vor allem das der Lisbeth Seidler auf General v. Moltke, wobei sie unter Hervorhebung der unvergleichlichen Tapferkeit des alten Heeres sein Mißgeschick in der Marneschlacht auf die unglückselige okkulte Beeinflussung des Generals v. Moltke zurückführte. Der Aufsatz war in tiefer Sorge für Heer und Volk geschrieben. Neue okkulte Gefahren galt es auszuschließen. Ich war tief betroffen, als gleich nach der Machtübernahme durch die NSDAP das Flugblatt, das diesen Artikel aus der 'Ludendorffs Volkswarte' weiteren Kreisen zugänglich machte, polizeilich beschlagnahmt wurde. So stark hatte ich mir den okkulten Einfluß in Partei und Staat doch nicht vorgestellt. Die Beschlagnahme und was sich an sie knüpfte, öffnete mir die Augen.“[8]

Zu der „Marneschlacht-Problematik“ ist an anderem Ort von Jürgen von Grone bereits ausführlich Stellung genommen worden.[9] Der angebliche „okkulte Einfluß“ Steiners zerfällt bei wahrheitsgetreuer Betrachtung zu einem Nichts. Trotzdem wird diese Mär auch heute von den Ludendorff-Kreisen immer wieder aufgetischt.

Wie verworren das Bild der Anthroposophie in diesem Zitat ist, zeigen gleich die ersten Sätze: Die Anthroposophie lehre „die Wiedergeburt verstorbener Menschen in lebenden“. So etwas wird nirgendwo in der Anthroposophie behauptet. Weiter: „... so auch die Reinkarnation Buddhas und seines Nachfolgers Christi.“ Rudolf Steiner wies immer wieder darauf hin, daß sich beide nicht mehr auf der Erde verkörpern werden. - Man könnte so Satz für Satz durchgehen, es würde sich keine wahre Aussage in ihnen finden.

In Heft 1/1980 der zweimal monatlich erscheinenden Zeitschrift *Mensch und Maß* findet sich ein Aufsatz von Erich Ludendorff mit dem Titel „Mysterien- und sonstige Politik“.[10] Ludendorff beschreibt hier die angeblichen Verflechtungen der Freimaurer, der Rosenkreuzer und des Judentums und deren - von Ludendorff behaupteten - Versuch der Verbreitung der buddhistischen Glaubenslehren zwecks geistiger Unterjochung der deutschstämmigen Volksgruppen. Ausgehend von der „buddhistischen Priesterkaste auf dem Dache der Welt“ (Tibet) und den „ägyptischen Mysterien“ seien die Lehren des heutigen Christentums nach Mitteleuropa geflossen. Im weiteren Verlauf „beweist“ der General a.D., daß die Evangelien nur eine verfälschte Buddhistenlehre seien: „Über die Entnahme aus dem Buddhismus und sonstigen indischen Religionen zur Fabrikation der Christenlehre führe ich im besonderen an, daß meine Frau (Mathilde) in ihrem bahnbrechenden Werke 'Erlösung von Jesu Christo' gezeigt und dargetan hat, wie die indischen Religionsquellen dabei verschandelt werden.“ Außerdem wird noch hingewiesen auf einen „Kampf“ zwischen den „Jesuiten und Rosenkreuzern“ als Verfechtern der „alten Mysterien“ einerseits und den Mönchsorden und der Freimaurerei als Vertretern der „jüdischchristlichen Mysterien“ andererseits. „Heute ist es dem Buddhismus“ als Wurzel beider sich befehdender Richtungen, „gelungen, sich an die Spitze vieler Geheimorden zu setzen ...“ Alle Strömungen, „reiner“ Buddhismus, Jesuitismus, Rosenkreuzertum („Ihre Schriften sind voll finsteren Aberglaubens“) und die Freimaurerei, verfolgten letztlich das

Helmuth von Moltke

gleiche Ziel: „die Völker für ihre Dienste nutzbar zu machen". „Schob sich so der Buddhismus in die Geheimorden ein, so faßte er, um seinen Geheimorden den nötigen Rückhalt im Volke zu sichern, auch in der Laienwelt immer mehr Fuß. Er konnte es umso leichter, als so viele Engländer in Indien in unmittelbare Berührung mit buddhistischen Geheimorden und dem Buddhismus selbst getreten waren. So gründete auch die vorher genannte Helen Blavatzki nach Weisung indischer Mahatmas die Theosophie. Rudolf Steiner förderte den Buddhismus durch die Anthroposophie, andere folgten ..."[11]

„Induziertes Irresein"

Ausgangspunkt dieser Ansichten ist die „Weltanschauung" der Mathilde Ludendorff (1877-1966), Gattin des Generals. In einer ihrer Schriften findet sich eine so ungewöhnlich verworrene, zu absoluten Fehlurteilen verführende Beschreibung der Anthroposophie, daß sie mir zitierenswert erscheint. Es läßt sich daran exemplarisch beobachten, wie durch Verfälschung eines einzigen Begriffs, in diesem Fall dem der Reinkarnation, dem Leser Haß gegen die Anthroposophie suggestiv eingeimpft werden kann. In dem 1933 erschienenen Buch „Die Volksseele und ihre Machtgestalter" findet sich folgender Abschnitt:
„Erwänt sei noch, daß er (der Krishnaismus; A.W.), wie die meisten anderen indischen Religionen, neben gesunden Heilslehren völlig geisteskranke Anweisungen als Heilslehre empfiehlt, das heißt jene Übungen, Yoga, die, wie ich in dem Buch 'Induziertes Irresein durch Okkultlehren' nachwies, nichts anderes sind als Nachahmungen des Verhaltens Geisteskranker, nämlich der Katatoniker, und nichts anderes bewirken als verblödende Selbsthypnose. Auf dem Weg über Theosophie, Anthroposophie konnte dann im letzten Jahrhundert die Krishnalehre zum planmäßigen Seelenmißbrauch an den Völkern verwertet werden und hat genugsam Unheil angerichtet, und gerade oft bei Menschen, die ernste Gottsucher sind und durch edle Bestandteile der Krishnalehre angelockt waren. Die Theosophie selbst hebt gerade die Bestandteile besonders hervor, die das 'induzierte Irresein' der Menschen bewirken können, und wurde, ja wird auch heute, ganz wie ihre Abart 'Anthroposophie', eindringlich von Seelenmißbrauchern benutzt, die Weltgeschichte durch induziert-irre gemachte Menschen gestalten möchten. Die Weltreligion 'Anthroposophie' legt das Hauptgewicht auf den Aberglauben, dank besonderer Seelenkräfte könne man bewirken, daß die Seele eines Verstorbenen sich in einer lebenden Person niederläßt, 'wieder Fleisch wird'; es wird dies die Re-inkarnation genannt. Induziert-irre gemachte Gläubige lauschen dann den vermeintlich erschienenen Verstorbenen und lassen sich von ihnen Weisungen für ihr Verhalten geben. Hierdurch werden sie zuverlässige Puppen in den Händen der geheimen überstaatlichen Weltleiter."[12] Anschließend wird als ein Beispiel der Generalstabschef Helmuth von Moltke (1848-1916) genannt.
„Es versteht sich von selbst, daß die Bestände der Krishnalehre in Theosophie und Anthroposophie im Sinne einer Weltreligion viel ausgeprägter umgeformt wurden. Jeder Gläubige wird vor allen Dingen von ihnen für die Menschheit begeistert, aus seiner völkischen Eigenart entwurzelt und 'lebendiges Glied' des Weltreiches der Gläubigen. In solcher Abwandlung dient nun die Krishnalehre vorzüglich zur Vorarbeit und Mitarbeit an der Verwirklichung der jüdischen Herrschaftsziele."[13]

Mathilde Ludendorff

Dem einmal durch die auch heute noch gelesenen Bücher Mathilde Ludendorffs von solchen Anschauungen Betroffenen dürfte es schwerfallen, sich künftighin mit der Anthroposophie unbefangen auseinanderzusetzen. In einer suggestiven Weise bekommt er ständig ganz bestimmte Begriffe, wie „okkult", „esoterisch", „Mysterien", „Geheimbünde" usw., in Verbindung mit allerlei Finsterem serviert, so daß sich der Leser schaudernd in eine Festung der Abwehr einschließen möchte. Solche Methode ähnelt sehr denen, die Mathilde Ludendorff ihren Gegnern vorhält. Ihre eigenen Methoden projiziert sie in diejenigen der „okkulten Mächte" - nicht immer ganz unberechtigt. Wirkliche Erkenntnis über diese Dinge kann so jedoch nicht zustande kommen. Den gleichen „Gespensterglauben", den Frau Ludendorff bei ihren Gegnern zu bemerken vermeinte, betreibt sie selbst mit einem ungemeinen Aufwand an Zitaten aus dem Buddhismus.

Auch nach dem Tode Mathilde Ludendorffs verbreitet der „Bund für Gotterkenntnis (L)" e.V. über seinen Verlag und die Zeitschrift *Mensch und Maß* ihre krause Weltanschauung, völkische Theorien zu Erziehung und Glauben und auch Angriffe gegen die Anthroposophie.

So schreibt ein Hasso Bühler in der Nr.4/1990 unter der Überschrift „Anthroposophische Hilfe für sowjetische Landwirtschaft"[14], daß auf „Einladung von Otto Schily (einst Terroristenanwalt, später Prominentenmitglied der Grünen, Mitglied des Bundestages, jetzt SPD und dort auf aussichtsreichem Listenplatz für die nächste Bundestagswahl, Anhänger Rudolf Steiners) und anthroposophischer Geistesfreunde ... im September 1989 eine Delegation sowjetischer Agrarwissenschaftler in der BRD" war und hier „Objekte des sogenannten 'ökologischen Landbaus'" besuchte. Unter anderem habe die sowjetische Delegation auch den Dottenfelder Hof bei Frankfurt besichtigt.

„Es hat auch schon einen Gegenbesuch in der Sowjetunion gegeben durch Mitglieder der 'Internationalen Föderation Organischer Landwirtschaftlicher Bestrebungen' (IFOAM). Außerdem haben einzelne bekannte Vertreter der anthroposophisch begründeten 'biologisch-dynamischen' Wirtschaftsweise, wie zum Beispiel Maria Thun ... u.a. die Republiken Georgien, Estland und Lettland besucht. ...

Hohe politische Bedeutung erfährt die anthroposophische Landwirtschaft nicht erst heute durch das Interesse im Zuge der 'Reformen' in der UdSSR. Schon die Nationalsozialisten hatten 1940 geplant, daß die 'biologisch-dynamische' Wirtschaftsweise als 'lebensgesetzliche Landbauweise' nach siegreicher Beendigung des Krieges für das sogenannte Altreich vorbehalten bleibe und im europäisch-asiatischen Großwirtschaftsraum zur Ernährungssicherung die Grundsätze der 'Agrikulturchemie', wie man schlagwortartig sagte, Anwendung finden sollten (W. Kolbe u.a.: Landbau und Ernährung. Bonn 1984). Steuererleichterungen, höhere Preise und Subventionen sollten den Landwirten im Altreich dann die Umstellung erleichtern.

Wollen sich die Machthaber im europäisch-asiatischen Großwirtschaftsraum, nachdem alles anders gekommen ist, die von den Nationalsozialisten bevorzugte 'biologisch-dynamische', 'lebensgesetzliche' Landbauweise nachträglich noch selber sichern? Fallen die in großer Not steckenden Bolschewisten 50 Jahre nach den führenden Nationalsozialisten und der inzwischen noch weiter fortgeschrittenen Naturerkenntnis auf denselben Schwach- oder Irrsinn herein? Oder ist es so, daß das führende kosmische Geistwesen, das angeblich den Äther- und Astralleib im ausgehenden 20. Jahrhundert immer mehr stärkt und den physischen Leib immer mehr schwächt, doch erst den neuen Menschen in die Lage versetzt, den Segen der anthroposophisch erschauten 'biologisch-dynamischen' Wirkungsweise zu nutzen, weil - was Steiner durch zu frühen Tod verborgen blieb - dies erst richtig möglich ist, wenn die schicksalhafte kosmisch-geistige Entwicklung weiter fortgeschritten ist? Auf jeden Fall haben die Sowjets nun die Gelegenheit, nach dem Hegelismus, Marxismus, Leninismus, Stalinismus, Lyssenkoismus usw. auch noch den Steinerismus auszuprobieren und auf Rettung zu hoffen. Dank der Mission von Schily, Thun und Co. darf man in der Sowjetunion wieder neuen Glauben schöpfen."[15]

Man könnte ja sagen, daß Kritik von dieser Seite schon wie Lob aufgefaßt werden könnte, wäre die Sache nicht doch ernster. Diese Gedanken haben durchaus ihre Wirkung.

Im Heft 17/1988 geht einer der heute führenden Ludendorff-Ideologen, ein Dr. Günther Duda, auf die Frage ein: „War Rudolf Steiner geisteskrank?"[16] Wir ersparen es uns, auf den Inhalt dieser Ausführungen einzugehen, müssen aber doch darauf verweisen, um zu zeigen, daß die Angriffe von dieser Seite bis heute unvermindert weitergehen.

Wer sich weiter mit dem „Bund für Gotterkenntnis (L)" auseinandersetzen will, den verweisen wir auf das entsprechende Kapitel im Buch des jüngst verstorbenen evangelischen „Sektenpfarrers" Friedrich Wilhelm Haack, das unter dem Titel „Wotans Wiederkehr" im Buchhandel erhältlich ist.[17]

Die rechtspolitische Szene ein differenziertes Gebilde

Gerade an der Ludendorff-Bewegung kann man erkennen, daß es sich bei der rechtspolitischen Szene um ein sehr differenziertes Gebilde handelt. Ein Ludendorffer würde es von sich weisen, als Nationalsozialist bezeichnet zu werden. Adolf Hitler lehnt er ab. Im Jahre 1933 äußert sich der General Ludendorff zum Staatspräsidenten Hindenburg über Hitler. Er meinte, daß Hitler als Reichskanzler Deutschland in den Krieg und damit in den Untergang führen würde.

In der Ludendorffer-Zeitschrift *Der Quell* schrieb einer der seinerzeit in dieser Bewegung führenden Ideologen, German Pinning, in dem Aufsatz „Hitler und die Ariosophie":

„Sowohl Lanz (von Liebenfels; A.W.) wie Hitler sind 'rassengläubig', wobei sie beide von den äußeren Rassemerkmalen ausgehen und das Wesentliche, das Seelische, völlig außer acht lassen. Für beide sind alle Andersrassigen minderwertig und nur dazu da, um der 'arioheroischen' (Lanz) oder der 'arischen' Rasse (Hitler) zu dienen. ...

Beide erstrebten sie eine Aufzüchtung, Ertüchtigung und Bevorrechtung der arischen bzw. der 'asischen' Rasse, und Hitler hat über die SS auch praktische Maßnahmen in dieser Richtung eingeleitet. ...

Daß die Rassevergottung von Lanz und Hitler mit dem Völkischsein nichts zu tun hatte, ist klar. Der völkische Mensch fühlt sich zwar organisch mit seinem Volkstum verwachsen ..., aber er erkennt die Gleichberechtigung aller anderen Völker und Rassen auf Existenz und arteigene Entfaltung an."[18]

Die Ludendorffer sehen Adolf Hitler und Rudolf Heß unter okkulter Beeinflussung. In seinem Buch „Vor einem neuen Äon" schreibt German Pinning zum Beispiel über Rudolf Heß:

„Daß Rudolf Heß dem Okkultismus verfallen war, geht bereits aus der amtlichen Verlautbarung über seine 'Flucht' nach England hervor. Auch er stammt aus dem Thuleorden (wie nach Pinning auch Hitler und Himmler; A.W.) und machte sich die Pseudophilosophie Rudolf Steiners zu eigen. Nebenbei gehörte auch seine zweite Frau der anthroposophischen Richtung an. Er selbst war aber bereits weiter 'fortgeschritten', weshalb er vermutlich beim Nürnberger Prozeß dem Galgen entronnen ist."[19]

Es ist hier nicht der Ort, auf die hinter diesen Äußerungen stehende besondere Spielart der Weltverschwörungstheorie einzugehen.

Friedrich Rittelmeyer

Der Gründer der Christengemeinschaft, Friedrich Rittelmeyer, setzte zur Zeit des Ersten Weltkrieges, wie viele damals, seine Hoffnungen auf die deutsche Generalität. In seinem lesenswerten Buch „Meine Lebensbegegnung mit Rudolf Steiner" äußert er sich in diesem Sinne:

„Tief in meine Erinnerung eingegraben steht ein Gespräch, das ich in der ersten Jahreshälfte 1917 auf seinem Zimmer mit Dr. Steiner hatte. Der berühmte Hindenburg-Rückzug war geschehen. Alle Welt in Deutschland war voll Freude über die strategische Sicherheit der neuen Führer. Was denkt eigentlich Dr. Steiner über die Lage? 'Es ist doch ein rechtes Glück', begann ich, 'daß wir jetzt Hindenburg und Ludendorff haben.' Ich schaute in ein unbewegtes Gesicht. 'Nun ja', begann er langsam. 'Hindenburg ist ein alter Herr, dem die Sache da oben' - er meinte an den Masurischen Seen - 'gelungen ist. Sie wissen ja, die Hauptsache macht der Generalstabschef.' Ich wußte das damals allerdings nicht, aber fragte weiter. 'So ist also Ludendorff jetzt das Glück für Deutschland?' Ich war schon unsicher. Nachdenklich und ernst sah mich Dr. Steiner an. 'Es liegt *nicht* im Interesse Deutschlands, solche Generale zu haben!' kam es von seinen Lippen. 'Wie meinen Sie das?' fragte ich überrascht. 'Nun ja, die Beiden haben ja jetzt diesen Rückzug gemacht, mit den Verwüstungen. Wer abschätzen kann, was das für die Zukunft Deutschlands bedeutet, der kann nur sagen: Es liegt *nicht* im Interesse Deutschlands, solche Generale zu haben.' Da hatte ich nun meinen Schlag. Wenn ich heute zurückdenke: Wer im damaligen Deutschland hat denn mit ähnlicher Klarheit gesehen?"[20]

Rudolf Steiner äußerte sich mehrmals über den General Ludendorff. Eine der Äußerungen findet sich in dem Zyklus „Die Sendung Michaels", in der das Denken Ludendorffs und Tirpitz' charakterisiert wird:

„Es ist höchst interessant für einen Menschen, der denkt, der denkt mit dem Geiste seiner Zeit, die Art und Weise zu verfolgen, in der solche Menschen wir Tirpitz und Ludendorff schreiben. Inhaltlich sind sie sehr voneinander verschieden, denn sie konnten einander nicht leiden, sie hatten ganz verschiedene Ansichten. Aber von den Ansichten wollen wir hier nicht reden, sondern von der Geisteskonfiguration wollen wir reden. Die Bücher sind ja im heutigen Deutsch geschrieben, wenigstens annähernd im heutigen Deutsch geschrieben, aber die Gedankenformen, die sind tatsächlich - man muß Verständnis haben für so etwas, sonst bemerkt man es nicht, sonst versetzt man ein solches Buch, weil die Jahreszahl 1919 drauf steht, in die Gegenwart - in den Vorstellungsarten so geschrieben, daß man sich fragt: Ja, was ist denn das eigentlich für eine Formung des Denkens? Ich habe mir diese Frage ganz ernsthaftig vorgelegt, gerade die beiden genannten Bücher[21] daraufhin untersucht, denn es ist eine vollständige Unwahrheit, reale Unwahrheit, daß diese Bücher deutsch geschrieben sind. Äußerlich sind sie deutsch geschrieben, aber eigentlich ist es nur eine Übersetzung, denn die Gedankenformen sind diejenigen der Cäsarenzeit. Ganz genau dieselbe Art des Denkens, wie sie bei Cäsar vorhanden war, ist bei diesen Leuten vorhanden."[22]

Die Ausführungen Rudolf Steiners über Erich Ludendorff hier alle darzustellen oder zu zitieren und sie in einen Zusammenhang zu stellen, sprengt den Rahmen dieser Arbeit.

„Hindenburgs Vermächtnis"

In dem Jahrgang 1934 der Zeitschrift *Die Christengemeinschaft* sind unter der Überschrift „Hindenburgs Vermächtnis" die folgenden Ausführungen Friedrich Rittelmeyers zu lesen:

„'Sorgen Sie, daß Christus dem Volk verkündigt wird!' Diese Worte Hindenburgs, die nach seinem Tod bekannt geworden sind, mögen als sein Vermächtnis über dem deutschen Volk immer stehen bleiben! Und unsre außerdeutschen Freunde, wie sie in Lorch an unsrer schlichten Gedenkfeier innerlich bewegt teilgenommen haben, werden gerne mit uns dies Vermächtnis Hindenburgs in allen Ehren halten!

Mit Hindenburg ist eine ganze Zeit von uns gegangen. Uns dünkt: auch eine alte Zeit des evangelischen Frommseins. Als ich vor Jahren die Kriegserinnerungen von Hindenburg und von Ludendorff nacheinander las, da sprang mir der gewaltige Unterschied dieser beiden Generalsgenerationen lebendig in die Augen. Auch im Blick auf Krieg und Kriegerberuf. Doch das gehört nicht hierher. Hindenburg ragt noch herüber aus jener Heldenschar deutscher Generale, wie es sie um Wilhelm I. her gegeben hat, bei denen altevangelische Gläubigkeit und preußische Pflichttreue eine herrliche Ehe eingegangen waren. So stand er verehrungswürdig über dem deutschen Volk in schwerster Zeit. Ein prachtvoller Typus Mensch hatte in Hindenburg seine Vollendung gefunden. Ludendorff, auch wenn er ergriffen vom Besuch eines Gottesdienstes erzählt, ist schon von ganz andrer Art. Mit andern Worten: die alte Zeit geht dahin.

Aber dies bleibt: Sorgen Sie, daß Christus dem Volk verkündigt wird! Und dies eben ist ja die eine große Sorge der Christengemeinschaft. Weil wir erlebt haben, daß die heutige Verkündigung nicht mehr ausreicht, darum haben wir die Christengemeinschaft begründet. Die Menschenweihehandlung ist für uns die neue Form der Christusverkündigung."[23]

Mit gutem Willen kann man sagen: Rittelmeyer bemüht sich hier zu retten, was zu retten ist. Ganz unproblematisch ist dieser Artikel jedoch nicht. Ein naiver Leser könnte meinen, die christliche Tradition geht unter anderem über Hindenburg auf die Christengemeinschaft über. So hat Rittelmeyer es aber sicher nicht gemeint.

In derselben Ausgabe der *Christengemeinschaft* findet sich eine Anzeige des Buches von Richard Karutz, eines anthroposophischen Völkerkundlers, mit dem Titel „Märchenweisheit des schwarzen Menschen". In der in der Anzeige enthaltenen Kurzcharakteristik kann man folgendes lesen:

„Dieses Buch ist eine völlig neuartige Erscheinung in der Märchenliteratur. Es erzählt wenig bekannte, zum Teil bisher unveröffentlichte afrikanische Märchen, die durch ihre tiefen seelischen Inhalte und durch uralte Weisheit von Werden und Leben des Menschen und der Erde überraschen. Es offenbart sich in ihnen die ergreifende Geisttradition einer in die Tiefe gesunkenen Rasse ..."[24]

Friedrich Rittelmeyer verfaßte eine ganze Reihe von Büchern, die aber heute größtenteils nicht mehr erhältlich sind. In ihnen offenbart sich eine ähnliche Sprachproblematik wie in der gerade zitierten Charakteristik des Karutzschen Buches. So lesen wir zum Beispiel in seinem Buch „Deutschtum":

„So verlor sich der Deutsche dreimal in seiner Geschichte. Zuerst vergab er sich an Italien. Das war die Zeit, wo der Zauber Roms die deutschen Herzen in Bann schlug. Im Kaisertum der Habsburger, in der deutschen Mystik, endgültig in der Reformation vollzog sich die Loslösung. Aber nicht lange dauerte es, da hatte der Deutsche sich wieder verloren. Diesmal war es an Frankreich. Das war die Zeit, wo der Deutsche französische Kleidung trug, französische Sprache redete, französische Sitte nachahmte, französische Literatur anbetete. Abermals brach ein Befreiungskampf los. In der deutschen Literatur,

Friedrich Rittelmeyer (1872-1938)

in der deutschen Philosophie der klassischen Zeit wurde er siegreich durchgekämpft. Die 'Befreiungskriege' waren seine Auswirkung ins politische Geschehen. Aber bald hatte der Deutsche sich wieder verloren. Wenig ist dies heute schon in seiner tiefen Wichtigkeit klar gesehen. Von England herüber wirkten Newton und Darwin auf den deutschen Geist. In England erdachte Karl Marx sein sozialistisches System. Empiristisches, materialistisches, imperialistisches Denken wurde von England herübergetragen. Der Deutsche machte alles nach. Und er machte vieles besser. Aber er wurde sich selbst untreu. Heute hat der Deutsche einen neuen Befreiungskrieg zu führen. Angesichts des weltbeherrschenden Angelsachsentums hat er sein wahres Wesen zu finden, seine eigene Würde zu behaupten.

In solchem Wechsel geht die deutsche Geschichte dahin."[25]

Das Buch erschien im Jahre 1934. Was sollte man sich nach Rittelmeyer unter dem „neuen Befreiungskrieg" vorstellen?

Der Krieg - eine Notwendigkeit?

Über die sogenannte „Notwendigkeit von Kriegen" kann man heute wieder viel hören. Diese Debatte ist, auch unter Anthroposophen, nicht zu Ende geführt. In dem Vortrag „Unsere Weltlage. Krieg, Frieden und die Wissenschaft des Geistes" macht Rudolf Steiner im Jahre 1905 die folgenden Ausführungen:

„Einerseits haben wir die hingebenden Friedensapostel in ihrer regsamen Tätigkeit. Wir haben die ausgezeichneten Leistungen der Bertha von Suttner, welche mit seltener Größe alle Furchtbarkeiten des Kampfes und des Krieges hinzustellen verstand; aber vergessen wir nicht, daß wir auch die Kehrseite haben. Vergessen wir nicht, daß auch sehr viele unter unseren urteilsfähigen Menschen sind, die auf der andern Seite uns immer und immer wieder versichern, daß sie den Kampf für nötig halten gerade zum Fortschritt, als etwas, was die Kräfte stählt."[26]

Auch Ernst Haeckel - so Rudolf Steiner - sah „in der kriegerischen Betätigung, im Krieg geradezu einen Kulturhebel".[27]

„Gang und gäbe war die Stimme, daß Krieg und Kampf ein Naturgesetz sei, dem man nicht entrinnen könne. Gründlich hatte man aufgeräumt, so glaubte man, mit der alten Auffassung von Rousseau, daß nur die menschliche Unnatur in den allgemeinen Frieden der Natur Kampf und Krieg, Gegensatz und Disharmonie hineingebracht hat."[28]

Der Rousseauschen Auffassung entgegnete man „im letzten Drittel des 19. Jahrhunderts: Ja, schön wäre es, wenn es so wäre, aber es ist nicht der Fall."[29]

Im weiteren Verlauf des Vortrags weist Rudolf Steiner auf das Wirken des Fürsten Kropotkin hin und nennt dessen Buch über „Gegenseitige Hilfe in der Tier- und Menschenwelt"[30] eine „Schule für den Aufstieg zu einer spirituellen Gesinnung":

„Da trat im Jahre 1880 ein merkwürdiger Mann auf, ein Mann der einen Vortrag hielt in der Naturforscherversammlung vom Jahre 1880 in St. Petersburg in Rußland, einen Vortrag, der für alle diejenigen, die sich für diese Frage gründlich interessieren, von einer großen und tiefgehenden Bedeutung ist. Dieser Mann ist der Zoologe Keßler. Er ist bald danach gestorben. Sein Vortrag handelte über das Prinzip der gegenseitigen Hilfe in der Natur. Für alle diejenigen, welche solche Dinge ernsthaft anfassen, geht von der Forschung und wissenschaftlichen Reife, welche damit angeregt wird, ein ganz neuer Zug aus. Hier wurden zum erstenmal in der neueren Zeit Tatsachen aus der ganzen Natur zusammengestellt, die beweisen, daß alle früheren Theorien über den Kampf ums Dasein mit der Wirklichkeit nicht übereinstimmen.

In diesem Vortrag finden Sie auseinandergesetzt und durch die Tatsachen bewiesen, daß die tierischen Arten, die tierischen Gruppen sich nicht entwickeln durch den Kampf ums Dasein, daß es in Wahrheit einen Kampf ums Dasein nur ausnahmsweise zwischen zwei Arten gibt, nicht aber in der Art selbst, deren Individuen sich im Gegenteil Hilfe leisten, und daß *die* Arten am dauerhaftesten sind, deren Individuen am meisten veranlagt sind zu solcher gegenseitigen Hilfe. Nicht Kampf, sondern gegenseitige Hilfe gewährt lange Existenz. Dadurch war ein neuer Gesichtspunkt erreicht. Nur hat es die moderne Forschung zuwege gebracht, daß durch eine merkwürdige Verkettung von Umständen eine Persönlichkeit, die für die Gegenwart auf dem unglaublichsten Standpunkt steht, Fürst Kropotkin, die Sache weitergeführt hat. Er hat bei Tieren und Stämmen an einer Unsumme von festgelegten Tatsachen zeigen können, welche Bedeutung in der Natur und im Menschenleben dieses Prinzip der gegenseitigen Hilfe hat. Ich kann jedem empfehlen, dieses auch in deutscher Übersetzung vorliegende Buch, übersetzt von Gustav Landauer, zu studieren. Dieses Buch bringt eine Summe von Begriffen und Vorstellungen in den Menschen hinein, die eine Schule sind für den Aufstieg zu einer spirituellen Gesinnung. Nun verstehen wir aber diese Tatsachen erst dann richtig, wenn wir sie im Sinne der sogenannten esoterischen Anschauung beleuchten, wenn wir diese Tatsachen mit den Grundlagen der Geisteswissenschaft durchdringen. Ich könnte ja schon deutlich sprechende Beispiele vorführen, allein Sie können sie in dem angeführten Buche lesen. Das Prinzip der gegenseitigen Hilfeleistung in der Natur ist: Diejenigen kommen am weitesten, die dieses Prinzip am meisten ausgeprägt haben. - Die Tatsachen sprechen also deutlich und werden immer deutlicher für uns sprechen."[31]

Zur gleichen Thematik führt Rudolf Steiner im Jahre 1918 aus:

„Man reicht aus, ohne daß man Ideen hat, in Zeiten von Revolutionen und Kriegen, man kann aber nicht ausreichen ohne Ideen in Zeiten des Friedens; denn werden die Ideen in Zeiten des Friedens rar, dann müssen Zeiten von Revolutionen und von Kriegen kommen. - Zum Kriegführen und zu Revolutionen braucht man keine Ideen. Um den Frieden zu halten, braucht man Ideen, sonst kommen Kriege und Revolutionen. Und das ist ein innerer spiritueller Zusammenhang. Und alle Deklamationen über den Frieden nützen nichts, wenn nicht diejenigen, die die Geschicke der Völker zu leiten haben, sich bemühen, gerade in Friedenszeiten Ideen zu haben. Und sollen es soziale Ideen sein, so müssen sie sogar von jenseits der Schwelle herrühren. Wird eine Zeit ideenarm, so schwindet aus dieser Zeit der Friede."[32]

„Christ und Krieg"

Kommen wir wieder zurück auf Friedrich Rittelmeyer. In dem Buch „Christ und Krieg"[33], das Sonntagspredigten Rittelmeyers aus den Kriegsjahren 1914-16 enthält, also einer Zeit, in der er bereits in tiefem inneren Ringen um den Zugang zur Anthroposophie stand, findet sich auch eine Predigt, in der die Kriegsfrage besprochen wird.

Es ist erfreulich, daß ein kritischer Christ und Schriftsteller wie Gerhard Wehr in seinem Rittelmeyer-Buch[34)] einen Zugang zur Biographie Rittelmeyers zu eröffnen vermag und zum Ende des Buches zur Neuherausgabe der Rittelmeyer-Werke aufruft. Dennoch muß auch auf die Problematik, die zum Beispiel die folgende Passage aus der Predigt vom 07.08.1914 beinhaltet, hingewiesen werden:

„Es ist Krieg geworden. Was noch vor kurzer Zeit viele unter uns für unmöglich gehalten hätten, daß die europäische Kulturmenschheit aufeinander losgeht zur Vernichtung, als ob alle Erfindungen und Entdeckungen nur dazu da gewesen wären, Mordwaffen zu schmieden, das ist Tatsache geworden, furchtbare Tatsache. Deutschland ist fast über Nacht in die ernsteste Stunde seiner Geschichte getreten seit mindestens hundert Jahren. Es gibt Menschen in unsrer Stadt, die nun unsäglich innerlich darunter leiden, daß es etwas so Fürchterliches wie einen Krieg geben kann, denen immer die Frage durch den Sinn geht: Wie ist das möglich? Wie vereinigt sich das mit dem Willen Gottes? Wie besteht das vor dem Geist Christi? Ihnen sei zuerst ganz unzweideutig und unumwunden zugegeben: Es ist wahr: Krieg soll nicht sein! Was jetzt geschieht, das muß einmal hinweg aus der Welt! Es kann uns auffallen, wie sehr in diesen Tagen aus der Frömmigkeit auch der Frommen der Name Jesus zurückgetreten ist. Von Gott redet man viel mehr als früher, von Jesus wenig. Das kann uns ein Zeichen sein, wie tief das Gefühl dafür ist, daß der Krieg mit dem Geist Jesu Christi nicht zusammenzudenken ist.

Krieg soll nicht sein! Und doch - ebenso entschieden fügen wir hinzu - Krieg muß sein! Ist das Gottes Wille, daß wir in diesem Augenblick unser Vaterland im Stich lassen, das er uns geschenkt hat, Herd und Heimat und alles, was darinnen ist? Ist das Gottes Wille, daß wir unsre Hände in den Schoß legen und zusehen, wie Russen und Franzosen unser Vaterland aufteilen und ihren Geist darin zur Herrschaft bringen? Nie und nimmermehr. Das wäre verbrecherische Untreue gegen das, was Gott uns gegeben hat! Gott sei Dank, daß wir heute sagen können: Unser Volk zieht mit reinem Gewissen in den Krieg. Wir danken es unsrer Regierung, wir danken es unsrem Kaiser, die sich in diesen Tagen glänzend bewährt haben, daß sie uns das gute Gewissen zum Krieg ermöglicht haben. Es war eine wunderbare Beruhigung, aus den Mitteilungen unsrer Regierung zu sehen, daß sie friedensentschlossen war bis zum Äußersten, aber ebenso kriegsentschlossen, als es nicht anders mehr ging. Sie hat damit unsrem Volk einen moralischen Halt und eine Fülle von moralischer Kraft gegeben."[35)]

Gegen das Weihen von Hakenkreuzfahnen

Im Jahre 1932 wendete sich die Zeitschrift *Die Christengemeinschaft* in deutlicher Form gegen einen solchen Unfug wie das Weihen von Hakenkreuzfahnen. Der Autor, nach unseren Informationen Friedrich Rittelmeyer, schrieb unter der Überschrift „Weihewort für eine Hakenkreuzfahne":

„Die 'Welt am Montag' erzählt, daß kürzlich in Pommern eine nationalsozialistische Fahne von einem evangelischen Pfarrer mit folgendem 'Weihewort' geweiht wurde:

'Gott zur Ehre sollst du, Fahne, im Kampf gegen die Untermenschen im eignen Volk und gegen das Brutgesindel von Versailles voranwehen!'

Viele ähnliche Verirrungen werden jetzt von den evangelischen Pfarrern berichtet. Hat man jede Empfindung dafür verloren, was man dem Christentum damit antut?

Wohin das alles geistig-kulturell führen muß, das mag in diesem Zusammenhang einmal ein Wort von Thomas Mann zeigen, wie er es einem Mitarbeiter der 'Münchner Post' gegenüber ausspricht:

'Ich bin selber ein Protestant, stamme aus dem Norden, wo man - in pietistischer Innerlichkeit aufgewachsen - nicht ohne wohlwollende Geringschätzung auf den Katholizismus, auf seine kirchliche und sinnliche Äußerlichkeit herabblickt. Und siehe da: der deutsche Katholizismus zeigt, wie sein 'Heidentum' nur äußerlich ist, wie er geistig das Universelle, das eigentlich Christliche vertritt, wie auch er ein Bollwerk der deutschen Freiheit, ein Damm gegen den Ansturm der Barbarei sein kann, während der heidnische Einschlag des Protestantismus geistiger Natur, völkisch und reaktionär ist.'

Über ein solches Wort hätte man Grund, nach verschiedensten Richtungen hin nachzudenken."[36]

Im Jahre 1932 war die Publikation einer solchen Ansicht bereits nicht ganz ungefährlich.

„Antibolschewistische Schau"

Niemand wird behaupten können, *Die Christengemeinschaft* habe sich in den Nationalsozialismus mit hineinziehen lassen. Dafür gibt es überhaupt keine Anhaltspunkte. Dennoch gibt es Gründe, über manche Worte „nach verschiedensten Richtungen hin nachzudenken". So findet sich beispielsweise in der Ausgabe Dezember 1936 unter der Überschrift „Blicke in den Christuskampf der Gegenwart" der Artikel von Hermann Heisler „Antibolschewistische Schau".

Wir können hier nicht auf die geistigen Grundlagen des Bolschewismus bzw. des Leninismus eingehen[37], möchten jedoch darauf hinweisen, daß antibolschewistische Äußerungen in dem damaligen historischen Kontext (1936 waren die Kommunisten in Deutschland längst verhaftet und zum Teil im KZ) in ganz bestimmter Weise wirken mußten. Hermann Heislers Aufsatz möchte ich hier in voller Länge wiedergeben:

„Es gibt immer noch Menschen, welche glauben, dem Bolschewismus irgendwelche mildernden Umstände zubilligen zu dürfen. Bald sucht man solche in den Auswüchsen der vorausgegangenen zaristischen Regierung, bald meint man, der Bolschewismus würde, wenn er in ein anderes Land käme, weniger krasse Formen annehmen als in Rußland. Diese leichtgebauten Kartenhäuser haltloser Theorien brechen zusammen unter der Wucht der Tatsachen, welche die Antibolschewistische Schau in München[38] vor den Besucher hinstellt.

Es tritt vielleicht nichts vor den Besucher hin, was einem nicht in irgendeiner Zeitschrift schon einmal begegnet wäre. Aber in ihrer systematischen Anordnung und durch die Fülle des Materials aus allen Ländern wirkt diese Schau als eine furchtbare Anklage gegen den Bolschewismus, dessen Untermenschentum hier unverhüllt vor einem steht. Es soll niemand meinen, so etwas gäbe es nur in Rußland. Im Seelenuntergrund auch anderer Völker lauert das Tier, jeden Augenblick bereit hervorzubrechen und alle Schranken niederzureißen. An das Tier im Menschen appelliert aber der Bolschewismus. Alle Reden, alle Plakate, Malerei, Dichtkunst, Musik, alles ruft in einer raffinierten Weise die niedersten Instinkte im Menschen auf, und wenn sie erwacht sind, dann wird der Mensch in einen Blutrausch versetzt, in welchem alle besseren Regungen der Seele ertrinken.

Mit den stärksten und überzeugendsten Eindruck machen die Abbildungen der Mitglieder bolschewistischer Regierungen, z.B. in Ungarn, Spanien und Rußland. Solchen Typen gegenüber ist es ohne weiteres klar, daß man mit Gründen, Belehrungen und irgendwelchen Auseinandersetzungen nichts mehr erreichen kann. Das ist verkörpertes untermenschliches Wollen, das eine Welt ohne Geist will. Dem kann man nur den unerbittlichen Willen entgegenstellen, mit allen Mitteln zu verhindern, daß diese Macht die Herrschaft in der Welt bekommt.

Die Leser dieses Blattes wird ganz besonders interessieren, was aus dem Tätigkeitsbereich der Gottlosenbewegung gezeigt wird. Man wird dabei von vornherein auf vieles gefaßt sein. Aber die schlimmste Phantasie wird weit übertroffen durch das Dargestellte. Schildern kann man diese Dinge nicht mehr. Was hier gezeigt wird, sind Ausgeburten einer perversen, teuflisch gewordenen Phantasie. Und doch zeugt dieser Kampf des Bolschewismus gegen Gott und das Christentum von mehr Wirklichkeitssinn, als wenn heute manche Kreise bei uns glauben, der Zukunft unseres Volkes dienen zu können, indem sie das Christentum bekämpfen. Der Bolschewismus weiß ganz genau, daß ihm keine Macht der Welt so gefährlich ist, wie das Christentum. Deshalb der wütende Kampf dagegen.

Wir wissen wohl, daß man den Bolschewismus heute nicht mehr mit geistigen Mitteln allein beseitigen kann. Rudolf Steiner hat es schon 1918 als heilige Pflicht der 'Sieger' bezeichnet, den Bolschewismus zu vernichten. Aber die letzte Überwindung in den Seelen der Menschen kann nur geschehen durch das von dem Bolschewismus mit Recht so gehaßte Christentum. Diesen Mächten der Finsternis ist nur der Christus gewachsen, der aus den lichten Geistesreichen herniederstieg, um das Tier im Menschen zu überwinden.

Man mag mit Recht darauf hinweisen, daß die Kirchen sich heute ihrer Aufgabe, die Zeichen unserer Zeit zu verstehen, recht wenig gewachsen zeigen. Gut, dann soll man eine Erneuerung des Christentums anstreben, aber nicht dessen Beseitigung. Damit arbeitet man indirekt doch nur dem Bolschewismus in die Hände."[39)]

Es kann nur immer wieder betont werden, daß es heute leicht ist, Kritik an dem Verhalten der Menschen zu üben, die in dem unerträglichen nationalsozialistischen System leben mußten, und daß wir heute viel besser informiert sein können, auch den besseren Überblick über die damaligen Gesamtverhältnisse haben können, als die damaligen Zeitgenossen. Dennoch muß nicht nur ein Satz wie der obige: „Wir wissen wohl, daß man den Bolschewismus heute nicht mehr mit geistigen Mitteln allein beseitigen kann" heute Erschrecken auslösen, besonders wenn er in einer christlichen Zeitschrift zu finden ist. Der Satz, der anschließend Rudolf Steiner untergeschoben wird („... heilige Pflicht der 'Sieger' ..., den Bolschewismus zu vernichten"), ist uns aus dem Werk Steiners bisher nicht bekannt geworden.

Eine Denunziation von evangelischer Seite

Die anthroposophische Bewegung hatte es aber nicht nur mit den Nationalsozialisten zu tun. Die schwierige Atmosphäre - von Verfolgungen, Lügen und Verleumdungen getränkt - führte unlautere Seelen in Versuchung, sich an mißliebigen Personen oder Gruppierungen abzureagieren und zu rächen. Ein besonders unfeines Beispiel lieferte der damalige evangelische Oberschulrat Frommann am 17.12.1933 in einem Brief an das (Stuttgarter?) Kultministerium.

Das im folgenden abgedruckte Schreiben (Abschrift) stellt eine typische neidvergiftete Denunziation dar, die deutlich macht, in welchen Auseinandersetzungen die anthroposophische Bewegung, hier die Waldorfschule, seinerzeit stand.

„Evangelischer Oberschulrat   Stuttgart-N, den 17. Dezember
                                                      1933

An das
    Kultministerium

Auf den Erlaß vom 18.10.1933 Nr.14528.
Betreff: *Freie Waldorfschule.*

I - V...........

VI. Zusammenfassung und Kritik.

Lehrer und Schüler der Freien Waldorfschule bilden eine weltanschaulich geschlossene Schulgemeinschaft. Dies ist, vom Standpunkt der Waldorfschule aus gesehen, unbedingt als Vorteil für die schulische Arbeit zu werten. Den Hauptlehrgegenstand bildet die Weltanschauung der Anthroposophie. Diese wird von den Lehrern in allen Lehrfächern und auf jede Weise den annähernd 1.000 Schülern zu übermitteln versucht.

Es muß gefragt werden, woher es kommt, daß die Schüler die Waldorfschule so gerne besuchen. Die der Waldorfschule eigenen liberalistischen Erziehungsgrundsätze lassen es nicht zu, daß eine gründliche Bearbeitung des in den staatlichen Schulen üblichen Lehrstoffes überhaupt ernstlich gewollt, geschweige denn erreicht würde. Ernstlich unterrichtet wird nur von wenigen Lehrern. Zumeist handelt es sich aber um ein Dozieren über die Köpfe der Schüler hinweg. Der Lehrer nimmt alle erdenkliche Rücksicht auf die Schüler. Kaum je werden sie scharf angefaßt, keine straffe Disziplin zwingt zur Selbstbesinnung. In einer solchen pädagogischen Luft werden Menschen eines ganz bestimmten Typus herangezüchtet, schöngeistige Menschen, Literatenseelen. Die allerwenigsten machen je in ihrem Leben eine Prüfung (die Prüfungsklasse XIII zählt z.Zt. 8 Schüler!). So brauchen sie ihre Eignung kaum je unter Beweis zu stellen.

Hinzu kommt die kritiklose Bewunderung alles von der Waldorfschule Stammenden durch die Außenwelt. Und wenn die Waldorfschule an die Öffentlichkeit tritt, versteht sie ihre Arbeit ins richtige Licht zu setzen. (Ausstellungen, Oberuferer Weihnachtsspiele, Waldorfspielzeug.)

Es muß weiterhin in Betracht gezogen werden, daß es sich hier um eine besondere Art von Schicksalsgemeinschaft handelt. Für den größeren Teil der Lehrerschaft bedeutet die Beschäftigung bei der Waldorfschule die einzige und zugleich bequeme, ihren Wünschen entgegenkommende Erwerbsmöglichkeit. Die Lehrkräfte haben daher an dem Bestand der Schule nicht nur aus weltanschaulichen, sondern auch aus wirtschaftlichen Gründen ein starkes Interesse. Ebenso die Eltern, deren Kinder zum größeren Teil in den staatlichen Schulen kaum mitkommen würden.

So bildet die Waldorfgemeinde ein Stätchen im Staate, dessen Bürger die erwachsenen und die durch die Schularbeit werdenden Anhänger Steiners bilden und dessen Staatsverfassung und Religion zugleich die an wunderlichen und bizarren Gedanken reiche Lehre vom Menschen, dem Mikrokosmos ist.

Es fragt sich nur, ob der nationalsozialistische Staat es weiterhin zulassen kann, daß hier abseits der Volksgemeinschaft ein Teil der deutschen Jugend, von der nur ein verschwindend geringer Prozentsatz sich bisher der Hitlerjugend oder dem BdM. angeschlossen hat, weiterhin in abseitigen Bahnen belassen werden soll. Denn hier wächst deutsche Jugend heran, die *nichts* erlebt von der Schicksalswende unseres Volkes.

Die Waldorfschule bildet einen Fremdkörper im nationalsozialistischen Schulwesen. Sie ist nicht beherrscht von dem Gedanken williger Opferbereitschaft und völliger Hingabe an das *Ganze* des Volkes. In ihr sind die Voraussetzungen für eine Erziehung des jungen deutschen Volksgenossen zu Heroismus und Selbstbeherrschung *nicht* gegeben.

Angesichts der weltanschaulichen Haltung der Lehrerschaft der Waldorfschule, der geringen Leistungen in fast allen Fächern, der im Zeitalter des Freiheitskampfes unseres Volkes unzeitgemäßen pädagogischen Grundhaltung, die auf der nationalem Wollen schroff entgegenstehenden Lehre Steiners fußt, darf es hier ein Sowohl-als-Auch nicht geben. Der Staat hat die Pflicht, diese jungen Volksgenossen, auch entgegen dem Willen der Eltern, aus der Atmosphäre jüdisch-okkulten Geistes zu entfernen, sie durch Überführung in die Staatsschulen der Volksgemeinschaft einzugliedern und dort deutsche Menschen aus ihnen zu machen. Es ist meiner Überzeugung nach unmöglich, etwa nur die Oberklassen wegzunehmen und aus der Waldorfschule eine Volksschule zu machen, oder die Grundschulklassen zu entfernen und damit eine private höhere Schule zu schaffen. Beides würde den *langsamen* Tod der Waldorfschule bedeuten.

Aus all den angeführten Gründen *besitzt diese Schule im heutigen Staate eine Daseinsberechtigung nicht mehr. Es kann sich daher nur darum handeln, die Schule als Ganzes aufzuheben und die Schüler,* die sich über das ganze Gebiet der Stadt Stuttgart und deren Umgebung verteilen, *den staatlichen Schulen zuzuweisen.*

gez. Frommann."[40]

Ein weiterer Kommentar zu diesem Dokument erübrigt sich.

Weitere Angriffe gegen die Anthroposophie

Das ganze Kapitel der Angriffe gegen die Anthroposophie, die sich ja zum Teil bis heute fortsetzen[41], ist ein zu weitläufiges Thema, um es hier ausführlich zu erörtern. Nachdem bereits Louis Werbeck in seiner Schrift, „Die christlichen Gegner Rudolf Steiners und der Anthroposophie durch sich selbst widerlegt"[42], im Jahre 1924 darauf geantwortet hatte, verfaßte Karl Heyer im Jahre 1932 seine Entgegnung: „Wie man gegen Rudolf Steiner kämpft"[43]. Beide Schriften geben dem an diesem Problemkreis Interessierten eine Fülle von Material in die Hand, sind jedoch seit langem vergriffen.

Bereits der umstrittene Rudolf von Sebottendorff hatte in seinem Buch „Bevor Hitler kam" die Anthroposophie denunziert. Im Personenindex findet man unter *Rudolf Steiner* die folgenden Sätze:

„*Steiner,* Rudolf. Wahrscheinlich Jude. *27. Februar 1861. †30. März 1926 (richtig: 1925; A.W.). Gründer der anthroposophischen Bewegung. Vorkämpfer kommunistischer Gedanken (System der Dreigliederung). Gründer des Dornacher Tempels und der dortigen Hochschule für Anthroposophie. (Schwarz-Bostunitsch: Rudolf Steiner, ein Schwindler, wie keiner.)"[44]

In demselben Verzeichnis findet man unter *Anthroposophie:*

„*Anthroposophie.* Anthropos = Mensch, sophie = Weisheit, also Weistum vom Menschen. Gesellschaft von Steiner (s.d.) gegründet, als Annie Besant, die Leiterin der Theosophischen Bewegung, den Inderknaben Krischnamurti als Neuverkörperung Christi darstellte. In München schlossen sich zahlreiche Anhänger Steiner an, doch wurde die Bewegung durch Selbstmorde sexuell ausgebeuteter Frauen unmöglich gemacht. Die beabsichtigte Hochschule konnte nicht gegründet werden, sie wurde nach Dornach bei Basel verlegt (Goetheanum), wo sich Steiner vergeblich bemühte, die schweizerische Staatsangehörigkeit zu erwerben. In der Sylvesternacht 1922 brannte der Tempel ab und wurde vier Jahre später neu errichtet. Steiners Lehre ist ein Gemisch theosophischer Lehren mit eignen Dreingaben. Propagandamittel der Bewegung ist die Eurythmie. Nach der Revolution versuchte Steiner durch seine Lehre von der Dreigliederung den Kommunismus zu reformieren."[45]

Mag man von Sebottendorff noch als Winkelliteraten betrachten, der später bei den Nationalsozialisten in Ungnade fiel (sein Buch wurde bald nach dessen Erscheinen verboten), so findet sich neben den Äußerungen Adolf Hitlers, die wir bereits in unserer ersten Arbeit zitierten, noch an anderer maßgeblicher Stelle eine Äußerung, die die Haltung führender Nationalsozialisten charakterisiert. Die von Rudolf von Sebottendorff genannte Schmähschrift von Schwarz-Bostunitsch, „Rudolf Steiner - ein Schwindler wie keiner", erschien 1933 im *Völkischen Beobachter.*[46] Sie wurde immer wieder von Gegnern zitiert.

In seinem Buch „Der Mythus des 20. Jahrhunderts" nannte Alfred Rosenberg Pythagoras, über den er sich hier lustig macht, einen „antiken Rudolf Steiner plus Annie Besant".[47]

Merkwürdig berühren kann einen auch, daß das Goetheanum, die Freie Hochschule für Geisteswissenschaft, das schließlich in Dornach in der Schweiz gebaut wurde, zunächst in München als Johannesbau errichtet werden sollte. Von dort wirkten später die Nationalsozialisten aus ihrem „Braunen Haus". Die letzte Gründung der NSDAP (vorher war sie verboten worden) fand am 27. Februar 1925 statt, dem letzten Geburtstag Rudolf Steiners, gut einen Monat vor dessen Tod (30. März 1925). Gewiß ist es nicht „historisch", aus diesen beiden Vorgängen etwas ableiten zu wollen; dennoch mag deren Erwähnung gestattet sein.

Die Beurteilung der Anthroposophie durch die Gestapo

Nachdem bereits in meiner ersten Arbeit der Erlaß des Verbotes der Anthroposophischen Gesellschaft durch Reinhard Heydrich, dem Leiter der Gestapo, vom 1. November 1935 veröffentlich wurde, fand sich in neu gesichteten Unterlagen noch ein weiteres Schreiben der Preußischen Geheimen Staatspolizei, „Betrifft: Auflösung der Anthroposophischen Gesellschaft", vom 14. Oktober 1935, das die Gründe des Verbotes aus der Sicht der Nationalsozialisten wesentlich vertieft und deshalb hier ebenfalls veröffentlicht werden soll. Das „In Vertretung gez. Dr. Best. - Beglaubigt: Lehmann, Kanzleiangestellte" unterzeichnete Schreiben an „den Herrn Reichs- und Preuß. Minister für Wissenschaft, Erziehung und Volksbildung" hat den folgenden Inhalt:

„Am 10.12.1913 wurde von Dr. Rudolf *Steiner*, der von 1902 bis 1913 Generalsekretär der Theosophischen Gesellschaft war, die Anthroposophische Gesellschaft auf rosenkreuzerischer Basis gegründet.

Nach dem Weltkrieg war Steiner die umstrittenste Persönlichkeit auf dem Gebiete des Okkultismus. Als Anthroposoph war Steiner internationaler Pazifist und Weltverbrüderer. Er propagierte offen die Abkehr vom Rassenprinzip und hatte enge Beziehungen zu ausländischen Freimaurern, Juden und Pazifisten und war selbst Generalgroßmeister der internationalen Loge 'Mystica Aeterna' mit 9 Graden. Diese Loge ist ein Geheimbund innerhalb der Theo-Anthroposophie, der rein freimaurerische Ziele verfolgt und zu dem nur die sichersten und vertrautesten Leute unter besonderem Schweigegelöbnis zugelassen werden. Steiner entwickelte eine umfangreiche schriftstellerische Tätigkeit. Seine 'Geistesschulung' führt jedoch nicht zur Erkenntnis höherer Welten, sondern zu Gedächtnisschwund, Schwachsinn und Wahnsinn. Anthroposophie ist im innersten Wesen mystische Freimaurerei, verbunden mit okkulter Dressur sexueller Magie.

In der Lehre Dr. Steiners, die jeden völkischen Gedanken ablehnt, liegt eine ernste Gefahr für Volk und Staat. Die Hauptgefahr ist die okkulte Schulung, deren Zweck und Ziel blinder Autoritätsfanatismus, geistiges Sklaventum und Abhängigkeit ist.

Im deutschen Reichsgebiet bestehen heute noch Anthroposophische Schulen, in denen die Unterrichtsmethoden Dr. Steiners angewandt werden.

Die Pädagogik Steiners steht in unvereinbarem Gegensatz zum nationalsozialistischen Gedankengut. Die Schulen verfolgen eine individualistische, nach dem Einzelmenschen ausgerichtete Erziehung, die nichts mit den nationalsozialistischen Erziehungsgrundsätzen gemein hat.

Im Hinblick auf die Grundeinstellung und Folgeerscheinungen der Anthroposophischen Gesellschaft beabsichtige ich daher, diese Organisation zum 20.10.1935 auf Grund d.s § 1 der VO. des Herrn Reichspräsidenten zum Schutze von Volk und Staat vom 28.2.1933 aufzulösen.

Da im Reichsgebiet für Anthroposophische Schulen, in denen Steiners Unterrichtsmethoden angewendet werden, kein Raum mehr ist, darf ich bitten, von dort Maßnahmen zu treffen, die eine Verwaltung dieser Schulen auf nat. soz. Grundlage gewährleisten."[48]

Das eben zitierte Dokument zeigt den Umfang der Bedrohung, die die Nationalsozialisten von seiten der Anthroposophie empfanden, mit besonderer Deutlichkeit.

Waldorfpädagogik – gegen den Intellekt und die Individualität gerichtet?

In seinem Artikel „Waldorfschulen im Nationalsozialismus"[49], der im Jahre 1983 eine Diskussion zu diesem Thema entfachte, konstatierte Achim Leschinsky besonders in zwei Punkten eine gewisse Nähe der Waldorfpädagogik zur nationalsozialistischen Erziehungspolitik. Er kam zu dem Ergebnis, daß die Waldorfpädagogik eine antiindividualistische Orientierung besäße:

„In der Überwindung des bisherigen - liberalistischen - Denkens und seiner Unzulänglichkeiten sah sich die Waldorfschulbewegung mit dem Nationalsozialismus auch durch eine insgesamt antiindividualistische Orientierung verbunden. ... Wenn die Waldorfschulen als Ergebnis ihrer Erziehung Menschen 'versprechen' können, die sich rückhaltlos den nationalen und sozialen Forderungen der Volksgemeinschaft zur Verfügung stellen, so ist dafür nach ihrer eigenen Auffassung schließlich die konsequente Abwendung vom Rationalismus und Intellektualismus verantwortlich."[49a]

Neben der sicherlich lobenswerten Aufgabenstellung Leschinskys, das Thema aufzugreifen, muß man hierzu doch bemerken, daß diese Äußerungen an dem, was Waldorfpädagogik an sich sein will und auch ist, vorbeizielen. Selbst wenn es so wäre, daß es unter Waldorflehrern auch solche gab und gibt, die vielleicht die von Leschinsky angeführten Prinzipien verfolgten, so kann die Waldorfpädagogik von ihren Ansätzen her so nicht beschrieben werden. Über diese Frage haben Stefan Leber und Manfred Leist in einer Entgegnung in der pädagogischen Zeitschrift *Neue Sammlung* sich bereits ausführlich geäußert.[50] Ich möchte mich dem abschließenden Urteil von Leber und Leist anschließen, daß die „Leschinskysche These von 'sachlichen Berührungspunkten' zwischen Anthroposophie und Nationalsozialismus ... als nicht zutreffend und von der Sache her nicht begründet" abgelehnt werden muß.[51]

Es ist allerdings zu verstehen, daß ein Historiker, der die Geschichte der Waldorfpädagogik im Nationalsozialismus studiert, auf Fragen aufmerksam wird, die ihn dann zu den Schlußfolgerungen verleiten, die Leschinsky zog. Aber auch Waldorfpädagogen und Anthroposophen können sich diesbezüglich Fragen stellen, zum Beispiel ob nicht gerade darin ein entscheidendes Problem liegt, daß - wie Leber/Leist schreiben - „die entsprechenden Formulierungen (in den Verhandlungen mit NS-Stellen; A.W.) im einzelnen nur von den Verhandlungsführern ausgearbeitet wurden und durchweg auch nur ihnen bekannt blieben. Das wurde ihnen schon in der damaligen Zeit vorgeworfen. Die weit überwiegende Mehrzahl der Waldorflehrer war weder über die betreffenden Eingaben noch über den Gang der Verhandlungen im einzelnen informiert."[52] Mangelnde Transparenz, politisches Desinteresse und nicht zuletzt ein schwaches Demokratiebewußtsein werden auch heute nicht selten der anthroposophischen Bewegung zugeschrieben.

Besonders betraf die Unkenntnis der Mehrzahl der Waldorflehrer - so Leber/Leist weiter - auch den „Entwurf einer Konstitution der Rudolf Steiner-Schule Dresden" vom 13.03.1939. In diesem Entwurf finden sich die von Leschinsky wie auch von Leber/Leist zitierten Sätze, daß die Schule auf dem „Boden des nationalsozialistischen Staates" stehe und „nur politisch zuverlässige Persönlichkeiten" berufe.

Auch ohne spitzfindig zu sein, kann man diese Sätze jedoch auch zweideutig verstehen, wenn auch die Zweideutigkeit möglicherweise den damaligen Verfassern nicht (oder doch?) bewußt war. Jede Schule stand zu der damaligen Zeit „auf dem Boden des nationalsozialistischen Staates", im wahrsten Sinne des Wortes. Es steht dort eben nicht: auf dem Boden der nationalsozialistischen *Weltanschauung*.

Doch nun zum Vorwurf des Antiintellektualismus und des Antiindividualismus. Wer sich auch nur ein wenig mit den philosophischen Grundschriften Rudolf Steiners und deren Bedeutung für die Anthroposophie beschäftigt hat, der kann diesen Vorwurf nicht aufrechterhalten. Ganz im Gegenteil ergibt sich hier der schärfste Kontrast. Adolf Hitler schreibt über den Individualismus:

„Wie entsetzlich ist doch heute schon der Schaden, der auf indirektem Wege unserem Deutschtum zugefügt wird, dadurch, daß das deutsch mauschelnde Judentum bei Betreten des amerikanischen Bodens infolge der Unkenntnis vieler Amerikaner auf unser deutsches Konto geschrieben wird! Es wird aber doch niemand einfallen, in der rein äußerlichen Tatsache, daß diese verlauste Völkerwanderung aus dem Osten meistens deutsch spricht, den Beweis für ihre deutsche Abstammung und Volkszugehörigkeit zu erblicken. Was in der Geschichte nutzbringend germanisiert wurde, war der Boden, den unsere Vorfahren mit dem Schwert erwarben und mit deutschen Bauern besiedelten. Soweit sie dabei unserem Volkskörper fremdes Blut zuführten, wirkten sie mit an jener unseligen Zersplitterung unseres inneren Wesens, die sich in dem - leider vielfach sogar noch gepriesenen - deutschen Überindividualismus auswirkt."[53]

Und an anderer Stelle: „Gerade für unsere geistige Halbwelt aber schreibt der Jude seine sogenannte Intelligenzpresse. ... Eine Dreißig-Zentimeter-Granate zischte immer noch mehr als tausend jüdische Zeitungsvipern - also laßt sie denn nur zischen!"[54]

Demgegenüber sprach Rudolf Steiner so über den Individualismus, daß er das „Streben nach Individualität" geradezu als das Charakteristikum des Mitteleuropäers herausarbeitete.[55] Zum Vorwurf des Antiintellektualismus, der von Leschinsky der Waldorfpädagogik gegenüber vorgebracht wird, sei auf das folgende Steiner-Wort verwiesen: Der deutsche Mitteleuropäer muß, „wenn er irgendwie die Bewußtseinsseele[55a] in sich rege machen will, dazu erzogen werden. Er kann sich das nur erwerben durch die Erziehung. Weil das Zeitalter der Bewußtseinsseele eben zugleich das Zeitalter der Intellektualität ist, muß daher der Deutsche, wenn er irgendwie die Bewußtseinsseele in sich rege machen will, ein intellektueller Mensch werden. Daher hat auch der Deutsche seine Beziehung zur Bewußtseinsseele vorzugsweise auf dem Wege der Intellektualität ... gesucht."[56]

Aus dem Inhalt wie auch aus dem Gesamtduktus der Darstellung kann man erkennen, daß hier zwei genau entgegengesetzte Auffassungen aufeinanderprallen. Es geht heute nicht um die Denunziation des Intellekts, sondern um dessen Vergeistigung.

Jüdische Kinder an den Waldorfschulen

Wir kommen zu einer der „Grenzüberschreitungen, die" - nach Leber/Leist - „der Waldorfpädagogik und den Waldorfschulen nicht zugerechnet werden können"[57], die man aber sicher heute verurteilen muß, was jedoch auch in Form der Selbsterkenntnis bisher so gut wie gar nicht geschah. So bedauert auch Christoph Lindenberg in der Zeitschrift *Die Drei*, daß „nach 1945 über diese Vorgänge kein offenes Wort gesprochen wurde. Nirgendwo findet man innerhalb der anthroposophischen Publizistik die Stimme einer ernsthaften Selbsterkenntnis jener, die sich zu tief mit dem Nationalsozialismus eingelassen oder sich sonst 'schlecht' benommen hatten."[58]

Eine der erwähnten „Grenzüberschreitungen" findet sich in einer Anlage eines Schreibens von René Maikowski an den „Reichsminister Rudolf Heß, München", vom 02.03.1935.[59] In dieser Anlage werden „Wesen und Aufgaben der Waldorfschulen" dem

René Maikowski

Reichsminister dargelegt. Neben kurzen Abhandlungen über „Epochenunterricht", die „Überwindung marxistischen Denkens" u.a. findet sich unter „Stellung zum Judentum" das folgende:

„Die Ablehnung des einseitig intellektuellen Elementes durch die Pädagogik der Waldorfschulen und ihre betont christliche Grundhaltung bringt es mit sich, daß die Juden nur geringes Verständnis für die Waldorfschulen zeigen. Der Prozentsatz jüdischer Kinder ist daher sehr gering."[60]

Zum von Maikowski herausgestellten Vorwurf „Die Waldorfschulen seien Pflege-stätten des Intellektualismus und des Individualismus" finden sich die folgenden Sätze: „... Gerade durch die methodisch-didaktische Arbeit der Schule ... sollen Intellektualismus und unberechtigter Individualismus überwunden und die Schüler dadurch in die volle Lebenswirklichkeit ihres Volkstums gestellt werden."[61]

Und zum Vorwurf „Der Begründer der Waldorfpädagogik, Dr. Rudolf Steiner, sei Jude, die Schulen seien Judenschulen": „Die Unrichtigkeit der Behauptung ergibt sich aus der Anlage 4. (Diese Anlage ist der von uns im FLENSBURGER HEFT Nr.32 veröffent-lichte 'Ariernachweis' Rudolf Steiners; A.W.). Auf Grund dieses Gutachtens sind die Unwahrheiten über die Persönlichkeit Dr. Steiners in den Zeitungen verstummt. Die Schulen werden von durchschnittlich 1,5 - 2 % jüdischer Kinder besucht. Die Erfahrung hat gezeigt, daß gerade jüdische Kinder meist bald aus den Waldorfschulen wieder abgemeldet werden 'wegen ihres zu christlichen Charakters'."[62]

Das Schreiben Maikowskis ist auf dem Briefpapier des „Bundes der Waldorfschulen" verfaßt. Man darf sich nicht wundern, wenn Forscher wie Leschinsky diese Schreiben ernster nehmen, als sie vielleicht gemeint waren.

Auch die Aussage, daß die „Grenzüberschreitungen" von Einzelpersönlichkeiten der Waldorfpädagogik begangen wurden und „die weit überwiegende Mehrzahl der Waldorf-lehrer ... weder über die betreffenden Eingaben noch über den Gang der Verhandlungen im einzelnen informiert"[63] war, entschuldigt nur teilweise, da sie auch auf die strukturel-len Mängel des damaligen Bundes der Waldorfschulen aufmerksam machen kann und auf das menschlich-soziale und demokratisch-rechtliche Unvermögen, das sich seinerzeit in der anthroposophischen Bewegung weitgehend institutionalisiert hatte. Rudolf Steiners sozialgestalterischen Intentionen wurde man weder in der Anthroposophischen Gesell-schaft noch in den Tochterbewegungen auch nur annähernd gerecht.

Die Verhandlungsführung führte allerdings intern zu erheblichen Auseinandersetzun-gen. Leber/Leist weisen darauf hin, daß die mangelnde Informationsbereitschaft der Verhandlungsführer seinerzeit diesen von seiten der Kollegen bereits vorgeworfen wurde.[64]

Wir haben uns hier die Aufgabe gestellt, weitere Informationen zu liefern, und nicht die, das Thema abschließend zu behandeln. Eine Wertung der damaligen Vorgänge versuchen Stefan Leber und Manfred Leist in der oben erwähnten Erwiderung[65] und auch Norbert Deuchert in dem vorliegenden FLENSBURGER HEFT. Auf beide Artikel möchten wir verweisen. Auch zu einer Aufarbeitung der sehr komplexen Problematik Anthroposophie und Antisemitismus kann hier nur angeregt werden. Gerade in den Jahren 1990/91 wurde diese Frage wieder aktuell.[66]

„In die Haut des Drachen schlüpfen"

In dem in der ersten Arbeit zum Thema ausführlich zitierten Interview („Wir Anthro-posophen waren gegen Hitler immun") mit dem Waldorflehrerehepaar Gerhard und Louise Bähr (Pseudonym) findet sich ein auf eine Haltung einer bestimmten Gruppe von Anthroposophen zutreffendes Schlüsselwort, das in den folgenden Sätzen ausgedrückt wird:

„Man muß aber auch zugeben, daß es bei den Anthroposophen Leute gab, die meinten, man müsse nun zu den Nazis Verbindung halten, dann kann einem nichts passieren. Man muß sozusagen *in den Rachen des Drachen hineinsteigen.* Aber uns war der Drache doch zu giftig."[67] (Hervorhebung A.W.)

Etwas anders formuliert hieß es auch: In die Haut des Drachen hineinschlüpfen, um ihn zu besiegen. Dieser Ausdruck geht auf ein angebliches Wort Rudolf Steiners zurück, das dieser benutzt haben soll, um die Haltung zu charakterisieren, die der Anthroposoph gegenüber der materialistischen Wissenschaft einnehmen sollte. Rudolf Steiner soll dieses Wort wiederum von seinem Meister[68] empfangen haben. So schrieb es Edouard Schuré in seiner Einleitung zur französischen Ausgabe der Schrift Rudolf Steiners „Das Christentum als mystische Tatsache".[69]

Der Anthroposoph Jürgen von Grone rückte diese Aussage im Jahre 1964 zurecht, möglicherweise auch vor dem Hintergrund des häufigen Bezuges dieser Worte auf die Haltung von Anthroposophen gegenüber dem Nationalsozialismus. Die Erwähnung dieser angeblichen Aussage Rudolf Steiners in diesem Zusammenhang tauchte auch in der Zeit des Nationalsozialismus immer wieder auf. Jürgen von Grone schreibt zu dieser Aussage unter anderem:

„Schuré legt dem unbekannten Meister, dessen zielsichere Willensstärke von ihm hervorgehoben wird, die folgenden Worte als Kern seiner an den jungen Rudolf Steiner angeblich gerichteten Unterweisung in den Mund:

'Wenn du den Feind besiegen willst, beginne damit, ihn zu verstehen. Du wirst den Drachen nicht besiegen, wenn du nicht in seine Haut schlüpfst. Den Stier mußt du bei den Hörnern packen. In der größten Not wirst du deine Waffen und deine Brüder im Kampf finden. Ich habe dir gezeigt, wer du bist, jetzt geh - und bleibe du selbst!'

Wie hat sich nun Rudolf Steiner dazu gestellt? Er hat den Kernsatz darin auf das aller entschiedenste abgelehnt: Um den Drachen zu besiegen, muß man in seine Haut schlüpfen. Das hat mir Dr. Elisabeth Vreede, Mitglied des Dornacher Vorstandes, bei einem Besuch in ihrem Arlesheimer Hause persönlich mitgeteilt. Es war einige Jahre nach dem Hingang Rudolf Steiners. In unserem Gespräch kamen wir auf die Übersetzung und die Herausgabe des Buches 'Das Christentum als mystische Tatsache' durch Edouard Schuré und damit auf sein Vorwort bzw. seine Einführung zu sprechen. Selbstverständlich standen die hier zitierten Sätze sogleich im Mittelpunkt unseres Gespräches. Soweit ich mich noch erinnere, habe ich auf diese bildhaft wirksame Ausdrucksweise noch besonders hingewiesen. Da erklärte mir Dr. Vreede, *daß Dr. Steiner ihr gegenüber vor allem jenen Satz vom Hineinschlüpfen in die Haut des Drachen durchaus abgelehnt* habe. Aus ihren Worten mußte daher entnommen werden, daß für Dr. Steiner gerade diese Formulierung Schurés eine sehr ernst zu nehmende objektive Unstimmigkeit enthält. Ich fühle mich verpflichtet, diese Mitteilung Dr. Vreedes über Rudolf Steiners entschiedene Stellungnahme zu jenen - gewiß gut gemeinten - Worten Schurés bekannt zu geben. Habe ich dieselben doch immer wieder bei verschiedenen Gelegenheiten von Freunden zitieren hören. Und zwar in einem sie völlig bejahenden Sinne. Diese Worte haben eben einen faszinierenden Charakter.

Wenn wir nun im Konkreten der Frage näher treten, warum Rudolf Steiner eine so abweisende Haltung eingenommen hat - und dazu sind wir aufgerufen -, kommen wir sogleich zu den wesentlichsten Aufschlüssen. Auf seinem Erkenntnisweg, der ihn, wie wir wissen, von Anbeginn an an die Naturwissenschaft anknüpfend zur Erforschung der geistigen Welt führte, hat Rudolf Steiner stets die Methoden und die realen Forschungs-ergebnisse der Naturwissenschaft bejaht, niemals aber hat er sich auf eine materialistische *Denkart* innerhalb der Naturwissenschaft eingelassen. Erst dann wäre er 'in die Haut des Drachen hineingeschlüpft'. Das war von vorneherein seine sehr bewußte innere Haltung, wie dies aus dem gesamten Schrift- und Vortragswerk wie auch aus seiner Biographie 'Mein Lebensgang' mit Evidenz hervorgeht. Es ist auch daran zu erinnern, daß alle wahren Michael-Darstellungen in der christlichen Kunst, den Erzengel niemals so zeigen, daß er den Drachen anblickt; er sticht mit der Lanze, aber er schaut über den Widersacher hinweg. Darauf hat Rudolf Steiner hingewiesen."[70]

Die Ausführungen von Grones lassen sich meiner Ansicht nach auch auf den Gebrauch des angeblichen Steiner-Zitates im Hinblick auf die Haltung gegenüber dem Nationalso-zialismus verwenden. Steigt man „in den Rachen des Drachen hinein", dann dürfte man mit aller Sicherheit von diesem verschluckt werden.

Es ist ein ganz anderer Aspekt, wenn Alfred Schütze, Pfarrer der Christengemeinschaft, in seinem Buch „Das Rätsel des Bösen" schreibt:

„Ein Wort aus den Mysteriendramen Rudolf Steiners lautet: 'Es darf die Seele niemals stürzen wollen, doch muß sie Weisheit aus dem Sturze holen'. - Darum genügt es nicht, das Böse nur vermeiden und von sich fernhalten zu wollen. Es soll nicht von außen bekämpft, sondern von innen her verwandelt werden. ... Bei der Begegnung mit dem Bösen muß das Aufrufen der Abwehrkräfte *bewußt* vorgenommen werden."[71]

Und an anderer Stelle: „Wenn auch der Erste Weltkrieg als apokalyptisches Präludium schon Furchtbares enthüllte, so beginnt das eigentliche Drama des Bösen (im 20. Jahrhundert; A.W.) doch erst später, fast genau mit dem Ablauf des ersten Jahrhundert-drittels. Das Jahr 1933, in dem der Nationalsozialismus die Regierungsmacht in Deutsch-land übernahm, ist das Jahr der beginnenden Enthüllung des Bösen. Vielleicht wird man einmal diesen Zeitpunkt zu den geheimen Knotenpunkten der Geschichte zählen, an dem hinter den Kulissen des äußeren Daseins Wichtigstes vorgegangen ist. Die Menschheit ist in ein neues Stadium ihrer leidvollen Beziehungen zum Bösen eingetreten. Bisher hatte das Böse das Licht der Öffentlichkeit zu allermeist gescheut - nun trat es weitgehend mit einer bis dahin kaum dagewesenen Scham- und Hemmungslosigkeit auf."[72]

Studiert man die anthroposophische Literatur wirklich objektiv, dann wird deutlich, daß die Anthroposophie vollständig in der Richtung dieser deutlichen Aussagen den Nationalsozialismus beurteilen muß. Solche Urteile finden sich bereits in sehr frühen Jahren der anthroposophischen Bewegung. So schreibt Karl Heyer bereits im Jahre 1923 in der Zeitschrift *Die Drei* in seinem Aufsatz „Von den Gegnern der anthroposophischen Bewegung":

„Nach außen hin tritt seit vielen Monaten besonders laut diejenige Gegnerschaft der anthroposophischen Bewegung gegenüber, die in der Pflege gewisser überlebter Lebens-zusammenhänge, in einem künstlichen Kult von Blut und Rasse ihre Grundlage hat, eine Strömung, deren geschichtliche Wurzeln weit zurückreichen in viel ältere Zeiten ..., es ist dies die *deutsch-völkische*, deutsch-nationale, nationalistisch-alldeutsche, 'arisch'-anti-semitische Strömung. Diese kennt nur auf Blutszusammenhängen beruhende Menschen-*gruppen*, sie haßt das Ich und alles, was dieses Ich frei und zum kraftvollen Träger der sozialen Kräfte machen will."[73]

Anthroposophie und Rassenfrage

Ein sehr heikles und komplexes Thema, das hier leider berührt werden muß, ist die Stellung der Anthroposophie zur Rassenfrage. In den letzten Jahrzehnten ist hierzu von anthroposophischer Seite meines Wissens nicht mehr Stellung genommen worden. Ein Dorn im Fleische der anthroposophischen Bewegung muß hier angesprochen und auch baldmöglichst herausgezogen werden. Dieser Dorn wurde in der Zeitschrift *Die Drei* (Ausgabe Mai 1930) gefunden. Die folgenden Aussagen von Richard Karutz aus seinem Aufsatz „Zur Frage von Rassebildung und Mischehe" möchte ich hier nach längerem Überlegen doch zitieren. Man wird dem Thema nicht gerecht, wenn man meint, diese problematischen Aussagen könnten dadurch am besten überwunden werden, indem man sie verschweigt. Wir lesen in dem angegebenen Aufsatz:

„Die Rasse ist wichtig, die Rasse ist unwichtig, beide Meinungen reichen an die Wahrheit heran, die man nur finden kann, wenn man die Rasse als einen geistigen Prozeß im Laufe der Menschheitsentwicklung erkennt. Wie jeder Prozeß, jeder Vorgang einen Anfang und ein Ende hat, so hat auch der Rassebildeprozeß: Rassen entstanden und vergehen deshalb wieder, Rassen waren wichtig und werden unwichtig.

Die Rasse ist geistig bedingt. Ihre Merkmale sind kosmische Kraftwirkungen, sind Gebilde lebendiger, formgestaltender Kräfte, die in zwei polaren Linien ausstrahlen, einer zentrifugalen sphärisch-rundenden, und einer zentripetalen zusammenziehenden, zusammenpressenden und streckenden. Eine dritte Kraft, der Geistkern des Menschen, das Ich, strebt einen Gleichgewichtszustand beider an. Das Ich tritt im Laufe der Menschheitsentwicklung erst mit der Zeit, nach und nach in das Einzelindividuum ein; während des Rassebildeprozesses wirkt es noch von außen, aus der Sphäre des Rassengeistes. Der Rassebildeprozeß ist ein Vor-Ichprozeß. Die 'frühen' Völker stehen ihm noch näher als die 'späten' Völker. Mit dem Prozeß der Ich-Entwicklung im Menschen beginnt die Auflösung der Rasse. Das Ich wirkt nun physiognomie-bildend, nicht mehr rassebildend. In der Zwischenzeit stellen sich die Rassen und die Völker als Stufen zum Ichbewußtseinsmenschen in den Prozeß der Seelenentwicklung hinein."[74]

So weit mögen wir dem Verfasser noch folgen. Was im weiteren allerdings folgt, ist ausgesprochen erschütternd:

„Die materialistische Rassenforschung erklärt: es gibt keine minderwertigen Rassen. Das ist gewiß richtig, wenn man die Minderwertigkeit moralisch, im Sinne des Bürgerlichen Gesetzbuches nimmt, aber es ist falsch, wenn man sie physiologisch vor der Tatsache der Bewußtseinsentwicklung sieht. Da gibt es sehr wohl verschiedenwertige Rassen. Es gibt solche, bei denen das Ich nur schwach eingreift und die kosmischen Bildekräfte überwiegen, die also primitiver im wahren Sinne des Wortes sind, d.h. ihrem Ursprunge näher stehen, aber ihrem Ziele, dem ichbewußten Menschen, ihrem Ziele, das zugleich ihr Tod ist, ferner stehen. In diesem Sinne sind sie zurückgeblieben und 'minderwertig'. Und diese Früh- bzw. Spät-Wertigkeit bleibt ihnen, weil sie als Rasse nicht entwicklungsfähig sind, und sie sind nicht entwicklungsfähig, weil sie in der Vor-Ichepoche entstanden waren und durch die dann einsetzende Ich-Epoche nur zerstört und aufgehoben werden. Denn Ich-Entwicklung im Menschen führt zum Ich-Bewußtsein und baut den Leib ab. Alle Rassenunterschiede sind in der Unbewußtheit-Epoche der Menschheit entstanden. Sie sind bleibende, nicht durch Mischung oder sonstige Einflüsse wandelbar, nur zerstörbar, und zerstörbar nur durch das Ich-Bewußtsein. - Alle Rassenentwicklung ist ein Kampf, der nicht äußerlich zwischen den verschiedenen Vertretern der Rassen, sondern innerlich zwischen dem Ich und dem übrigen geistigen Organismus des einzelnen Menschen geführt wird.

Gäbe es keine Rassenunterschiede, sondern nur individuelle Verschiedenheiten, so ergäbe sich daraus die Zulässigkeit, ja die Forderung der *Mischehe*, denn man brauchte nur durch richtige individuelle Auswahl der Ehegatten schlechte Eigenschaften auszuschalten. Und das wäre leicht möglich, da es im Sinne bürgerlicher Anständigkeit tatsächlich keine Rassenunterschiede gibt. Im Gegenteil verhielten sich z.b. im Jahre 1904 in den Vereinigten Staaten die Verurteilungen wegen Notzucht bei Negern und Italienern wie 18:53. ...

Gegen die Mischehe sträubt sich das Gefühl der überwiegenden Mehrheit der weißen Rasse. Gegen Gefühle nun, die aus alten vergänglichen Blutinstinkten quellen, kann man mißtrauisch sein, aber man kann sie geisterkenntnismäßig realisieren. Nicht aus bluthafter Antipathie, sondern aus Einsicht in die Bewußtseinsentwicklung, die sich der Rasse als des notwendigen Substrats bedient, muß man die Mischehe ablehnen.

Denn wie ist es? Man hat schon Recht, die Bedeutung der Rasse für heute geringer einzuschätzen als für die Vergangenheit, aber sie ist noch nicht gleich Null. Sie wird dermaleinst gleich Null sein, aber sie ist es heute noch nicht. Ihr Dasein selbst ist der Beweis.

Man kann mit Recht auf die zunehmenden Rassenmischungen in Asien zwischen Russen und Mongolen, in Amerika zwischen Negern und Weißen, in Europa zwischen den eiszeitlichen Varianten des spätatlantischen Menschen hinweisen, aber die Mischung ist im Grunde nur eine Verwischung, weil sie nur die Komplexe der Rassenmerkmale zersprengt, aber nicht die Rasse vernichtet. Das kann diese nur selbst tun, sie kann sich überleben, wenn das Ich sich im Menschen über das Seelen-, das Lebens-, das Physis-Element die Herrschaft verschafft, wie nun schon öfter gesagt ist. Die Hypothese einer allgemeinen Rassenvermischung wäre denkbar, wenn der Mensch nur aus Leib, Leben, Seele bestände. Aber er besteht auch noch aus dem Geist, dem Ich, und dieses Ich bringt die Individualisierung, es verhindert den Mischmasch des Blutes. Es soll ihn wenigstens verhindern, *dem* gilt unser innerer Rassenkampf. ...

Beim Menschen setzt das Ich seelische Disharmonien und bedingt einen dauernden Kampf mit den rassebildenden Kräften, einen inneren Rassenkampf, der noch schärfer wird, wenn verschiedene Rassengeister, verschiedene rassebildende Kräfte zusammenstoßen. So begegnet die Negerseele in Amerika dem Rassengeist des Indianers und dem Zeitgeist des Amerikanismus: es entsteht der verwestlichte intelligente Neger. Ebenso hat sich natürlich die europäische Seele mit Amerika auseinanderzusetzen. Es wird also Neger geben, solange die vererbten Kräfte als Wirkungen ihres Rassengeistes sich erhalten; sie werden verschwinden, wenn diese Kräfte dem fremden Rassengeist, den fremden Erdkräften erliegen. Dann tritt 'die alte Schulregel' in Kraft, nach der sich Einwanderer den körperlichen Eigenschaften der Wirtsvölker annähern, auch wenn die höheren geistigen Eigenschaften siegreich bleiben: der Europäer und der Neger nehmen indianische Körpermerkmale an, die Neger nehmen ab. Schon heute nehmen sie - zwar noch nicht absolut - aber doch im Verhältnis zu den Weißen ab. Die Zunahme der Neger betrug 1910-1920 6,5 %, die Zunahme der Weißen 16,5 %.

Ähnliche Einflüsse wirken bei den Juden, die in Deutschland durch geringe Kinderzahl, Krankheit, Selbstmord aussterben würden, wenn nicht die Zuwanderung aus dem Osten sie noch immer wieder auffüllte. ...

Der Neger weiß von einstiger Bruderschaft von Weiß und Schwarz, von schuldvollem Verlieren einer einstigen Gleichheit, von Wiedergeburt der Schwarzen als Weiße, er sehnt sich nach dem Weißen, was bis in ein naives Vertuschen der Rasse durch Glätten der krausen Haare geht; alles das beweist ein uraltes unbewußtes Wissen von einer Entwicklung im Sinne der Idee 'Mensch'.

Rassenmischungen sind dieser Idee abträglich. Denn jene Disharmonien zerstören das Erlebnis, das die Seele in der Rasse haben will, wenn sie sich auf Erden verkörpert. Darum lehnen spirituell fein und richtig empfindende Juden die Mischehe ab, wenn es um die Lösung ihres Problems geht. Denn da es selbstgewolltes Schicksal ist, wenn eine Seele einen jüdischen oder sonst einen fremdrassigen Leib bewohnt, ein Sichselbsthineinstellen in seine Seelenentwicklungslinie, so werden sich in Mischlingen immer Seelen verkörpern, die nach der einen, der niederen, der noch in ihren Triebkräften steckenden Inkarnation streben und die zweite, höhere, in der Entwicklung zurückhalten wollen. Hoch und Niedrig bedeutet, noch einmal sei es betont, keine moralische, sondern eine Bewußtseinstatsache im Sinne der Ich-Entwicklung.

In Mischehen werden die noch nicht genügend überwundenen Triebkräfte wieder verstärkt, die Seele gerät unter den Widerstreit der Rassenkräfte, sie leidet unter der Disharmonie, zumal wenn sie durch den Zeitgeist verstärkt wird, sie kann höchstens Rückschritte, niemals Fortschritte in ihrer Entwicklung machen. Die Rasse ist ein körperliches Substrat für notwendige, nacheinander zu machende Erlebnisse. Ihre Gleichzeitigkeit im Mischling macht das Labile, das Relativistische, das man als das Merkmal des Mischlings bezeichnet hat *(Günther)*. ...

Würde z.B. Deutschland den Rassegedanken allgemein verwirklichen, sich von 'Durchfremdung', 'Artlosigkeit' usw. abwenden, so würde es im Kampfe gegen die gruppenbewußten Polen, Italiener usw. besseren Widerstand leisten, aber es kann das seiner seelischen Anlage, der Stufe seines Bewußtseins nach eben nicht. Der Deutsche will immer am Anderen erwachen. Er wandert aus, mag es ihm in der Heimat noch so gut gehen; die wirtschaftliche Lage beeinflußt nur die Form der Auswanderung. Er streitet daheim sich mit seinen Landsleuten herum und verliert dieses Eigenbrödeltum auch drüben nicht, in beiden bricht ein und dasselbe Wollen durch. So verliert der Deutsche den Halt seiner Volksseele, ohne schon einen neuen in seinem Ich zu finden. Das ist seine Tragik, das kann sein völkischer Tod werden, wenn er nicht zur geistigen Rassen- und Völkerkunde kommt, wenn er sich nicht als geistiges, unsterbliches Ich-Wesen erkennt, das durch die Rassen hindurchgeht, in den Mischrassen in seiner Entwicklung zurückgeworfen wird, in der Reinrassigkeit vorwärtsgeführt, aber nur dann richtig geführt wird, wenn er das Blut als Träger des Ich und das Ich als in der Entwicklung begriffenen Teil der menschlichen Wesenheit erkennt. Blut als Vererbungsmasse, Reinrassigkeit in diesem Sinne dient nicht dem Volke und nicht der Menschheit. Deutschland, Mitteleuropa überhaupt muß durch den faustischen Menschen des deutschen Idealismus seine Bestimmung erfüllen.

Ich kenne den Einwand wohl, daß in der physischen Rassenmischung im Gegenteil gerade eine Entwicklungsmöglichkeit liege, daß sie die Überwindung der Rasse erleichtere. Aber abgesehen von der Regellosigkeit der Vererbung einzelner Merkmale, abgesehen von der Regellosigkeit des seelischen Durcheinander, das die sogenannten problematischen Naturen bedingt, wird ja immer das rassenhaft Stärkere vererbt, das ist das Rassebedingende, und das wiederum ist das im Unterbewußten triebhaft Wirkende. Die Entwicklung geht aber durch die Überwindung der Rassenkräfte durch die Ichkräfte, durch die Wandlung des Geistes im Blute, nicht durch die Erhaltung des Stoffes im Blute.

Das Aufwachen am Anderen geht nicht im unbewußten Blut-Leben, sondern im bewußten Geistleben vor sich. Bluterhaltung bedeutet Erstarrung und Stillstand, Blutmischung bedeutet Auflösung und Rückschritt, Geistmischung allein ermöglicht Seelenwanderung und Fortschritt.

Immer wieder muß man sich erinnern, daß das physische Substrat der Rasse ein absichtliches, gewolltes, zum Erleben notwendiges ist, daß die Seele sich aus Schicksalsnotwendigkeit die Inkarnation selbst aussucht. Seelen, die sich den Körper von Mischlingen aussuchen, werden nicht leicht die höhere Bewußtseinsstufe fördern, sondern sie eher zurückdämmen wollen, vielleicht, daß sie aus der früheren Rasse noch etwas nachzuholen haben. Die Einsicht in die geistigen Wurzeln der menschlichen Organisation und in die wahre Bedeutung des Mensch-seins lehnt die Mischehe ab. Aus demselben Grunde lehnt sie freilich die gesetzgeberische Behandlung der Frage als schädlich ab. Das Verbot der Ehe zwischen Weißen und Farbigen sowie des außerehelichen Verkehrs zwischen ihnen, die immer schärferen Forderungen nach 'künstlichen Maßnahmen zum Getrennthalten der Rassen' haben nicht den gewünschten und erwünschten Erfolg. Man muß die Mischehe aus der bewußten Einsicht in den Willen des ewigen Ich als entwicklungswidrig erkennen und deshalb, aus Freiheit, ablehnen."[75]

Dieser Aufsatz von Richard Karutz zu einem schon damals politisch sehr brisanten Thema besitzt nicht die Spur von Wissenschaftlichkeit. Die einzig genannte wissenschaftliche Quelle ist H.F.K. Günther, seines Zeichens einer der Chefideologen der nationalsozialistischen Rassenlehre, dessen Bücher auch heute noch verlegt werden. Ebenso finden sich in dieser Arbeit auch keine auf echter Forschungsarbeit fußenden geisteswissenschaftlichen Erkenntnisse. Von der politischen Brisanz des Themas scheint der Autor seinerzeit nichts verspürt zu haben.

Zweifelhafte Äußerungen Marie Steiners und Rudolf Steiners

Man muß allerdings sagen, daß seinerzeit mit Äußerungen über „Neger" nicht gerade zimperlich umgegangen wurde und das auch auf anthroposophische Sprachgebräuche (und auch auf Gedanken und Empfindungen von Anthroposophen) seine Auswirkung hatte. Auch in Vorträgen Rudolf Steiners finden sich in dieser Hinsicht Äußerungen sehr zweifelhaften Charakters, von denen wir hier eine anführen wollen.

„Sehen Sie, wenn heute eine schwangere Frau gerade fragen würde, was man ihr zu lesen geben will - es gibt ja nichts! Man kann auch eigentlich schon zu gar nichts raten! Neulich bin ich in Basel in eine Buchhandlung gekommen, da fand ich das neueste Programm dessen, was gedruckt wird: ein Negerroman, wie überhaupt jetzt die Neger allmählich in die Zivilisation von Europa hereinkommen! Es werden überall Negertänze aufgeführt, Negertänze gehüpft. Aber wir haben ja sogar schon diesen Negerroman. Er ist urlangweilig, greulich langweilig, aber die Leute verschlingen ihn. Ja, ich bin meinerseits davon überzeugt, wenn wir noch eine Anzahl Negerromane kriegen, und wir geben diese Negerromane den schwangeren Frauen zu lesen, in der ersten Zeit der Schwangerschaft namentlich, wo sie heute ja gerade solche Gelüste manchmal entwickeln können - wir geben diese Negerromane den schwangeren Frauen zu lesen, da braucht gar nicht dafür gesorgt zu werden, daß Neger nach Europa kommen, damit Mulatten entstehen; da entsteht durch rein geistiges Lesen von Negerromanen eine ganze Anzahl von Kindern in Europa, die ganz grau sind, Mulattenhaare haben werden, die mulattenähnlich aussehen werden!"[76]

Angesichts anderer Äußerungen Rudolf Steiners wird man sicher nicht behaupten können, Rudolf Steiner sei Rassist gewesen. Eine anthroposophische Ausarbeitung des von Richard Karutz oben so unglücklich aufgegriffenen Themas würde zeigen, daß davon keine Rede sein kann.

Die eben zitierte Passage Rudolf Steiners aus einem Vortrag vor den Arbeitern am Goetheanum ist allerdings außerordentlich fahrlässig und kann jeden Menschen, der sich für Anthroposophie einsetzen will, in arge Bedrängnis bringen, auch innerlich. Man möchte sich im Grunde für diese Äußerung Rudolf Steiners bei den Betroffenen, nämlich bei der farbigen Menschheitsbevölkerung entschuldigen.

Einen weiteren fahrlässigen Umgang mit dem Sprachgebrauch, der allerdings noch tiefer auf dahinterliegende Empfindungen der damaligen Zeit blicken läßt, denen sich auch so große Persönlichkeiten wie Rudolf Steiner nicht ganz entziehen konnten (sollte es sich, was doch anzunehmen ist, bei dem innerhalb der Rudolf Steiner-Gesamtausgabe erschienenen Vortrag auch um einen wirklich authentischen Vortrag Rudolf Steiners handeln und nicht um eine Fälschung), findet sich in dem Vorwort zur 1. Ausgabe des Dramatischen Kurses Rudolf Steiners, das von Marie Steiner verfaßt wurde.

Hier bringt sie eine sehr konservative Haltung zum Ausdruck, die mit sehr schlimmen Vorurteilen den Farbigen gegenüber belastet ist. Da gibt es meiner Ansicht nach auch nichts mehr zu entschuldigen. Man kann nur sagen, daß *jeder* Mensch ein sehr komplexes Wesen ist und innerhalb der modernen Menschheit eben Polaritäten in den Einzel-persönlichkeiten in extremer Weise ausgestaltet sind. Es klingt wie Hohn, dennoch möchte der Verfasser seine Ansicht hier voranstellen, daß auch Marie Steiner an sich in keiner Weise eine Rassistin genannt werden kann. Daß die folgenden Äußerungen in heutigen (und auch in damaligen) Ohren allerdings rassistisch klingen können, ja müssen, soll nicht bestritten werden. Diese Sätze Marie Steiners sind eine Katastrophe erster Güte! Hier nun die besagte Passage aus dem Vorwort zur ersten Ausgabe des Dramatischen Kurses:

„Immerhin, es ist etwas edles am Narciß, wenn er auch in Selbst-Bewunderung versinkt; er ist wenigstens schön. Heute aber ist schön sein nicht pikant genug - und gar edel schön sein -, das reizt nicht. Das Häßliche ist schon pikanter; die übersättigten oder überreizten Nerven brauchen Aufpeitschungen: sogar das interessant Schwindsüchtige, wenn es bloß melancholisch gefärbt ist, genügt nicht mehr - es muß schon etwas dem Crétinmäßigen sich nähern. Man braucht das Blöde oder das Negerhafte, um die pikanten Würzen herzustellen; man genießt das im Krächzen Ersterbende - nicht mehr das im kranken Wohllaut Zerschmelzende. Man freut sich auch am Untersinnlich-Dämonischen, das wiederum dem Negerhaften entsteigt."[77]

Das in diesem Zusammenhang so abgedroschene Wort von der „Aufarbeitung" gehört hier in ganz besonderem Maße hin. Die Rassenproblematik ist bis heute keineswegs gelöst. Hier zu Ergebnissen zu kommen, die aus dem Schwellenübergang des Bewußtseins heraus gewonnen wurden und in eine allgemein verständliche Sprache eingekleidet werden können, ist eine Zeitforderung an anthroposophische Geisteskenntnis. Auch auf eine solche Arbeit muß gewartet werden.

Wenn man auf der einen Seite sagt, das Rassenelement bzw. das Fußen der menschlich-menschheitlichen Entwicklung auf dem Rassenelement sei an sich eine Tatsache von Dekadenz, so kann man nicht auf der anderen Seite über andersrassige Menschen in der oben zitierten Form schreiben oder sprechen. Dann muß auch der Mensch weißer Hautfarbe sein eigenes Rassenelement als ein dekadentes erleben können.

Rudolf Steiner über
Rassenideologie, Nationalismus und Blutszusammenhänge

Wiederum war es Karl Heyer, der in den Jahren 1949 und 1950 versuchte, in einer umfassenden Arbeit über „Der Nationalismus, seine Hintergründe und seine Überwindung" die Aussagen Rudolf Steiners zu diesem Problem umfassend zu erarbeiten. Wir können im Rahmen dieser Arbeit nur auf diese Thematik hinweisen und wollen anhand von vier Beispielen zeigen, wie sich Rudolf Steiner über Rassen- und Blutszusammenhänge und über Nationalismus geäußert hat. Diese vier Beispiele stehen stellvertretend für viele anderer solcher Aussagen, die sein gesamtes Vortragswerk durchziehen.

Der Mensch löst sich aus der Gebundenheit an die Blutszusammenhänge, er befreit sich immer mehr aus einer unfreien Beziehung zu Familie, Rasse, Volk usw. Rudolf Steiner spricht im Vortrag vom 31.10.1905 über die 6. nachatlantische Kulturperiode, die in der Mitte des 4. Jahrtausends n.Chr. beginnen wird, und führt aus:

„Die sechste Kultur ist dazu bestimmt, anstelle der Verwandtschaft des Blutes die Verwandtschaft des Manas zu setzen, die Verwandtschaft im Geiste."[78]

Und im Vortrag vom 04.12.1909:

„... innerhalb der Entwickelung der Menschheit verliert immer mehr und mehr der Begriff, worin sich die Gruppenseelenhaftigkeit am meisten ausdrückt, an Bedeutung, nämlich der Rassenbegriff. Wenn wir hinter die große atlantische Katastrophe zurückgehen, so sehen wir ja, wie sich die menschlichen Rassen vorbereiten. In der alten atlantischen Zeit haben wir durchaus die Menschen gruppiert nach äußeren Merkmalen in ihrem Körperbau, noch viel stärker als heute. Was wir heute Rassen nennen, das sind nur noch Überbleibsel jener bedeutsamen Unterschiede der Menschen, wie sie in der alten Atlantis üblich waren. So recht anwendbar ist der Rassenbegriff nur auf die alte Atlantis. Daher haben wir, da wir rechnen mit einer wirklichen Entwickelung der Menschheit, für die nachatlantische Zeit gar nicht den Begriff der Rasse im eminentesten Sinne gebraucht. Wir sprechen nicht von einer indischen Rasse, persischen Rasse und so weiter, weil das nicht mehr richtig ist. Wir sprechen von einem altindischen Kulturzeitraum, von einem altpersischen Kulturzeitraum und so weiter.

Und vollends würde es jeden Sinn verlieren, wenn wir davon sprechen wollten, daß sich in unserer Zeit vorbereite eine sechste Rasse. Wenn noch in unserer Zeit Reste der alten

Karl Heyer (1888-1964)

Ende September 1991 erscheint im Perseus Verlag, Basel, die wichtige Neuausgabe von Karl Heyers „Wesen und Wollen des Nationalsozialismus", mit einem Geleitwort von Johannes Tautz.

atlantischen Unterschiede, der alten atlantischen Gruppenseelenhaftigkeit vorhanden sind, so daß man noch sprechen kann davon, daß die Rasseneinteilung noch nachwirkt - was sich vorbereitet für den sechsten Zeitraum, das besteht gerade darinnen, daß der Rassencharakter abgestreift wird. Das ist das Wesentliche. Deshalb ist es notwendig, daß diejenige Bewegung, welche die anthroposophische genannt wird, welche vorbereiten soll den sechsten Zeitraum, gerade in ihrem Grundcharakter dieses Abstreifen des Rassencharakters aufnimmt, daß sie nämlich zu vereinigen sucht Menschen aus allen Rassen, aus allen Nationen und auf diese Weise überbrückt diese Differenzierung, diese Unterschiede, diese Abgründe, die zwischen den einzelnen Menschengruppen vorhanden sind. Denn es hat in gewisser Beziehung physischen Charakter, was alter Rassenstandpunkt ist, und es wird einen viel geistigeren Charakter haben, was sich in die Zukunft hinein vollzieht.

Daher ist es so dringend notwendig, zu verstehen, daß unsere anthroposophische Bewegung eine geistige ist, die auf das Spirituelle sieht, und gerade das, was aus physischen Unterschieden herrührt, durch die Kraft der geistigen Bewegung überwindet. Es ist ja durchaus begreiflich, daß eine jede Bewegung sozusagen ihre Kinderkrankheiten hat und daß man im Anfang der theosophischen Bewegung die Sache so dargestellt hat, als wenn sozusagen die Erde in sieben Zeiträume zerfiele - man nannte das Hauptrassen - und jede der Hauptrassen in sieben Unterrassen; und daß das alles sich so stetig wiederholen würde, so daß man immer von sieben Rassen sprechen könnte und sieben Unterrassen. Aber man muß über die Kinderkrankheiten hinauskommen und sich klar sein darüber, daß der Rassenbegriff aufhört eine jegliche Bedeutung zu haben gerade in unserer Zeit."[79]

Und über die Nationalitätsidee, den Nationalismus, äußert sich Rudolf Steiner, ebenso unzweideutig, am 19.09.1914 wie folgt:

„In alle Lebensgebiete wirkt der Materialismus hinein ... Er hat eine starke Kraft, die keineswegs erschöpft ist, die fortwirken wird auf dem Gebiete des menschlichen Zusammenlebens. Es macht sich u.a. der Materialismus seit längerer Zeit dadurch geltend, daß eine Idee aufgekommen ist im europäischen Völkerleben, die eigentlich keine Idee ist ..., eine Idee, die in gewisser Beziehung gegen frühere Zeiten sogar ein harter Rückschritt ist: es ist dasjenige, was häufig als Nationalitätsidee bezeichnet wird.

Es müßte viel gesprochen werden, wenn über die Nationalitätsidee, die gar nicht so genannt werden dürfte, erschöpfend geredet werden sollte; aber es kann eine Empfindung von dem, was auf diesem Gebiete waltet, durch unsere Seelen ziehen, wenn wir uns an frühere Zeiten erinnern, an Zeiten, die unserer vermeintlich aufgeklärten Menschheit so rückschrittlich erscheinen. Erinnern wir uns daran, daß eine Zeit der unsrigen vorangegangen ist, die man das finstere Mittelalter nennt, in der die Menschen ohne Unterschied der Nationalität - man mag sonst denken über diese Zeit wie man will - für höhere religiöse Ziele gekämpft haben, für Ideen, die über die Grenzen der Nationalität hinausgegangen sind ... Aber das geistige Leben ist zurückgegangen; naturwissenschaftliches Denken und materialistisches Fühlen haben die Menschheit ergriffen ...

Was ist heraufgezogen? Dasjenige, was wie eine materialistische Widerspiegelung der Verdunklung des spirituellen Lebens auftritt, und was man die Nationalitätsidee nennt! Sobald man auf das Nationale kommt ..., treten die Kräfte in Aktion, die nicht mehr überschaut werden können von dem spirituellen Kern unseres Seelenwesens."[80]

Auf die Stellung des einzelnen Ich zur Nation geht Rudolf Steiner in einem Vortrag vom 22.06.1919 in einer geradezu überraschenden Weise wie folgt ein:
„Die Menschen werden, wenn sie ein Staat, eine Nation werden, nicht ein Höheres, sondern sie werden ein Niedereres. Das ist das große Unglück in unserer Zeit, daß man den Staat oder die Zusammengehörigkeit höher schätzt als den einzelnen individuellen Menschen. Aber so verstrickt sind die Menschen heute in das Höherschätzen der Gemeinschaften als des Einzelnen, daß sie sich ganz wohl fühlen, entmenscht zu sein, eine Staatsschablone zu sein. Da ist es natürlich schwer, so etwas zu bilden, was das Geistesleben wirklich emanzipieren kann."[81]

Diese Äußerungen sind keine Ausnahmen in dem Werk Rudolf Steiners; sie bezeichnen seine Grundposition zu diesen Problemen. Die antinationalistische und antirassistische Position Steiners ist eindeutig.

Ein aktuelles Beispiel der Vereinnahmung Rudolf Steiners durch rechtsstehende Kreise

In dem Buch von Dieter Rüggeberg „Geheimpolitik - Der Fahrplan zur Weltherrschaft"[82] finden wir eine alte These in konsequenter Verwandlung. Fußend auf dem angeblichen Wahrheitsgehalt der sogenannten „Protokolle der Weisen von Zion", deren Echtheit von vielen bezweifelt wird[83], vertritt der Autor antisemitische Tendenzen. Die Konsequenz des Verfassers liegt nun darin begründet, daß er die führenden Nationalsozialisten wie Adolf Hitler, Joseph Goebbels und Hermann Göring, aber auch Rudolf Heß, vollständig ablehnt und sie so darstellt, als seien sie Agenten jüdischer bzw. angelsächsischer Kreise, die die Weltherrschaft an sich reißen wollten.

Gerade in den letzten Monaten ist in der neo-nationalsozialistischen Szene zu beobachten, daß sich viele von den Menschen, die sich in dieser versammeln, in dieser oder anderer Weise von den weltbekannten Nazi-Größen abwenden und sie sogar als Verbrecher bezeichnen, die den eigentlichen Nationalsozialismus, der im Kern gut gewesen sei, zerstört hätten. Auf diese Weise soll offenbar der Versuch unternommen werden, den Nationalsozialismus auch für größere Menschengruppen wieder salonfähig zu machen.

In diese Linie gehört auch das Buch von Dieter Rüggeberg. Mit seinen Thesen kann er auf dem bereits in der ersten Arbeit des Verfassers erwähnten Buch des Anthroposophen Heinz Pfeifer aufbauen, den er mehrfach zitiert.[84] Im Schlußkapitel seines Buches findet man bei Rüggeberg dann die folgende Passage:

„Wenn ich in dieser Studie die gegenwärtige Form der Demokratie in der Bundesrepublik Deutschland als praktizierten Schwachsinn entlarven mußte, dann sollte der Leser daraus nicht schließen, daß ich ein Anhänger der Diktatur bin. Es ging mir vielmehr darum, aufzuzeigen, daß die gegenwärtige Form gar sehr verbesserungsbedürftig ist. Die Durchsetzung der ‚Dreigliederung des sozialen Organismus', wie sie von Rudolf Steiner gelehrt wurde, scheint mir dringend notwendig zu sein.

Da man wahrscheinlich versuchen wird, mich in die rassistische Ecke zu drängen, möchte ich diesen Punkt gleich hier klarstellen. Ein wahrer und positiver Okkultist kann nie Rassist im negativen Sinne sein, weil er weiß, daß der Mensch im Laufe seiner Verkörperungen durch die verschiedensten Rassen und Völker wandert. Er weiß ferner, daß die gegenwärtigen Rassen in den kommenden Jahrtausenden aussterben und nur zwei Rassen übrig bleiben werden, die Rasse der Wahrhaftigen und die Rasse der Lügner, Heuchler und Verräter. Ich selbst möchte mich in die Rasse der Wahrhaftigen einreihen, deshalb gilt meine Freundschaft insbesondere den Freunden der Wahrheit, ohne Rücksicht darauf, ob es sich um Deutsche oder Angehörige fremder Völker und Rassen handelt. Dieses Buch hätte beispielsweise ohne die mutige Vorarbeit der in diesem Werk genannten Schriftstellerkollegen, insbesondere aus den USA, nicht geschrieben werden können. Ihnen allen gilt mein Dank, und ihnen fühle ich mich verbunden im Kampf für eine friedlichere Welt.

Auch in die nationalistische Ecke passe ich nicht hinein, denn es ist mir völlig gleichgültig, ob Deutschland aus einem, zwei oder zehn Teilen besteht. Völker und Staaten sind sterbliche Organismen, im Gegensatz zum geistigen Ich des Menschen, das unsterblich ist als Kind des ewigen Gottes. Es ist mir allerdings nicht gleichgültig, ob durch politische Machenschaften, Machtgier, Mordlust, Rachsucht und Verrat hundert Millionen Mitteleuropäer ihr Leben verlieren, deshalb habe ich dieses Buch geschrieben und drucken lassen. Diejenigen Leser, die meinen, meine Ausführungen seien nur Schwarzmalerei und Angstmache, möchte ich auf die Millionen Opfer hinweisen, welche die bisherige Durchführung der hier besprochenen 'Protokolle der Weisen von Zion' schon gekostet hat. Es geht um die Herrschaft über 5 Milliarden Menschen, dabei wird es der Unsichtbaren Regierung auf 100 Millionen Tote mehr oder weniger sicher nicht ankommen. Wachsamkeit tut Not, und jeder Gutwillige ist aufgerufen zur Mitarbeit. Jeder Wähler sollte sich sorgfältig überlegen, wem er seine Stimme gibt, damit es nicht vielleicht seine letzte Wahl wird." [85)]

Man sieht, die Verschwörungstheorie treibt auch heute noch ihre seltsamen Blüten, und es wird immer wieder versucht, die Anthroposophie in diese Kämpfe mit hineinzuziehen.

Das Karmaproblem

Noch ein weiteres Thema bedarf einer Erwähnung, auch wenn es nicht so sehr anthroposophische Anschauungen betrifft, sondern von diesen einer Lösung nähergebracht werden könnte. Dieses Problem ist die Frage des Karma, insbesondere der Selbstverschuldung von Leid durch Fehlverhalten in früheren Leben. In sehr prägnanter Weise kommt Reinhard Hummel von der Evangelischen Zentralstelle für Weltanschauungsfragen in seinem Buch „Reinkarnation" [86)] auf dieses Thema zu sprechen:

„Der Holocaust ist auch für den Karma- und Reinkarnationsglauben ein kaum zu bewältigendes Problem. Alle Versuche, ihn aus individuellen oder kollektiven karmischen Zusammenhängen zu erklären ... wirken peinlich. An der Holocaustthematik wird deutlich, daß dieser Glaube mit fiktiven Schuldzuweisungen arbeitet, die das moralische Empfinden gerade nicht befriedigen können, sondern empören müssen. Das gilt natürlich für alle Versuche, Schreckliches im Rahmen eines rational einsehbaren Systems verständlich und sinnvoll erscheinen zu lassen. In einer Publikation des 'Heimholungswerkes Jesu Christi' werden Verkrüppelungen bei Neugeborenen auf karmische Lasten, auf die 'Seelenschuld' der sich inkarnierenden Seele und die der Mutter zurückgeführt. Edgar Cayce war überzeugt, 'daß die Leiden jener Juden, welche die Opfer der sadistischen

Naziherrschaft waren, mit Bestimmtheit die karmischen Folgen der Grausamkeit und Roheit seien, die sie sich vor Jahrhunderten als Volk hätten zuschulden kommen lassen'. Die Diskriminierung Farbiger in den USA und Südafrika führte er darauf zurück, daß sie eine karmische Schuld für eigene Unduldsamkeit oder für die Versklavung anderer in einem weit zurückliegenden Leben zu zahlen hätten. Solche Ansichten waren zu Cayces Lebzeiten auch ohne den Karmaglauben in christlicher Version verbreitet. Es ist aber bisher nicht zu sehen, daß der Karmaglauben Mittel und Weg wüßte oder sich zumindest darum bemühte, solchen gefährlichen Konsequenzen zu entgehen."[87]

Diese Mittel und Wege könnten aus der Anthroposophie heraus erarbeitet werden. Der Schlüssel liegt darin, daß es nicht nur in jedem Falle die Möglichkeit zu unverschuldetem, unschuldigem Leiden gibt, sondern auch Schuld nicht in monokausaler Weise mit dem weiteren Schicksal zu verknüpfen ist, so daß Schuld keinesfalls immer Leiden nach sich ziehen muß. Das jedenfalls geht aus der anthroposophischen Karmaanschauung hervor, die darauf hinweist, daß Christus der Herr des Karma ist und dafür Sorge trägt, daß der Ausgleich der menschlichen Taten sich zum Heile des Menschenbruders und der Menschheit vollzieht.[87a]

Gerade die von Hummel zitierte Aussage von Cayce zeigt, wie gefährlich es ist, wenn sich die Anschauung vom Karma - dazu noch eine verkürzte - mit Rassenideologie verbindet. Der schlimmen Auffassung von der Selbstverschuldung des Leidens des jüdischen Volkes in diesem Jahrhundert könnte ja auch nur dann auf den individuellen leidbelasteten Menschen bezogen werden, wenn man annähme, dieser sei auch schon in seinem letzten bzw. einem der letzten Leben ein Jude gewesen. Nach der anthroposophischen Geisteswissenschaft aber muß es fast ausgeschlossen werden, daß sich ein Mensch innerhalb von zwei oder drei Inkarnationen im selben Volkszusammenhang inkarniert.

Äußerungen über solche Selbstverschuldung sind Irreführungen und vielleicht sogar mehr oder weniger versteckte Selbstrechtfertigungen solcher, die sich vor einer ehrlichen Klärung der Probleme davonstehlen wollen.

Das Böse und das Wiedererscheinen Christi im Ätherischen

An verschiedenen Orten sprach Rudolf Steiner über die drei Impulse böser Mächte, die um die Jahrtausendwende herum auftreten werden. Erstens sprach Rudolf Steiner von dem Auftreten des Antichristen, eines hohen luziferischen Geistwesens. Zweitens sprach Rudolf Steiner von der Inkarnation Ahrimans zum Beginn des 3. Jahrtausends. Aber Rudolf Steiner wies auch noch auf eine dritte Wirksamkeit des Bösen hin, auf die ich in der ersten Arbeit auch bereits eingegangen bin.

Die entsprechende Passage aus einem bisher unveröffentlichten Vortrag Rudolf Steiners sei hier nochmals angeführt; den weiteren Zusammenhang bitten wir, in der ersten Arbeit nachzulesen. Auch verweisen wir auf die gründliche Ausarbeitung des Themas durch Hans-Werner Schroeder in den *Mitteilungen aus der anthroposophischen Arbeit in Deutschland*.[88] Der Kernsatz der Ausführungen Rudolf Steiners lautete:

„Ehe denn der ätherische Christus von den Menschen in der richtigen Weise erfaßt werden kann, muß die Menschheit erst fertig werden mit der Begegnung des Tieres, das 1933 aufsteigt."[89]

Ich wies bereits darauf hin, daß nach Rudolf Steiner dieses 'Tier' dasjenige ist, das in der Apokalypse des Johannes (Kap. 13, 18) mit der Zahl 666 belegt wird. - Mit der Konfrontation mit dem Wirken von 666[90] - das 1933 begann und nach Rudolf Steiner erst 1998 kulminieren wird - muß die Menschheit erst fertig werden, bevor der Mensch zum Erfassen des Christus in der Welt des Ätherischen, das heißt in der Welt der Äther- und Bildekräfte, also innerhalb der Lebenssphäre der Erde, gelangen kann. Auf die Notwendigkeit dieser neuen Form der Christusbegegnung wies bereits Christoph Lindenberg in seinem Interview in Nr.32 der FLENSBURGER HEFTE hin.[91]

Wir kommen damit zum Ende der vorliegenden Arbeit. Bei weitem ist das Thema nicht ausgeschöpft. Viele Einzelheiten mußten ausgelassen werden, um beim Wesentlichen zu bleiben. Die internen Streitigkeiten innerhalb der Anthroposophischen Gesellschaft, die zu einer partiellen Lähmung der Wirksamkeit der Anthroposophie gerade Anfang der dreißiger Jahre führten, müssen gesondert behandelt werden. Auch die Geschichte der Dreigliederungsarbeit in den dreißiger und vierziger Jahren wurde ausgespart. Weitere Publikationen aus den letzten Jahren, wie zum Beispiel von Baigent/Lincoln/Leigh[92] und von Carmin[93] können nur durch einen Hinweis im Literaturverzeichnis erwähnt werden. Ebenso das schlimme Machwerk von Francis King[94] und die merkwürdigen Darstellungen von Constable.[95] Weiterhin sind bei weitem nicht alle Erinnerungen von Anthroposophen an die Zeit des Nationalsozialismus ausgewertet worden, in denen sich auch viel Positives findet.[96]

Wem das Thema wirklich ein ernstes Anliegen und wesentlicher Bestandteil der eigenen Bewußtseinsprüfung sein soll, der wird nicht bei dem Beschriebenen stehenbleiben, sondern sich zu Urteilen erst durch weiteres Studium der vorhandenen Dokumente vorarbeiten.

Von anthroposophischer Seite her wird man sich den Worten des katholischen Bischofs Sorg anschließen können, der zu Beginn der Württembergischen Landessynode bedauerte, daß seinerzeit ein gemeinsamer Aufschrei der Christen ausgeblieben sei, und folgende Worte der Selbsterkenntnis fand:

„Wir waren nicht gerüstet, gegen eine im Namen des Staates verbreitete antichristliche Ideologie gemeinsamen Widerstand zu leisten."[97]

Anmerkungen:

1) Arfst Wagner: Anthroposophen und Nationalsozialismus. In: FLENSBURGER HEFTE Nr.32: Anthroposophen und Nationalsozialismus. Flensburg 1991, S.6 ff.

2) siehe die Literaturangaben der ersten Arbeit; u.a.: Info3, Frankfurt/Main, Nr.1/1986, und Beiträge zur Dreigliederung des sozialen Organismus: Themenheft „Nationalsozialismus - Anthroposophie", Nr.37, Rabel 1985. Heutige Redaktionsanschrift: „Beiträge ...", Apenrader Weg 80, D-2370 Rendsburg

siehe auch: Dokumentationsreihe der Beiträge zur Dreigliederung des sozialen Organismus: „Dokumente und Briefe zur Geschichte der Anthroposophischen Gesellschaft und Bewegung in der Zeit des Nationalsozialismus", 5 Bde., Rendsburg 1991

Ende September 1991 erscheint im Perseus Verlag, Basel, die wichtige Neuausgabe von Karl Heyers „Wesen und Wollen des Nationalsozialismus", mit einem Geleitwort von Johannes Tautz.

2a) Arfst Wagner: Anthroposophen und Nationalsozialismus, a.a.O., S.67

3) siehe dazu: Bodo von Plato: Zur Entwicklung der Anthroposophischen Gesellschaft. Stuttgart 1986

4) Christoph Lindenberg: Vor 50 Jahren. Anthroposophische Arbeit in Deutschland 1933-41. Zum Problem der Urteilsbildung. In: Die Drei, Stuttgart, Nr.4/1991, S.303 ff.

5) Mensch und Maß - Drängende Lebensfragen in neuer Sicht. Verlag Hohe Warte, Franz von Bebenburg KG, D-8121 Pähl

6) Erich Ludendorff: Vernichtung der Freimaurerei durch Enthüllung ihrer Geheimnisse. 184.-186. Tausend, Pähl 1957

7) Erich und Mathilde Ludendorff: Das Geheimnis der Jesuitenmacht und ihr Ende. 51.-53. Tausend, München 1940, S.174 f.

8) Erich Ludendorff: Vom Feldherrn zum Weltrevolutionär und Wegbereiter Deutscher Volksschöpfung. Bd.3, Meine Lebenserinnerungen von 1933 bis 1937. Pähl 1955, S.67 ff.

9) siehe dazu u.a.: Jürgen von Grone: Zum Kriegsausbruch 1914. In: Die Drei, Stuttgart, Nr.1/1964

    ders.: Zur Feldzugführung des jüngeren Moltke 1914. In: Die Drei, Nr.3/1964

    ders.: Wie es 1914 zur Schlacht an der Marne kam. In: Die Drei, Nr.4/1964

    ders.: Marneschlacht. In: Die Drei, Nr.5/1964

10) Erich Ludendorff: Mysterien- und sonstige Politik. In: Mensch und Maß, Pähl, Nr.1/1980

11) ebd.

12) Mathilde Ludendorff: Die Volksseele und ihre Machtgestalter - Eine Philosophie der Geschichte. 13.-15. Tausend, Pähl 1955, S.452 f.

13) ebd., S.453

14) Hasso Bühler: Anthroposophische Hilfe für die sowjetische Landwirtschaft. In: Mensch und Maß, Pähl, Nr.4/1990, S.170 ff.

15) ebd.

16) Günther Duda: War Rudolf Steiner geisteskrank? In: Mensch und Maß, Pähl, Nr.17/1988

17) Friedrich Wilhelm Haack: Wotans Wiederkehr. München 1981

18) German Pinning: Hitler und die Ariosophie. In: Der Quell - Zeitschrift für Geistesfreiheit, München, Nr.1/1959, S.4 f.

19) German Pinning: Vor einem neuen Äon - An der Schwelle zweier Zeitalter. Pähl 1958, S.95

20) Friedrich Rittelmeyer: Meine Lebensbegegnung mit Rudolf Steiner. Stuttgart 1928, S.110 f.

21) Alfred von Tirpitz, 1849-1930, Großadmiral, Staatssekretär des Reichsmarineamtes, Erbauer und Organisator der deutschen Flotte. „Erinnerungen", Leipzig 1919

    Erich Ludendorff, 1865-1937, im Ersten Weltkrieg Generalstabschef Hindenburgs, 1916 1. Generalquartiermeister, 1918 wegen seines Willens zur Fortsetzung des Krieges entlassen. „Meine Kriegserinnerungen 1914-1918", 1919. Siehe hierzu auch die Ausführungen Rudolf Steiners: Soziales Verständnis aus geisteswissenschaftlicher Erkenntnis. GA 191, Dornach 1972, Vortrag v. 14.11.1919

22) Rudolf Steiner: Die Sendung Michaels. GA 194, Dornach [2]1977, Vortrag v. 29.11.1919, S.97

23) Friedrich Rittelmeyer: Hindenburgs Vermächtnis. In: Die Christengemeinschaft, Stuttgart, September 1934, S.192

24) Anzeige des Buches von Richard Karutz: Märchenweisheit des schwarzen Menschen. Dresden o.J. In: Die Christengemeinschaft, Stuttgart, September 1934

25) Friedrich Rittelmeyer: Deutschtum. Stuttgart 1934, S.21

26) Rudolf Steiner: Die Welträtsel und die Anthroposophie. GA 54, Dornach 1966, Vortrag v. 12.10.1905, S.38

27) ebd., S.42

28) ebd., S.43

29) ebd.

30) Peter Kropotkin: Gegenseitige Hilfe in der Tier- und Menschenwelt. Frankfurt/Berlin/Wien 1975. Originalausgabe: Mutual Aid. London 1902

31) Rudolf Steiner: Die Welträtsel und die Anthroposophie, a.a.O., S.43 ff.

32) Rudolf Steiner: Entwicklungsgeschichtliche Unterlagen zur Bildung eines sozialen Urteils. GA 185a, Dornach ²1963, Vortrag v. 24.11.1918, S.212

33) Friedrich Rittelmeyer: Christ und Krieg. Predigten aus der Kriegszeit. 6. Tausend, München 1917

34) Gerhard Wehr: Friedrich Rittelmeyer. Wies 1984

35) Friedrich Rittelmeyer: Christ und Krieg, a.a.O., S.3

36) Friedrich Rittelmeyer (nicht gez.) in: Die Christengemeinschaft, Stuttgart 1932

37) siehe dazu z.B.: Rudolf Steiner: Gegensätze in der Menschheitsentwickelung. GA 197, Dornach 1967, Vortrag v. 13.06.1920

38) Um welche Veranstaltung es sich dabei genau handelte, konnte nicht ermittelt werden, aber die Münchner „Antibolschewistische Schau" dürfte eine nationalsozialistische Propagandaveranstaltung gewesen sein.

39) Hermann Heisler: Antibolschewistische Schau. In: Die Christengemeinschaft, Stuttgart, Nr.9/ 1936, S.287 f.

40) Abschrift hergestellt im Bundesarchiv, Abteilungen Potsdam. Zit. nach: Arfst Wagner (Hg.): Dokumente und Briefe zur Geschichte der Anthroposophischen Bewegung und Gesellschaft in der Zeit des Nationalsozialismus. Sonderreihe der Beiträge zur Dreigliederung des sozialen Organismus, Bd.2, Rendsburg 1991

41) siehe dazu u.a.: Wolfgang Treher: Hitler - Steiner - Schreber. Ein Beitrag zur Phänomenologie des kranken Geistes. Emmendingen 1966

und: Jan Badewien: Anthroposophie. Eine kritische Darstellung. Konstanz 1985

42) Louis M.I. Werbeck: Die christlichen Gegner Rudolf Steiners und der Anthroposophie durch sich selbst widerlegt. Stuttgart 1924

43) Karl Heyer: Wie man gegen Rudolf Steiner kämpft. Stuttgart 1932

44) Rudolf von Sebottendorff: Bevor Hitler kam. München 1933, S.260

45) ebd., S.222 f.

46) Gregor Schwarz-Bostunitsch: Rudolf Steiner - ein Schwindler wie keiner. In: Völkischer Beobachter, 28.08.1933

47) Alfred Rosenberg: Der Mythus des 20. Jahrhunderts. München 1934, S.49

48) Bundesarchiv, Abteilung Potsdam. Zit. nach: siehe Anm.40

Dort (Bd.2) auch die ausführliche amtliche Verbotsbegründung der Anthroposophischen Gesellschaft in Deutschland und deren Tochterbewegungen.

49) Achim Leschinsky: Waldorfschulen im Nationalsozialismus. In: Neue Sammlung, Stuttgart, Nr.3/ 1983, S.255 ff.

49a) ebd., S.270

50) Stefan Leber/Manfred Leist: Notwendige Bemerkungen zum Beitrag „Waldorfschulen im Nationalsozialismus". In: Neue Sammlung, Stuttgart, Nr.1/1984, S.79 ff.

51) ebd., S.90

52) siehe: Stefan Leber/Manfred Leist: Notwendige Bemerkungen ..., a.a.O., S.87

53) Adolf Hitler: Mein Kampf. 805.-809. Auflage, München 1943, S.430

54) ebd., S.269

55) siehe dazu: Arfst Wagner: Polen, Deutschland und die Frage nach der mitteleuropäischen Identität. In: FLENSBURGER HEFTE Nr.23: Engel. Flensburg 1988, S.156 ff.

55a) Zum Begriff „Bewußtseinsseele" siehe: Rudolf Steiner: Theosophie. Einführung in die übersinnliche Welterkenntnis und Menschenbestimmung. GA 9, Dornach [31]1987

56) Rudolf Steiner: Die soziale Grundforderung unserer Zeit - In geänderter Zeitlage. GA 186, Dornach [2]1979, Vortrag v. 08.12.1918, S.147 f.

57) Stefan Leber/Manfred Leist: Notwendige Bemerkungen ..., a.a.O., S.89

58) Christoph Lindenberg: Vor 50 Jahren ..., a.a.O., S.310

59) Bundesarchiv, Abteilungen Potsdam. Zit. nach: siehe Anm.40

60) ebd.

61) ebd.

62) ebd.

63) siehe: Stefan Leber/Manfred Leist: Notwendige Bemerkungen ..., a.a.O., S.87

64) ebd.

65) ebd., siehe auch: Stefan Leber/Manfred Leist: Waldorfschule im Dritten Reich. In: Erziehungskunst, Stuttgart, Nr.6/1983, S.341 ff. und Nr.7/8/1983, S.409 ff.

66) siehe die Diskussion über die Darstellung der jüdischen Schriftgelehrten in den Oberuferer Weihnachtsspielen in: Erziehungskunst - Monatsschrift zur Pädagogik Rudolf Steiners, Stuttgart, Nrn.5-12/1990

67) Gerhard und Louise Bähr: Wir Anthroposophen waren gegen Hitler immun. In: Ingke Brodersen u.a. (Hg.): 1933 - Wie die Deutschen Hitler zur Macht verhalfen. Reinbek 1983, S.102 ff.

68) siehe zu Rudolf Steiners „Meister": Rudolf Steiner/Marie Steiner-von Sivers: Briefwechsel und Dokumente 1901-1925. GA 262, Dornach 1967. Brief Rudolf Steiners v. 09.01.1905, S.47 f.

69) Edouard Schuré: Le Mystère Chrétien et les Mystères Antiques. Paris o.J.

siehe auch: Skizze eines Lebensabrisses. Autobiographischer Vortrag Rudolf Steiners v. 04.02.1913. In: Briefe, Bd. I, Hg. Marie Steiner, Dornach 1948

70) Jürgen von Grone: In die Haut des Drachen schlüpfen ...? In: Mitteilungen aus der anthroposophischen Arbeit in Deutschland, Stuttgart, Nr.4/1964, S.256 f.

71) Alfred Schütze: Das Rätsel des Bösen. Stuttgart [2]1969, S.32 f.

72) ebd., S.46

73) Karl Heyer: Von den Gegnern der anthroposophischen Bewegung. In: Die Drei, Stuttgart 1923

siehe auch Anm.2

74) Richard Karutz: Zur Frage von Rassebildung und Mischehe. In: Die Drei, Stuttgart, Mai 1930, S.94 f.

75) ebd., S.95 ff.

76) Rudolf Steiner: Über Gesundheit und Krankheit. GA 348, Dornach [3]1983, Vortrag v. 30.12.1922, S.189

77) Marie Steiner: Schöpferische Sprache. Vorwort zur 1. Ausgabe (1926) von: Rudolf Steiner/Marie Steiner-von Sivers: Sprachgestaltung und Dramatische Kunst. GA 282, Dornach [3]1969, S.390 f.

78) Rudolf Steiner, Vortrag v. 31.10.1905, zit. nach: Karl Heyer: Der Nationalismus, seine Hintergründe und seine Überwindung. In: Studienhefte für Anthroposophie. Hg. Maximilian Rebholz, Freiburg, November 1949, S.17

79) Rudolf Steiner: Die tieferen Geheimnisse des Menschheitswerdens im Lichte der Evangelien. GA 117, Dornach 1966, Vortrag v. 04.12.1909, S.151 f.

80) Rudolf Steiner, Vortrag v. 19.09.1914, zit. nach: Karl Heyer: Der Nationalismus ..., a.a.O., Februar 1950, S.9

81) Rudolf Steiner: Geisteswissenschaftliche Behandlung sozialer und pädagogischer Fragen. GA 192, Dornach 1964, Vortrag v. 22.06.1919, S.224

82) Dieter Rüggeberg: Geheimpolitik - Der Fahrplan zur Weltherrschaft. Wuppertal 1990

83) siehe: Arfst Wagner: Anthroposophen und Nationalsozialismus. In: FLENSBURGER HEFTE Nr.32, a.a.O., S.37

84) siehe zu Heinz Pfeifer: Brüder des Schattens, die Besprechung von Christoph Lindenberg: Auch ein Bruder des Schattens. In: FLENSBURGER HEFTE Nr.32: Anthroposophen und Nationalsozialismus. Flensburg 1991, S.143 ff.

85) Dieter Rüggeberg: Geheimpolitik, a.a.O., S.222 f.

86) Reinhart Hummel: Reinkarnation. Stuttgart/Mainz 1988

87) ebd., S.109 f.

87a) vgl. z.B.: Rudolf Steiner: Das esoterische Christentum und die geistige Führung der Menschheit. GA 130, Dornach ²1977, Vortrag v. 02.12.1911, S.166

88) Hans-Werner Schroeder: Das Jahrhundertende und die Inkarnation Ahrimans im nächsten Jahrtausend. / Die Inkarnation Ahrimans und die Asuras. / Soradt und das Jahrhundertende. - Alle drei Arbeiten in: Mitteilungen aus der anthroposophischen Arbeit in Deutschland. Stuttgart 1978 und 1979, Nrn. 125, 127 u. 129

89) Rudolf Steiner: Vortrag v. 20.09.1924 (unveröffentlicht)

90) siehe Anm.88

91) Hitler stieß in das Vakuum. Interview mit Christoph Lindenberg. FLENSBURGER HEFTE Nr.32: Anthroposophen und Nationalsozialismus. Flensburg 1991, besonders S.140

92) Henry Lincoln/Michael Baigent/Richard Leigh: Das Vermächtnis des Messias. Bergisch Gladbach 1987

93) E.R. Carmin: „Guru" Hitler. Zürich 1985

94) Francis King: Satan and Swastika. Kap.: Racist Elements in the Occult Revival. O.O. 1976

95) Trevor James Constable: The Cosmic Pulse of Life - The Revolutionary Biological Power behind UFOS. Suffolk 1977

96) Eine umfassende Bücherliste kann bei der Redaktion der Beiträge zur Dreigliederung angefordert werden (Anschrift siehe Anm.2).

97) aus: FAZ v. 29.11.1990: Rechtsradikale schänden Gedenkstätte.

Zur Geschichte der Waldorfschule im Nationalsozialismus

Norbert Deuchert*

In der geschichtlich offenen Situation des Revolutionsjahres 1919 gründeten Rudolf Steiner und Emil Molt die Waldorfschule in Stuttgart. Zugleich versuchten sie, der Schule in einem neugestalteten Sozialwesen den ihr angemessenen Entfaltungsraum zu verschaffen. Die von ihnen ins Leben gerufene Bewegung zur Dreigliederung des Sozialen Organismus wollte das Geistesleben, das Rechtsleben und das Wirtschaftsleben als autonome Bereiche neu gestalten. Modellhaft für den Bereich des Geisteslebens sollte die „freie", von Staat und Wirtschaft unabhängige Waldorfschule das Prinzip der Selbstverwaltung verwirklichen.

Doch dieser Entwurf zur Dreigliederung des Sozialen Organismus blieb geschichtlich folgenlos. Die Waldorfschule wurde in den pädagogischen Binnenraum verwiesen. Ein „Gehäuse der Freiheit" (Christoph Lindenberg) wurde nicht errichtet.

Wie weitschauend der Sozialimpuls Steiners war, erwies sich erst, als mit der Machtergreifung des Nationalsozialismus ein Gegenprinzip Wirklichkeit geworden war: anstelle von drei autonomen Bereichen wurde ein totalitärer Einheitsstaat geschaffen; das kulturelle Leben wurde nach dem „Führer-Prinzip" gleichgeschaltet; an die Stelle der erstrebten Gemeinschaftsbildung freier, sozialverantwortlicher Individuen trat eine „Volksgemeinschaft", die aus atavistischen Kräften des Blutes und der Rasse leben sollte. Mit dem Jahr 1933 kam die Freie Waldorfschule in eine Periode äußerster Bedrohung.

Nach der nationalsozialistischen Machtergreifung wurde das Erziehungswesen in Deutschland ideologisch und organisatorisch „gleichzuschalten" versucht. Die Gleichschaltung des staatlichen Schulwesens wie auch der Hochschulen in Württemberg war bald „mühelos gelungen" (Sauer, 233). Landerziehungsheime und Reformschulen, die wegen ihrer Eigenstellung im Privatschulwesen mit den Waldorfschulen vergleichbar waren, integrierten sich nahezu bruchlos in den neuen Staat. Am 24. September 1933 schlossen sich die sechs Lietzschen Landerziehungsheime und andere Reformschulen, zu denen auch die Schloßschule Salem gehörte, zur „Reichsfachschaft Deutsche Landerziehungsheime" zusammen und verpflichteten sich durch ihre Leiter, „ihre Arbeit in den Dienst des nationalsozialistischen Staates zu stellen". In der auf demokratischer Selbstverwaltung der Schüler begründeten Odenwaldschule wie auch in Salem kam es durch die erzwungene Einführung des „Führer-Prinzips" zu einer Zerschlagung der inneren Struktur und einer Auflösung ihrer Identität (Feidel-Mertz, Röhrs).

---

*Die beiden in diesem Heft wiedergegebenen Artikel von Norbert Deuchert erschienen in Erstveröffentlichung in: *Berichtsheft des Bundes der Freien Waldorfschulen*, Stuttgart, Dezember 1984 (Originaltitel: „Zur Geschichte der Waldorfschule 1933-1940") und Dezember 1987 („Waldorfschule und Staat 1919-1938. Teil II: Der Kampf um die Waldorfschule im Nationalsozialismus"). Sie bildeten mit seinen Beiträgen in den Berichtsheften 1985 und 1986 („Die Anfänge einer internationalen Schulbewegung. Waldorf- und Rudolf Steiner-Schulen 1919-1945", Dezember 1985. - „Waldorfschule und Staat 1919-1938", Dezember 1986) eine Darstellungsreihe zur Geschichte der Waldorfschulen. Der Abdruck erfolgt mit freundlicher Genehmigung und mit nur geringfügigen Änderungen des Autors.

Sehr früh setzte der Kampf gegen die Waldorfschule Stuttgart ein (Sauer, 214). Der württembergische Ministerpräsident Christian Mergenthaler (1884-1980), Parteigenosse bereits seit 1922, war erklärter Feind aller im Führerstaat abseits stehenden Privatschulen und aus weltanschaulichen Gründen insbesondere der Waldorfschulen. Seine intransigente Haltung charakterisiert sich am besten durch die von ihm 1937 erlassene Verordnung, wonach Schüler, die auf Weisung der Eltern den Hitlergruß verweigerten, sofort der Fürsorgeerziehung zu übergeben seien.

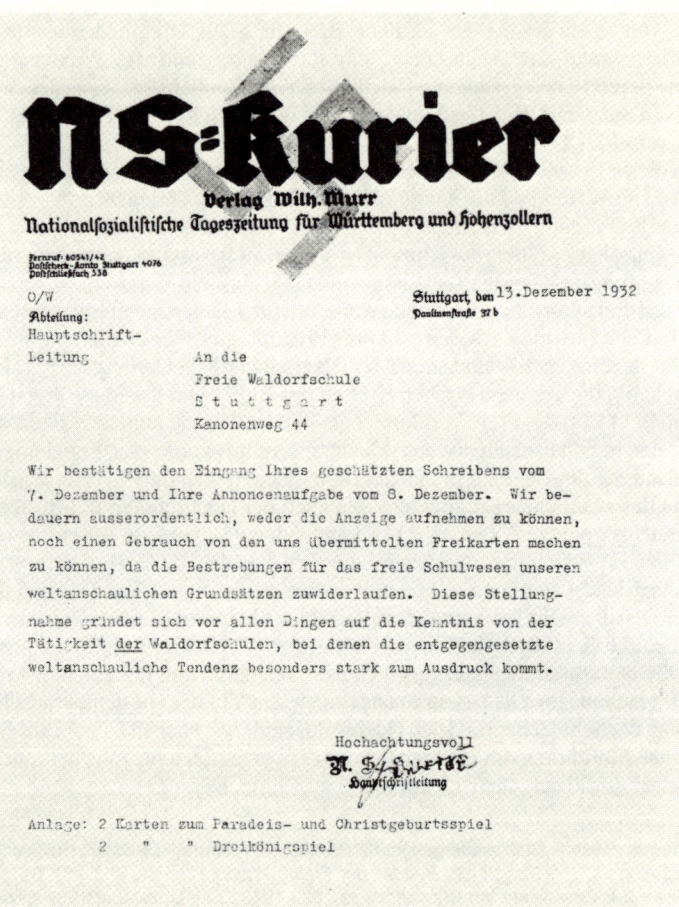

Die Gegnerschaft zwischen der NS-Bewegung und der Waldorfschule zeigte sich bereits vor der Machtergreifung. Der „NS-Kurier Stuttgart" lehnte die Veröffentlichung einer Anzeige zu den Weihnachtsspielen der Schule ab. (Archiv Bund der Freien Waldorfschulen).

Mergenthaler ließ am 9. Februar 1934 den „Schulleiter" der Waldorfschule Stuttgart, Paul Baumann, zu sich rufen und eröffnete ihm seinen Entschluß, die Schule aufzulösen. Die Neuaufnahmen in die 1. Klasse seien künftig untersagt, die Kinder der Grundschulklassen sollten auf andere Stuttgarter Schulen verteilt werden. Diese Maßnahme erfolge nicht „wegen mangelhaften Unterrichts", sondern weil die Lehrerschaft „geschlossen aus anthroposophischer Gesinnung heraus arbeite" und die „Steinerianer verschwommen pazifistische, internationale Ideale verfolgten", die im Nationalsozialismus untragbar seien (Archiv Bund der Freien Waldorfschulen, Baumann 09.02.1934). Mergenthaler konnte erwarten, daß die Waldorfschulen in Deutschland den Schlag gegen ihr Stuttgarter Zentrum - es hatte im Jahr 1932 von 2.500 Schülern insgesamt allein 1.000 - nicht lange überleben würden. Dennoch konnten die Waldorfschulen in Deutschland bis zum Jahre 1938 ihre Existenz retten und - wie noch zu zeigen sein wird - ihre Identität wahren. Wie vermochte eine relativ kleine, freifinanzierte Schulorganisation sich im totalitären Staat zu behaupten?

Im Rückblick ergibt sich, daß die Waldorfschulen ein System der Abwehr entwickelten, das sich wie eine dreifach gestufte Barriere um das innere Leben der Schule legte. Es bestand aus dem zu Schutz- und Verteidigungszwecken 1933 gegründeten „Bund der Waldorfschulen", aus der Eltern- und Förderorganisation, dem „Waldorfschulverein", und, als innerem Ring, dem Kollegium der Lehrerschaft. Dieses Abwehrsystem wurde von unterschiedlichen, ja inhomogenen Kräften getragen, es erlitt Einbrüche. Zur bis dahin schwersten *äußeren* Existenzkrise kam durch die sich etwa ab 1937 abzeichnende Divergenz der „Stuttgarter Richtung" und der „Dresdner Richtung" eine *innere* Existenzkrise, die für viele noch schwerer zu ertragen war, weil die nach außen erzwungene Anpassung an den „neuen Staat" schon über eine noch erträgliche Grenze ging (Spiegel, S. 150 ff.). Doch selbst hier erwies sich die integrative Kraft der Schulorganisation und die Wirksamkeit eines Lehrerkollegiums, das auch noch im „Dritten Reich" die Selbstverwaltung nach innen praktizierte.

Der Bund der Waldorfschulen

In einer ersten Phase eines versuchten äußerlichen Arrangements mit dem „neuen Staat" und einer noch unsicheren Beurteilung des Nationalsozialismus schlossen sich die bestehenden Schulen im Mai 1933 zum „Reichsverband der Waldorfschulen" (dieser wurde im Herbst des Jahres in „Bund der Waldorfschulen" umbenannt) zusammen und traten, als Voraussetzung für die Weiterexistenz der Schulen, dem Nationalsozialistischen Lehrerbund (NSLB) korporativ bei. Es blieb eine Mitgliedschaft auf dem Papier, denn die Lehrerschaft der Waldorfschule hatte, wie ein Vertreter des NSLB 1937 feststellte, „für die Belange des NS-Lehrerbundes kaum dem Anschein nach etwas übrig" (Bundesarchiv B 1/58 178).

Die Sprecher des Bundes der Waldorfschulen, René Maikowski und (ab 1934) Elisabeth Klein, die Mitbegründerin der Dresdener Rudolf Steiner-Schule, suchten und fanden persönlichen Zugang zu Entscheidungsträgern des NS-Staates, wie zu dem führenden Pädagogen Prof. Baeumler im Amt Rosenberg, das für weltanschauliche Fragen der NSDAP zuständig war. Baeumler besaß bei der Beurteilung der Waldorfschulen eine entscheidende gutachterliche Stellung (Leschinsky, S.270). Über den Adjutanten des „Stellvertreters des Führers", Rudolf Heß, Leitgen, konnten wiederholt, unter geschickter Ausnutzung der Rivalitäten zwischen Partei- und Regierungsstellen Entscheidungen des württembergischen Ministerpräsidenten Mergenthaler gegen die Waldorfschule aufgehoben werden. Maikowski und Klein erreichten, daß ab Frühjahr 1935 wieder Schüler in die 1. Klasse der Waldorfschule Stuttgart aufgenommen und damit die Schließung der Schule abgewendet werden konnte. Freilich war die Konzession Mergenthalers mit einem Wohlverhalten gegenüber dem neuen Staat erkauft, zu dem sich der neue Vorstand des Waldorfschulvereins und die Schulleitung zu diesem Zeitpunkt noch bereitfanden.

Am 25. Januar 1934 übernahm Paul Baumann, der Musiklehrer der Schule, mit Zustimmung des Kollegiums die Schulleitung, wie dies der Forderung des Kultusministeriums nach Durchführung des „Führer-Prinzips" entsprach. Als „Nicht-Arier" mußten aus dem Lehrerkollegium im Frühjahr 1934 Friedrich Hiebel, Ernst Lehrs, Alexander Strakosch und Karl Schubert die Schule verlassen (Berichte Nr.12, Mai 1934). Auch Else Moll, eine bekennende Nationalsozialistin, verließ im Zuge einer „Verkleinerung des Lehrkörpers" die Schule.

Der Waldorfschulverein

Der Schulgründer Emil Molt übernahm Mitte 1933, nachdem Albert Steffen zurückgetreten war, den ersten Vorsitz im Waldorfschulverein (Leer, S.163). In der Erhaltung der Schule sah er seine Lebensaufgabe. „Die Schule darf nicht durch unsere Schuld zugrunde gehen", faßte er vor der Generalversammlung des Waldorfschulvereins im Juli 1935 seine Haltung zusammen, „alles andere ist Schicksal" (Berichte Nr.14, Juli 1935). Molt verstand sich nach der Übernahme des Vorsitzes zu einer Geste der Loyalität gegenüber den neuen Machthabern und kooptierte fünf neue Mitglieder in den Vorstand, von denen zumindest zwei offen für den Nationalsozialismus eintraten (Berichte Nr.12, Mai 1934). Das Parteimitglied H.M., der über Verbindungen zum Kultusministerium verfügte, wurde interimistisches Vorstandsmitglied. M. veranstaltete sofort eine Fragebogen-Aktion unter der Elternschaft, um die Zugehörigkeit zu Partei oder NS-Verbänden festzustellen. Danach trat er als „Führer der nationalsozialistischen Elterngruppe" auf, der 53 Parteimitglieder und 22 Mitglieder von NS-Verbänden angehörten (Berichte Nr.13, August 1934). Mit NS-Elternversammlungen in der Schule, zu denen auch Vertreter des NSLB und des Kultusministeriums eingeladen wurden, versuchte der neubesetzte Vorstand die Leitung der Schule an sich zu reißen und „bis in innerste Angelegenheiten im Sinne des Nationalsozialismus umzugestalten" (Emil Leinhas).

In dieser Krise wurde das Lehrerkollegium der Schule zum entscheidenden Widerpart des Vorstandes. Paul Baumann trat nach Kontroversen im Kollegium am 20. März 1935 als Schulleiter zurück, weil er „keine genügende Basis" mehr hatte. Daraufhin stellte die Lehrerschaft mit der Wahl des Grafen Fritz v. Bothmer zum staatlich geforderten „Schulleiter", dem Hermann v. Baravalle, Erich Gabert und Erich Schwebsch zur Seite gestellt wurden, praktisch das Kollegialprinzip wieder her. In einer gemeinsamen Entschließung vom 21. März 1935 protestierte das Kollegium gegen Eingriffe in seine Autonomie, die als konstituierendes Prinzip des Schulorganismus von Rudolf Steiner

Jahrgang 2, Nr. 5 — Seite — März-Nr. 1936

Reichssturmfahne

Verlagsort Stuttgart / Erscheint 2mal monatlich
Einzelverkaufspreis 15 Rpf. — Bezugspreis
durch die Post monatlich 30 Rpf. zuzüglich 6 Rpf. Zustellgebühr

Kampfblatt der Schwäbischen Hitler-Jugend

Amtliches Organ des Landesbeauftragten für Württemberg-Hohenzollern des Jugendführers des Deutschen Reiches

Vorwärts, Vorwärts

Die neueste Tanzplatte der Waldorf-Schule in Stuttgart

Kennen Sie eine Regerdorfſchule in Stuttgart? Beſuchen Sie bitte einmal die Waldorfſchule und beobachten Sie die dortige „Jugend". Wir müſſen Ihnen allerdings verraten, daß die Inſaſſen dieſer Schule zwar raſſiſch von den Regern nicht anerkannt werden dürften, dieſen jedoch in ihrem Kulturleben zeitweiſe ſehr ſtark ähneln.

Machte da neulich eine Klaſſe einen Ausflug nach Monrepos bei Ludwigsburg und gebärdete ſich ſo „frei" daß ſelbſt der verſtockteſte Kritiker an der „neuen Jugend" mit Recht den Kopf geſchüttelt hätte und wahrſcheinlich nur bedauert hätte, daß dieſe „Jugend" nicht als Hitler-Jugend bezeichnet werden konnte.

[...]

FREIE WALDORFSCHULE

Hetzartikel der Reichssturmfahne vom März 1936 gegen die Stuttgarter Waldorfschule. Mit dem Lehrer „Dr. von Marvall" war Hermann v. Baravalle, ein entschiedener Gegner des Nationalsozialismus, gemeint. Die Karikaturen rücken die Stuttgarter Waldorfschule in die Nähe eines „antideutschen" Judentums und kultureller Dekadenzerscheinungen der zwanziger Jahre.

zugrunde gelegt worden sei, und erklärte, die Autonomie „unter allen Umständen wahren" und sich gegen „Eingriffe in Entscheidungen des Kollegiums" wehren zu wollen (Akten der Waldorfschule). Damit drohte die Lehrerschaft indirekt mit einer Selbstauflösung der Schule, die aber auch die NS-Elternschaft im Interesse ihrer Kinder unbedingt vermeiden wollte.

Im Gegenzug zur vorübergehenden Bildung einer „NS-Elternschaft" verstärkten die maßgeblichen Lehrer in Vorträgen vor den Ortsgruppen des Waldorfschulvereins und in Elternabenden ihre Informationsarbeit und „schweißten", wie ein Inspektionsbericht des NSLB 1937 feststellte, Eltern und Freunde der Waldorfschule „zu einer den Nationalsozialismus völlig ablehnenden Einheit zusammen" (Bundesarchiv, B 1/58 178). Bei der Generalversammlung der Mitglieder des Waldorfschulvereins am 13./14. Juli 1935 war schließlich „gemessen an derselben Veranstaltung des Vorjahres ein radikaler Umschwung in der inneren Haltung der Beteiligten" zu spüren (Berichte Nr.14, Juli 1935).

In einer „Kundgebung des Lehrerkollegiums und des Vorstandes des Waldorfschulvereins an den Freundeskreis der Schule" markierten Emil Molt und Graf v. Bothmer im Blick auf die Zukunft eine Verteidigungslinie, welche die Waldorfschule Stuttgart während des „Dritten Reiches" nicht mehr verließ: „Die Verantwortung gegenüber unserem Volk, die wir tief empfinden, verpflichtet uns, die geistigen Grundlagen dieser Pädagogik rein zu erhalten. Würden wir sie verleugnen, so würden wir nicht nur unwahr werden, sondern würden die Schule selbst schädigen und zerstören" (Berichte Nr.14, Juli 1935).

Um die Lähmung zwischen Kollegium und Vorstand des Waldorfschulvereins zu überwinden, berief Molt im Juli 1935 einen 14köpfigen Beirat des Vorstandes, dem zwar H.M. und das Ehepaar E. und M.L. als NS-Parteigänger angehörten, durch Friedrich Rittelmeyer, den Leiter der Christengemeinschaft, durch die beiden Industriellen und Anthroposophen Hanns Voith und Emil Kühn, sowie durch fünf Vertreter der Lehrerschaft war aber ein deutliches Gegengewicht geschaffen (Berichte Nr.14, Juli 1935). Von der Beirats-Position aus suchten M. und L., autorisiert vom württembergischen Kultusministerium, den Hebel bei Emil Molt als erstem Vorsitzenden anzusetzen. Sie drohten ihm mit der Schließung der Schule, um ihn zum Rücktritt zu bewegen. Frau L. sollte „als Nationalsozialistin" die Schulleitung übernehmen, M. wollte an die Stelle Molts als Vorsitzender des Waldorfschulvereins treten (Leber, S.163 f.). Die Sache wäre durchaus heiter gewesen, hätte nicht die Drohung, die Schule zu schließen, allzu ernst genommen werden müssen. Als Molt und das Kollegium diesen Angriff zurückgewiesen hatten, erklärte Frau L. für sich und ihren Mann den Rücktritt aus dem Beirat, weil alle ihre Vorschläge „in seltener Einmütigkeit abgelehnt" würden (Akten der Waldorfschule, L. vom 10.05.1936). Diesem Schritt schloß sich zehn Tage später auch H.M. an, weil ihm trotz seiner Funktion als Stellvertreter Molts im Beirat „die Teilnahme am inneren Leben der Schule verschlossen" geblieben sei (M. vom 20.05.1936).

Die Lehrerschaft erwartete nun jederzeit die Schließung der Schule. Sie wurde jedoch, wie nur wenige wußten, hinausgezögert, weil Rudolf Heß sich eine letzte Entscheidung über die Behandlung der Waldorfschulen vorbehalten hatte. Als Heß wegen des Anschlusses von Österreich an das Reich abwesend war und nicht intervenieren konnte, schloß Mergenthaler handstreichartig die Stuttgarter Waldorfschule zum 31. März 1938 (Klein in „Gedenken", S.18; Bohn, S.163; Sauer, S.214).

Das Zentrum der Waldorfschule in Stuttgart war nach einer Phase der Unsicherheit und innerer Konflikte um das Jahr 1935 durch die Haltung der Lehrerschaft zu einem Ort „passiven Widerstandes" gegen den Nationalsozialismus geworden, der die Schulgemeinschaft und den Waldorfschulverein, einen „Kreis von 6.000-7.000 Menschen", zu einer den Nationalsozialismus ablehnenden Einheit zusammenfaßte und als eine „Gefahr politischer Art" eingeschätzt wurde. „Sehr viele getarnte Gegner der Bewegung", stellte ein Bericht des NSLB vom Mai 1937 fest, „finden hier einen für sie geeigneten Unterschlupf" (Bundesarchiv B 1/58 178).

Der Geist der Waldorfschulen

Wie in Stuttgart, so stellte auch an anderen Waldorfschulen die Lehrerschaft das Rückgrat der Schulgemeinschaft dar. Die jüngeren Lehrer hatten schon teilweise die Ausbildung in Stuttgart durchlaufen, die seit 1927 aufgenommen worden war und im Jahre 1930 etwa 50 Lehrer-Kandidaten zählte. Freiwerdende Stellen wurden nicht aufgrund von NSLB- oder Parteiempfehlung, sondern jeweils mit eigenen Kräften besetzt (Bundesarchiv B 1/58 124 ff.). Die Kollegien der Schulen hielten wöchentliche Konferenzen und pflegten die Vertiefung der Pädagogik Rudolf Steiners wie in der Zeit vor 1933.

Jene Waldorfschulen, wie Dresden, Hannover, Hamburg-Wandsbek und Kassel, welche nach dem Verbot von Neuaufnahmen und dem zu erwartenden Ende der Schule Antrag gestellt hatten, als offizielle „Versuchsschulen" mit der Pädagogik Rudolf Steiners weiterbestehen zu können, wurden Ende 1936 und in den ersten Monaten 1937 auf Anordnung des Reichserziehungsministeriums einer eingehenden Prüfung unterzogen (Leschinsky, S.266). Die örtlichen Schulaufsichtsbehörden des NSLB erstellten gleichsam pädagogische Überwachungsberichte (Bundesarchiv B 1/58 124-220), die, obgleich unabhängig voneinander zustandegekommen, mit oft ähnlichen Wendungen äußeres Erscheinungsbild, Schulklima und „Geist" der betreffenden Waldorfschulen beschrieben. Diese Berichte, die hier nur kurz angeführt werden können, vermitteln einen Einblick in das, „was in den Schulen damals praktisch ablief" (Leschinsky, S.272), von Achim Leschinsky in seiner Untersuchung über die Waldorfschulen im „Dritten Reich" aus methodischen Gründen aber ausgespart wurde. Ergänzend wird der Bericht über die Stuttgarter Schule herangezogen (siehe den auszugsweisen Abdruck).

Die Inspektoren des NSLB vermißten in den Schulen Wandsbek, Hannover, Kassel wie auch in Stuttgart „deutschen Bilderschmuck" und Führerbilder, „wohl aber sei in jedem Klassenzimmer (Wandsbek) ein Bild Rudolf Steiners und eine Madonna". In Dresden grüßten die Lehrer einander mit einem landesüblichen „Grüß Gott", statt mit sonst obligatorischem Hitler-Gruß.

Durchweg kritisierten die Inspektoren die weiblich-weichliche Erziehung der Kinder. Statt der „Herausarbeitung deutscher Wesenszüge", statt „heroischer" Zucht müßten sie sehen, „wie so große Jungen dasaßen und Strümpfe strickten oder Steppstiche machten" (Wandsbek). Auch an der Dresdner Schule, an der ein Teil der Kinder der HJ oder dem BdM angehörten, vermißte der Bericht alle jene Erziehungsmomente, die „zur nationalsozialistischen Charakterbildung beitragen würden". In einem Unterrichtsfach wie der „Rassenkunde", das auch an Waldorfschulen eingeführt werden mußte, wurde der

☭ Nationalſozialiſtiſcher Lehrerbund

Stuttgart,den 29.Mai 1937.

50175

An die

Reichswaltung des Nationalsozialistischen

Lehrerbundes

B a y r e u t h
- - - - - - - - - - -
Postschliessfach 6.

Auf das Schreiben vom 30.4.1937 Nr.1430
t/R E 01 - 00 / 32.

Betreff:Waldorfschule.

1 Beil.

... Heute zählt die Schule 15 Klassen mit 41 Lehrkräften
und gegen 700 Schülern.

Die Schule betont besonders stark die musisch-ästheti-
sche Erziehung,vernachlässigt aber fast völlig die Charak-
ter- und Willensbildung,wie sie in erster Linie von der
nationalsozialistischen Schule gefordert und auch geleistet
wird. Die Erziehungsweise der Waldorfschule Stuttgart muss
auch heute noch als international bezeichnet werden. Völlig
abgekapselt steht die Waldorfschule dem pulsierenden Leben
der Volksgemeinschaft gegenüber. Im Lehrerzimmer der Waldorf
schule Stuttgart befindet sich bis zum heutigen Tage kein
Führerbild.

Auf Grund einer eingehenden Prüfung der Stuttgarter
Walddrfschule durch eine Reihe von damals neu in die Schul-
verwaltung berufenen Parteigenossen musste 1933 festgestellt
werden,dass etwa ein Drittel der Lehrkräfte Voll- oder Halb-
juden waren,dass die Schülerschaft stark jüdisch durchsetzt
war und dass auch der Geist in dieser Schule völlig jüdisch-
individualistisch und zersetzend sei. Infolge des sehr un-
erfreulichen Prüfungsergebnisses und des ohne weiteres be-
merkbaren passiven Widerstandes der Lehrkräfte der Freien
Waldorfschule Stuttgart,sah sich Kultminister Pg.Mergenthaler
veranlasst,zunächst den Zugang von neuen Schülern zu dieser

Inspektionsbericht des NSLB Stuttgart über die Waldorfschule Stuttgart vom 29. Mai 1937 (Bundesarchiv Koblenz).

Schule ab Frühjahr 1934 zu verbieten,und beim Reichserziehungsministerium die Auflösung dieser Schule zu beantragen.

Sofort nach Bekanntwerden dieser Massnahme unternahm
der im Sommer 1933 zum Leiter sämtlicher Waldorfschulvereine
in Deutschland berufene bisherige Waldorfschullehrer Malkowski
in Hannover (er ist ein Bruder des in der Nacht vom 30./31.
Januar 1933 ermordeten Pg.Sturmführer Malkowski in Berlin)
alle nur erdenklichen Schritte,um die Waldorfschule in Stuttgart,die die Mutterschule aller übrigen Waldorfschulen in
Deutschland und im Ausland ist,zu erhalten. Malkowski erreichte in Berlin auch tatsächlich,dass ab Frühjahr 1935
wieder Schüler in die Stuttgarter Waldorfschule aufgenommen
werden durften. Diese in Berlin gefallene Entscheidung,deren
Zustandekommen mir im einzelnen nicht bekannt ist,schwächte
die Stellung der nationalsozialistischen Verwaltung in Württemberg gegenüber der Waldorfschule ausserordentlich,und die
Haltung der dem Nationalsozialismus völlig feindselig ge-
genüberstehenden Lehrerschaft der Waldorfschule,die durchwe
der seit November 1935 verbotenen logenähnlichen Organisation der anthroposophischen Gesellschaft angehört hat und
ihr dem Geiste nach und der Haltung nach unverändert auch
bis zum heutigen Tage angehört,wurde zuversichtlicher. Die
Wiederzulassung von Schülern wurde ganz als Schwäche der
nationalsozialistischen Staatsführung betrachtet.

Die Eltern der Schüler und die Freunde der Freien Waldorfschule,in Stuttgart insgesamt ein Kreis von etwa 6000 -
7000 Menschen,wurden und werden bis heute von der Lehrerschaft der Waldorfschule in Vorträgen und Elternabenden,in
Zusammenkünften und Einladungen immer mehr zu einer dem
Nationalsozialismus völlig ablehnenden Einheit zusammenge-
schweisst. Sehr viele getarnte Gegner der Bewegung finden
hier einen für sie geeigneten Unterschlupf. . . .

                    H e i l   H i t l e r !

nationalsozialistischen Anschauung von Blut und Boden offenkundig entgegengearbeitet. Die Inspektorin der Schule Hannover konnte in einem Schulheft zur Rassenkunde keine Bemerkung über „Judentum, Sinn der Rassenpflege, bevölkerungspolitische Notmaßnahmen usw." finden, wohl aber jenen Satz, der ihr für den Unterricht typisch zu sein schien: „Vererbt werden leibliche und seelische Eigenschaften, das Wesentliche des Menschen aber, sein Geistiges, gehört nur ihm selbst". Von hier aus, bemerkte sie, sei es ja nur ein kleiner Schritt bis zur „Verbrüderung aller freien Geister"! (Bundesarchiv B 1/ 58 173, Dr. Erna Sturm). Die Schulungsleiterin der NS-Frauenschaft im Kreis Hannover-Stadt kam über die dortige Waldorfschule zu einem in ihren Augen vernichtenden „Gesamturteil: Die Kinder sollen zu Paneuropäern und Weltrepublikanern und für den internationalen Oberstaat erzogen werden" (Bundesarchiv B 1/58 169). „Vergeblich" suchte die Inspektorin in der Schule Wandsbek nach dem „Aufleuchten unserer NS-Weltanschauung". Wie sei es möglich, fragte sie, „daß heute noch eine Schule in Deutschland von dem großen Geschehen unserer Tage so ferne stehen kann und nicht Tritt faßte".

Anerkennung zollten die Berichte der vorbildlichen Schulgemeinschaft der Waldorfschulen. So würden viele Eltern in Dresden, die das volle Schulgeld nicht aufzubringen vermöchten, Schuldienste verrichten und z.B. in der Küche mitarbeiten. Nahezu begeistert äußerte sich die Inspektorin über die Schule in Hannover: „Die Atmosphäre in der Waldorfschule ist überraschend für den, der aus der öffentlichen Schule kommt. Ich hatte sofort den Eindruck, daß hier Sozialismus gelebt wird. So spürte man unmittelbar die Welle von Vertrauen, Harmonie und Kameradschaft, die Schüler- und Lehrerschaft trug. Wie stark die Elternschaft durch Mitarbeit, Mitfeiern und Opfern in diese Gemeinschaft eingeschaltet ist und wie grundlegend diese Atmosphäre durch den Idealismus der Lehrer geschaffen wird, ging aus dem Bericht einer Mutter hervor." Die erwähnte Mutter mehrerer Schulkinder war eine Verwandte von Rudolf Heß, über die Schulleiter Maikowski vermutlich indirekt meinungsbildend auf Heß selbst wirken konnte.

Treffend kennzeichnete die Inspektorin den Zwiespalt, in dem sich ein Teil der Lehrer befand. Nach Ausführungen Maikowskis hatte sie den Eindruck, „daß hier ehrlich versucht wird, das Neue einzubeziehen", doch, so fährt sie fort, „ich bin ebenso überzeugt, daß unsere nationalsozialistische Revolution von dieser Lehrerschaft weder erlebt noch geschaut werden kann", denn die „Waldorfschule lebt aus einer anderen Quelle" (Bundesarchiv B 1/58 171).

Das Ende der Waldorfschulen - die Versuchsschule Dresden

Die Konflikte innerhalb der Waldorfschulbewegung entzündeten sich an der Einschätzung des Nationalsozialismus. Während die einen ein „ehrliches" Weiterarbeiten für möglich hielten, war für das Kollegium der Berliner Schule endgültig mit dem von ihm verlangten Treuegelöbnis auf Führer und NS-Staat 1937 der Zeitpunkt gekommen, weitere „bedenkliche Kompromisse" abzulehnen, um nicht in den Hitler-Staat „hineinzuschlittern" (Spiegel, S.165 ff.). Das Kollegium, dem Gustav Spiegel und Ernst Weißert angehörten, beschloß die Selbstauflösung, die es nach dem Verbot der Stuttgarter Schule auch durchführte.

Zum selben Zeitpunkt löste sich auch die Schule in Altona auf, die dies bereits zwei Jahre zuvor angekündigt hatte (Leschinsky, S.265). Die Schulen in Breslau und Kassel lösten sich ebenfalls im Jahre 1939 selbst auf. Die Schulen Dresden, Hamburg-Wandsbek und Hannover erhielten in demselben Jahr vom Reichserziehungsministerium den Status einer Versuchsschule zugestanden, doch auch Wandsbek und Hannover konnten den Schulbetrieb aus unterschiedlichen Gründen nicht mehr lange aufrechterhalten. Im Jahre 1940 bestand von allen Waldorfschulen lediglich noch die in Dresden, die durch Zuzug von Eltern und Kindern anderer Schulen auf 450 Schüler angewachsen war.

Die Schulbewegung zog sich um die Jahreswende 1939/40 deutlich um zwei Pole zusammen. Den einen Pol sah Emil Kühn, der Nachfolger Molts als Vorsitzender des Schulvereins, in der „Initiativgruppe" der Dresdner Lehrerschaft um Elisabeth Klein, die er als „Aktivisten einer Schulbewegung im heutigen Staat" charakterisierte. Den anderen Pol erkannte er in jenen, die eine „Vertiefung und Bewahrung" der Pädagogik Rudolf Steiners für eine künftige Zeit anstrebten (Archiv Bund der Freien Waldorfschulen, Brief Kühns an Klein vom 08.12.1939). Beide Gruppen, die eine mit dem Zentrum Stuttgart, die andere in Dresden, deren Stärke allerdings kaum zu gewichten ist, sicherten sich gegenseitige Freiheit und wohlwollendes Interesse bei voller Eigenverantwortlichkeit zu. Beide Richtungen sollten nebeneinander bestehende Ortsgruppen bilden können, deren Mitglieder sich für die Unterstützung der einen oder der anderen Seite entscheiden könnten (Kühn an Klein vom 08.12.1939). Zu dieser Entwicklung kam es jedoch nicht mehr, weil die Versuchsschule Dresden nach dem Englandflug von Rudolf Heß im Mai 1941 sofort verboten wurde. Die Lehrer der Dresdner Schule, unter ihnen Elisabeth Klein, wurden zusammen mit Kollegen der Berliner Schule vorübergehend von der Gestapo inhaftiert.

Trotz dieser Divergenzen war die Integrationskraft der Waldorfschulbewegung und die Geltung des Kollegialprinzips innerhalb der Dresdner Schule, wie sich bei der Auseinandersetzung um die „Konstitution" der Schule zeigte, noch keineswegs gebrochen. Die Schulleiterin Elisabeth Klein reichte initiativ den „Entwurf einer Konstitution der Rudolf Steiner-Schule Dresden" vom 12.03.1939 bei Prof. Baeumler ein. In ihm wurde - bevor im weiteren dann allerdings der Waldorflehrplan als Grundlage der Schule genannt wurde - einleitend festgestellt, die Schule stehe „auf dem Boden des Nationalsozialistischen Staates"; die Schulleitung verpflichte sich, „nur politisch zuverlässige Persönlichkeiten an die Schule zu berufen". Es ist manchmal nicht ganz einfach, bei den entsprechenden Bekundungen von Waldorfseite zwischen Schutzhaltung und Kern zu unterscheiden; so veranlaßt gerade diese Dresdner „Konstitution" Leschinsky zur Feststellung, die „gesuchte Nähe der Waldorfbewegung zum Nationalsozialismus" sei nicht allein als „Problem von persönlichen Irrwegen und Sympathien" abzutun; zu viele Personen seien beteiligt gewesen; es seien sogar „acht, sehr renommierte Lehrer" von der Stuttgarter an die Dresdner Schule übergewechselt (Leschinsky, S.272). Mit Erich Schwebsch, Martin Tittmann, Konrad Sandkühler, Max Wolffhügel u.a. kamen in das Dresdner Kollegium Persönlichkeiten, die, wie sich ein ehemaliger Lehrer erinnert, als „Stuttgarter Block" der Schulleiterin gegenübertraten und die „Konstitution" in dieser Form nicht hinnahmen. Dem Entwurf Klein folgte ein Gegenentwurf Tittmanns mit der Betonung der schulischen Autonomie. Ein „neuer Entwurf" vom 23.03.1939, vermutlich von Karl Stockmeyer, suchte zwischen beiden zu vermitteln. Der letzte „Entwurf Dr. Schwebsch" vom

18.04.(1939) (siehe auch den Abdruck) schöpfte schließlich den Freiraum, der mit der Fortführung der Waldorfschule als Versuchsschule gegeben war, völlig aus. Sybillinisch formulierte Schwebsch, die Schule werde „ihren Beitrag zur Lösung der Erziehungsfragen" im nationalsozialistischen Staat leisten. Mit der Zugrundelegung des Lehrplans der ehemaligen Waldorfschule Stuttgart (Punkt 4), mit der Durchführung der von Rudolf Steiner geschaffenen Pädagogik, „so rein als möglich" (Punkt 6) wäre eine Fortsetzung der Stuttgarter Waldorfschule gleichsam an einem anderen Ort in greifbare Nähe gerückt (Akten des Bundes der Waldorfschulen, Schwesterschule Dresden).

Es ist bisher nicht nachzuweisen, ob der Entwurf Schwebsch von den Behörden als verbindlich anerkannt wurde. Doch offensichtlich hatte sich an der Dresdner Versuchsschule auch um 1940, wie ehemalige Schüler und Lehrer bestätigen, gegenüber den Vorjahren kein wesentlicher Unterschied vollzogen.

Der Nationalsozialismus konnte wohl deswegen nicht in Waldorfschule eindringen, weil der Lehrerschaft - trotz politischer Fehlhaltungen im einzelnen - aus einem in der Anthroposophie verankerten Menschenbild eine tragende Kraft erwuchs. Die Verfassung der Schule, Kollegialprinzip und Selbstverwaltung haben die Gleichschaltung der Schule verhindert und einen geistig-politischen Klärungsprozeß gefördert.

Die „Konstitution" der Rudolf Steiner-Schule in Dresden. Der Entwurf von Dr. Schwebsch vom 18. April 1939 war der vierte und letzte, der dem ersten Entwurf von Dr. Klein folgte (Archiv Bund der Freien Waldorfschulen, Schwesterschule Dresden; Abschrift).

(Entwurf Dr. Schwebsch 18.4.)

Nachdem der Stellvertreter des Führers die Fortführung von 2-3 der bestehenden, sog. „Waldorfschulen" als Versuchsschulen mit eigenem Aufbau und eigenem Lehrplan genehmigt hat, möchte die Rudolf Steiner-Schule in Dresden noch einmal die notwendigen Grundlagen für einen gesunden Aufbau einer solchen Schule darlegen, durch den sie im nationalsozialistischen Staatswesen ihren Beitrag zur Lösung der Erziehungsfragen zu geben vermag.

Einheitsschule. Die Rudolf Steiner-Schule Dresden ist eine *einheitliche Volks- und Höhere Schule:* d.h. sie umfaßt 12 Klassenstufen, ohne eine Trennung in Volksschule und Höhere Schule. Es werden alle Kinder, gleichviel welcher Begabung und sozialen Herkunft in einem einheitlich vorschreitenden Klassenaufbau erzogen, sofern sie überhaupt schulfähig sind. Nur durch einen solchen einheitlichen und gemeinsamen Bildungsweg kann im späteren Leben das rechte Verständnis zwicshen den führenden und den unter Anleitung arbeitenden Menschen zustande kommen. So ungewohnt das zunächst erscheint, 20 Jahre Arbeit mit den besonderen Erziehungsmethoden der von Rudolf Steiner begründeten Waldorfschulpädagogik hat gezeigt, daß auf diese Weise - wenn man die wirklichen und wirksamen Mittel der Erziehung kennt - nicht Begabungen gehemmt, sondern überraschende neue Begabungen erweckt werden können, die bei einer vereinseitigenden, zu frühen Auswahl nicht vollmenschlich sich entwickeln können oder oft auch ganz unterdrückt werden.

4. *Lehrplan.* Die Schule legt ihrer Arbeit den von Rudolf Steiner 1919 der ehemaligen Waldorfschule in Stuttgart gegebenen Lehrplan zu Grunde, in dem Klassenziele, Lehrstoffe, Darstellungsarten, Übungen sorgfältig an die von Rudolf Steiner zum ersten Mal vollständig dargestellten Entwicklungsstufen des kindlichen Gesamtwesens angepaßt sind. Das bringt mit sich, daß die Kinder nach ihrem Alter und ihrer Gesamtreife nicht nur nach ihrem Wissenstande in die Klassen eingestuft werden. (Die von der gewohnten pädagogischen Praxis hiergegen leicht aufgeworfenen Bedenken verschwinden in der sachlichen Handhabung einer wirklichen Erziehungskunst, welche auf der ganzen Linie neue Wege geht und für etwa auftauchende Schwierigkeiten ihre natürlichen und lebensgemäßen Lösungen kennt).

5. *Abschlußprüfungen.* (wie bei Stockmeyer)

6. *Eigene Lehrerwahl.* Ihren Lehrkörper muß eine solche Schule sich selber einheitlich bilden. Sie wird nur solche Persönlichkeiten als Erzieher berufen, welche den staatlichen Anforderungen entsprechen, und die bereit und fähig sind, die aus der von Rudolf Steiner geschaffenen Menschenkunde folgende Methodik so rein als möglich durchzuführen. Nur dann kann ein solcher Schulversuch die ihm innewohnende Kraft und Wirksamkeit erweisen.

7. *Aufnahme der Kinder.* Eine solche Erziehung braucht innige und verständnisvolle Zusammenarbeit von Schule und Haus. Solche Schulen sollten daher allen Kindern offen sein, deren Eltern dies aus Vertrauen und Verständnis wünschen. Begrenzungen örtlicher sowie sozialer Art (z.B. Ausschluß von Beamtenkindern) bitten wir daher aufheben zu wollen.

Als *ungedruckte Quellen* wurden die Akten des Bundes der Freien Waldorfschulen und die Aktenbestände der Freien Waldorfschule Stuttgart-Uhlandshöhe sowie die Bestände des Bundesarchivs Koblenz benutzt.

Gedruckte Quellen: Mitteilungsblatt für die Mitglieder des Waldorfschulvereins, Berichte an die Mitglieder des Vereins für ein Freies Schulwesen (Waldorfschulverein) e.V., Stuttgart 1927-1940.

Literatur (Auswahl):

Becker, H.: Ernst Weißert - ein Leben für die Waldorfschulen. (1975) In: Becker, H.: Auf dem Weg zur lernenden Gesellschaft. Personen, Analysen, Vorschläge für die Zukunft. Stuttgart 1980, S.95-102

Bohn, W.: Stuttgart: Geheim! Ein dokumentarischer Bericht. Frankfurt/M. 1969

Bollmus, R.: Das Amt Rosenberg und seine Gegner. Studien zum Machtkampf im nationalsozialistischen Herrschaftssystem. Stuttgart 1970

Eilers, R.: Die nationalsozialistische Schulpolitik. Eine Studie zur Funktion der Erziehung im totalitären Staat. Köln/Opladen 1963

Feidel-Mertz (Hg.): Schulen im Exil. Die verdrängte Pädagogik nach 1933. Reinbek 1983

Feiten, W.: Der Nationalsozialistische Lehrerbund. Entwicklung und Organisation. Ein Beitrag zum Aufbau und zur Organisationsstruktur des nationalsozialistischen Herrschaftssystems. Weinheim/Basel 1981

Fünfzig Jahre Freie Waldorfschule Kassel. Kassel 1980

Gedenken an die Rudolf Steiner-Schule Dresden. Gerlingen 1980 („Gedenken")

Klein, E.: Begegnungen. Mitteilenswertes aus meinem Leben. Freiburg 1978

Kunert, H.: Deutsche Reformpädagogik und Faschismus. Hannover 1973

Leber, S.: Die Sozialgestalt der Waldorfschule. Ein Beitrag zu den sozialwissenschaftlichen Anschauungen Rudolf Steiners. Frankfurt/M. 1984

Leber, S./Leist, M.: Notwendige Bemerkungen zum Beitrag „Waldorfschulen im Nationalsozialismus". In: Neue Sammlung, Nr.1, Januar/Februar 1984

Leber, S./Leist, M.: Waldorfschule im „Dritten Reich". Erziehungskunst, Heft 6, 7/8 1983

Leschinsky, A.: Waldorfschulen im Nationalsozialismus. In: Neue Sammlung, Nr.3, Mai/Juni 1983

Maikowski, R.: Schicksalswege auf der Suche nach dem lebendigen Geist. Freiburg 1980

Röhrs, H.: Die Reformpädagogik. Ursprung und Verlauf in Europa. Hannover 1980

Spiegel, G.: Besonnte Wege am Abgrund. Lebenserinnerungen (1959)

Der Kampf um die Waldorfschule im Nationalsozialismus

Norbert Deuchert*

Das ideologische Muster, welches das Verhalten des nationalsozialistischen Staates gegenüber Waldorfschulen und Anthroposophen maßgeblich bestimmte, wurde bereits zu Beginn der zwanziger Jahre, in den ersten Anfängen des Nationalsozialismus, erkennbar. Durch die Dreigliederungsbewegung und die Eröffnung der ersten Waldorfschule 1919 gingen von Rudolf Steiner soziale und pädagogische Anstöße aus, die sich zeitweilig zu einer kulturprägenden Strömung auszuweiten schienen. Frühe Nationalsozialisten und deutsch-völkische Kreise schenkten ihr auffallende Beachtung. Der frühe Mentor Hitlers, Dietrich Eckart, nahm die Ansprache Steiners zur Eröffnung der Waldorfschule am 7. September 1919, der ersten deutschen Einheitsschule, zum Anlaß heftiger Angriffe. Er erklärte Steiners Wirksamkeit für eine Anmaßung, die ihm nicht zukomme (*Auf gut Deutsch*, Heft 42, 1919). Andere hielten die von Steiner ausgehende Wirkung für eine gefährliche „Verwirrung", noch gefährlicher als „jüdische Brandreden", denn eine durchgeführte soziale Dreigliederung, die nur das „Kuckucksei des Weltfreimaurertums" sein könne, wirke „staatszerstörend" und sei „kommunistisch" (*Deutsch-völkische Blätter*, 06.01.1922; vgl. „Pro und Contra", S.76 ff.).

Dieses ideologische Muster kehrte nach 1933 wieder und bestimmte grundlegend die Maßnahmen gegenüber Waldorfschulen. Anthroposophen, wiewohl eine zahlenmäßig verschwindende Minderheit, nahmen in dem von irrationalen Ängsten besetzten Weltbild des Nationalsozialismus die Stelle ein, wo die „Weltverschwörung", die von Juden, Freimaurern und anderen weltanschaulichen Gegnern ausginge, angesiedelt war. Hitler selbst entschied 1937 (siehe Wiedergabe des Bormann-Briefes), daß Anthroposophen weder in der Partei noch in der Wehrmacht eine maßgebliche Stellung bekleiden dürften, sie seien vielmehr „wie Logenangehörige" (Freimaurer) zu behandeln. „Sie sind noch gefährlicher als Logenangehörige, weil sie mit ihren Ideen viel mehr Leute anstecken" (Bundesarchiv, B 1, 58012 vom 31.07.1937). Eine ähnliche Einschätzung anthroposophischer Wirksamkeit nahm auch der Sicherheitsdienst der SS in einem geheimen Lagebericht vom Juni 1936 vor. Die Anthroposophie wird darin als eine Weltanschauung charakterisiert, die „in verhängnisvoller Weise allen anti-völkischen, antinationalen, überstaatlichen, pazifistischen und insbesondere jüdischen Einflüssen offen gestanden" habe, also völlig undeutsch sei (Bundesarchiv R 58/64, fol 1-52). Das Feld jedoch, auf dem Anthroposophen „ihr zersetzendes Gedankengut am unbemerktesten, aber wirksamsten verbreiten (könnten)", stellt der Bericht fest, „ist die Pädagogik". Alle vorhandenen Vorurteile über Waldorfpädagogik zusammenfassend - in dem auch die „verweichlichende Erziehung" (Stricken von Kaffeewärmern im Unterricht) nicht fehlen durfte -, kommt der Bericht zum Ergebnis: Waldorfpädagogik kenne keine verpflichtenden Bindungen, „weder Rasse, noch Volk, noch Staat, noch sonst was". Untragbar sei insbesondere, daß im Geschichtsunterricht nur „Menschheitsgeschichte", nicht aber „Volksgeschichte" betrieben werde und die „Rasse-Idee" völlig abgelehnt würde.

---

*Zur Erstveröffentlichung siehe die Anmerkung zum vorangehenden Artikel.

Geheim

NSDAP	München, den 31. Juli 1939
Stellv. d. Führers	III/06-La
Stabsleiter	2445/9/2
	2272 g.A.

An den
Beauftragten ...
z. Hd. Herrn Kerksiek o.V.
...

Betrifft: Rudolf Steiner

Herr von *Wistinghausen* hatte sich an den Führer gewandt mit der Bitte um Entscheidung, ob seine Ablehnung als Offizier des Beurlaubtenstandes wegen Zugehörigkeit zur Anthroposophischen Gesellschaft zu Recht erfolgt sei. Herr Hauptmann von Below hat diese Frage dem Führer vorgetragen. Bei dieser Gelegenheit hat der Führer entschieden: Mitglieder der Anthroposophischen Gesellschaft sind wie Logenangehörige zu behandeln. Sie sind noch gefährlicher als Logenangehörige, weil sie mit ihren Ideen viel mehr Leute anstecken. Wenn ein Straßenkehrer Mitglied der Anthroposophischen Gesellschaft gewesen sei, dann spiele das auch heute keine Rolle; in der Partei oder in der Wehrmacht wolle der Führer dagegen frühere Mitglieder der Anthroposophischen Gesellschaft nicht haben.

Ich gebe Ihnen diese Entscheidung des Führers zur Kenntnis und bitte Sie, mir mitzuteilen, ob Sie das seinerzeit von Professor Bäumler erstattete Gutachten über „Rudolf Steiner und die Philosophie" aufrechterhalten.

Heil Hitler!
gez. Bormann.

Der Brief des Leiters der Reichskanzlei, Martin Bormann, gibt die Meinung Hitlers über Anthroposophen wieder: diese seien noch gefährlicher als Freimaurer, weil sie „viel mehr Leute anstecken". Sie dürften weder in der Wehrmacht noch in der Partei führende Stellen bekleiden.
Bormann, der Vertreter einer harten Linie, wollte damit das Amt Rosenberg zur Rücknahme eines Gutachtens zwingen, in dem Prof. Bäumler positive Züge an Steiners Philosophie entdeckt hatte.

(Quelle: Bundesarchiv Koblenz B1/58012; Abschrift)

Die Waldorfschulbewegung sah sich in der Zeit der Diktatur auf die Existenz einer kulturellen und weltanschaulichen Minderheit beschränkt, deren Weltverständnis mit einem ungeistigen, rassistischen Ideenkonglomerat unvereinbar war.

Im Zentrum der Schulbewegung, in Stuttgart, bildete sich um die Waldorfschule, wie es in einem Überwachungsbericht hieß, „ein Ort des passiven Widerstands", in dem „sehr viel getarnte Gegner der Bewegung" Unterschlupf gefunden hätten (siehe den vorangehenden Artikel). Der Waldorfschulverein, obgleich noch zugelassen, wurde regelmäßig überwacht. In der bayerischen Rheinpfalz wurden Zusammenkünfte von Ortsgruppen verboten und Mitglieder verhört (WS-Archiv 11, 06.06.1936). In Stuttgart mußte auf Intervention der Gestapo eine jüdische Teilnehmerin (Frau Lehrs) von Zusammenkünften der Ortsgruppe ausgeschlossen und die Leiterin vom Vorstand des Waldorfschulvereins ihrer Aufgabe enthoben werden (WS-Archiv 15, 07./08.03.1940). Die Waldorfschule wurde von der örtlichen Parteipresse diffamiert (vgl. vorangehenden Artikel). Die Schriften Steiners, 1935 auf der „Liste des schädlichen und unerwünschten Schrifttums" erfaßt, wurden bei Durchsuchungen von Institutionen und Privathäusern häufig beschlagnahmt.

Das alltägliche Leben im Nationalsozialismus brachte für Mitglieder der Schulbewegung und Anthroposophen vielfach Diskriminierung und Gefährdung, es zwang zur dauernden Abwehr auf immer enger werdendem Raum. Es war nicht zuletzt ein „Kampf um die Waldorfschule", wie die Aufschriften des Waldorfschul-Archivs aus dieser Zeit lauten.

Von der ideologisch harten Linie wurden auch die Maßnahmen gegen anthroposophische Institutionen bestimmt: das Verbot der Anthroposophischen Gesellschaft in Deutschland am 15. November 1935; die 1934 erstmals versuchte und 1938 schließlich durchgeführte Schließung der Stuttgarter Schule, der die meisten anderen Schulen im selben Jahr durch Selbstauflösung folgten. Die Schule in Hannover wurde 1939, die in Hamburg-Wandsbek 1940 geschlossen. Die letzte noch bestehende Schule in Dresden wurde aufgrund des Reichserlasses vom 4. Juni 1941, dem sogenannten „Sondererlaß Heß" („Gegen Geheimlehren und sogenannte Geheimwissenschaften"), geschlossen, ebenso die Einrichtungen der Christengemeinschaft und der biologisch-dynamischen Landwirtschaft. In den besetzten Niederlanden wurde aufgrund des Reichsbefehls im Juli 1941 die Schule Den Haag aufgelöst. Die subjektive Erfahrung vieler, die innerhalb der Waldorfschulbewegung die Zeit des Nationalsozialismus erlebten, spiegelt diese objektiven Unterdrückungsmaßnahmen wider. Dennoch ist damit das Bild der Waldorfschulen im Nationalsozialismus noch nicht vollständig beschrieben. Neben der generellen „harten" Linie des NS-Staates, bestand noch jene scheinbar tolerierende, „weiche", für die Schulbewegung wohl nicht weniger gefährliche Nebenlinie, welche mit dem Namen Rudolf Heß verknüpft ist. Ihre Kenntnis blieb auf wenige Personen beschränkt.

Die Waldorfschulbewegung lebte in einer paradoxen Situation. Wenn nach den Erinnerungen Dr. Gustav Spiegels, eines erklärten Gegners jeden Kompromisses mit dem Nationalsozialismus, die Berliner Rudolf Steiner-Schule - wie andere Schulen auch - bis zum Jahre 1936/37 „wie auf einer Insel" ungehindert Waldorfpädagogik durchführen konnte, dann verdankte sie es gerade dieser paradoxen Situation, daß Unterhändler der Waldorfschulen die „weichen" Stellen im NS-System aufspürten, mit oft hohem persönlichen Einsatz für die Erhaltung der Schulen kämpften, ohne sich doch - als Folge des fast freundschaftlichen Umgangs mit Vertretern der NS-Ideologie - den Angeboten des Systems ganz entziehen zu können.

In der Frage, wieweit die Kollegien der Schulen und der Waldorfschulverein dieser Wanderung auf schmalem Grate folgen sollten und durften, wird ein weiterer Aspekt des „Kampfes um die Waldorfschule" sichtbar. Es war nicht nur ein äußerer, sondern auch innerer Kampf, der um die Einschätzung des wirklichen Charakters des NS-Systems, um die Erhaltung der Substanz der Pädagogik und um eine verantwortbare Haltung gegenüber den Kindern geführt wurde, die vor einer unseligen NS-Pädagogik so lange als möglich bewahrt werden sollten.

Die Waldorfschule nach 1933:
Drohendes Verbot und Protektion durch Rudolf Heß

Es dürfte nicht ausreichen, die Entstehung des Nationalsozialismus allein aus einer politischen und wirtschaftlichen Notsituation zu erklären, ohne jenes tiefgreifende Krisengefühl zu berücksichtigen, das etwa seit dem Beginn des Jahrhunderts spürbar wurde. Nach dem verlorenen Weltkrieg nahm es in Deutschland eine Dimension politischer Verzweiflung an und wurde schließlich in den zwanziger Jahren zu einem massenhaften Phänomen.

Dieses Krisengefühl war bestimmend für soziale und kulturelle Reform- und Protestbewegungen, wie die Jugendbewegung und die Lebensreformbewegung (Linse, Schulze, Hepp). Diese waren ein Protest gegen die „kalte" Welt technischer Zweckrationalität, gegen einen zweifelhaften Fortschritt, den Naturwissenschaft und Industrialisierung, also die „moderne Welt", gebracht hatten.

War diese moderne Welt, die einen ungeheuren Zuwachs an individueller Freiheit und Selbstbestimmung gebracht hatte, an der Misere der Gegenwart schuld? Mußte man zurück in eine (scheinbar) heile Welt der Vorväter, ja noch weiter, zu alten Volks- und Blutsgemeinschaften? Die Angst vor der Freiheit führte rückwärts, der Mut zur Freiheit konnte vorwärts führen, ohne daß bereits ihr Weg sichtbar wurde.

Unverkennbar hatte der technische Fortschritt aber auch Zerstörungen gebracht. Besonders die Lebensreformbewegung der zwanziger Jahre reagierte darauf mit der Suche nach einem neuen Verständnis des Lebendigen, mit der Wiederentdeckung der Natur. Doch der anderen Seite der Neuzeit, der (politischen) Freiheit gegenüber war die Lebensreformbewegung indifferent und zwiespältig. Dem Nationalsozialismus fiel es daher leicht, Teile der Lebensreformbewegung durch einen Kult der Natur, durch die Ideologie von „Blut und Boden" an sich zu binden und aufzusaugen.

Man kann den Nationalsozialismus auch als eine Antwort auf den Zwiespalt der modernen Welt verstehen. Doch er war nicht *nur* rückwärtsgewandt und atavistisch. Er verstand es auch, höchst modern, technische Rationalität zu entfesseln und diese, ohne Dazwischentreten moralischer Hemmungen, gerade für seine irrationalen Zwecke einzusetzen (vgl. Schoenbaum).

Das Werk Steiners ist vielfach auch eine Antwort auf die Krise der modernen Welt. Doch im Gegensatz zu regressiven, antimodernistischen Zeitgenossen, Lebensreformern und nicht wenigen seiner Anhänger, bejahte Steiner prinzipiell Modernität als Fortschritt zu Freiheit und Individualität.

In einem Vortrag am 26. Oktober 1917, mitten in einer Zeit historischen Umbruchs, sprach Steiner über seine Wahrnehmung geschichtlich wirksamer Kräfte. Er sah einen gewaltigen Kampf der Geister in der Gegenwart. Die „Geister des Lichts" haben nach Steiner die Absicht, vor allem „jetzt den Menschen zu inspirieren, um freie Ideen, Empfindungen, Impulse der Freiheit zu entwickeln". Doch stünden diese Absichten in einem Kampf mit den „Geistern der Finsternis", welche geschichtlich abgelebte, „alte

Impulse, die sich auf Rassen-, Stammes- und Volkszusammenhängen, auf das Blut gründen", in die neue Zeit hineintragen wollen. „Durch nichts wird sich die Menschheit mehr in den Niedergang hineinbringen, als wenn sich Rassen-, Volks- und Blutsideale fortpflanzen", so warnte Steiner (GA 177, S.204 f.; Erstveröffentlichung Dornach 1935).

Der NS-Staat, der nach außen wie eine durch Verführung und Terror zusammengehaltene Einheit erschien, besaß nach innen, unterhalb der diktatorischen Ebene des „Führers", eine zerklüftete, polykratische Machtstruktur. Unter der Oberfläche trugen Parteihierarchie und Staatsbürokratie verborgene Machtkämpfe aus. Den persönlichen Vorlieben und Schwächen von NS-Machthabern kam eine nicht geringe Hebelwirkung zu. Wurden diese auf geeignete Weise angesprochen, konnten sie im totalitären System jene Nischen eröffnen lassen, in denen auch eine Minderheit wie die Waldorfschulen vorübergehend toleriert werden konnten. Die Umstände und Motive, wie die Waldorfschulen die Protektion von Heß erlangten, sind charakteristisch für den Überlebenskampf in einer Diktatur, sie tragen zugleich zeittypische und skurrile Züge.

In Rudolf Heß (1894-1987) verkörperte sich die Pathologie des Nationalsozialismus auf eine eigentümliche Weise (Westrich, S.155 ff.; Fest, 1986, S.257-270). Seit der scheue, introvertierte, an einem Vaterkomplex leidende, junge Heß im Januar 1920 in München erstmals Hitler hatte reden hören, war er ihm auf gleichsam magische Weise verfallen. Bei den Parteitagen durfte Heß mit der bekannten Geste der Hingabe und Inbrunst den „Führer" ankündigen. Heß, zuerst Privatsekretär Hitlers, ab 1933 „Stellvertreter des Führers" in der NSDAP und Reichsminister, schließlich ab 1939 zweiter Nachfolger Hitlers (nach Göring), unterschied sich doch deutlich von anderen NS-Führern. Er besaß weder das demagogische Talent, die taktische Gerissenheit und Brutalität, noch einen vergleichbaren Machthunger, wodurch diese sich auszeichneten. Wegen seiner unbestrittenen persönlichen Integrität zog er Kreise an, die einem brutalen Nationalsozialismus distanziert gegenüberstanden. Heß' Vertrauenswürdigkeit kam dem „Führer" und dem System zugute.

Als „Stellvertreter des Führers" übernahm Heß untergeordnete Repräsentationsaufgaben und wurde zur Beschwerdeinstanz für zahlreiche Bittsteller. Häufig kamen diese aus lebensreformerischen, aber auch homöopathischen und auch biologisch-dynamischen Kreisen, weil die persönlichen Neigungen zu gesunder, vegetarischer Lebensweise von Heß nicht unbekannt blieben. Für die Homöopathie setzte sich Heß auch öffentlich ein, als er im August 1937 die Eröffnungsrede bei einem Homöopathen-Kongreß hielt. Er rief dort klassische Medizin und Homöopathie zur „Aussöhnung" auf, weil die „Krisis" der modernen Medizin nur durch eine ganzheitliche, naturnahe Heilmethode überwunden werden könne (*Völkischer Beobachter*, 10.08.1937; *Demeter*, 8/1937). Heß selbst bevorzugte biologisch-dynamische Nahrung, auch wenn diese wie etwa zu einem Essen beim „Führer" extra mitgebracht werden mußte (Speer, S.133). Wegen einer Gallenkrankheit nahm Heß homöopathische Medizin zu sich, die er auch bei seinem mißglückten „Friedensflug" nach England am 10. Mai 1941 überaus reichlich bei sich hatte.

In einem ersten und folgenreichen Kontakt mit der biologisch-dynamischen Wirtschaftsweise kam Rudolf Heß vermutlich über seinen Nachbarn in Harlaching, Alwin Seyfert. Er war Anhänger biologisch-dynamischen Anbaus; als Gartenbauarchitekt wurde er u.a. für die gärtnerische Gestaltung der Reichsautobahnen zuständig (Seyfert, 1971; vgl. Leber/ Leist, 1984, S.344; Klein, S.82). Veranlaßt durch Seyfert ließ Heß seinen eigenen Garten von dem biologisch-dynamischen Landwirt Dr. Erhard Bartsch anlegen. Bartsch hatte seit 1933 den Vorsitz im Reichsverband für biologisch-dynamische Wirtschaftsweise, zu deren Mitgliedern und Umfeld eine große Anzahl von Höfen gerechnet werden konnte.

Die biologisch-dynamische Bewegung, die chemiefrei wirtschaftete, wurde zu Beginn der dreißiger Jahre von der Kunstdüngerindustrie als ernsthafter Konkurrent angesehen und existenzgefährdend bekämpft (vgl. „Die anthroposophischen Zeitschriften", S.409-423). Als nach der Machtergreifung Hitlers den biologisch-dynamischen Landwirten auf Betreiben der Kunstdüngerindustrie ein Reichsverbot drohte, wandten sie sich an Heß. Zu einer Unterredung geladen, sicherte Heß den Vertretern des Reichsverbandes - u.a. Erhard Bartsch - im Beisein von Reichsbauernführer Walter Darré (1895-1953) wegen ihrer „volksgesundheitlichen und agrarpolitischen Bedeutung" Schutz vor polemischen Angriffen zu. Ein entsprechender Erlaß von Heß ist vom 22. Januar datiert („Soziale Arbeit", 28.04.1934, Nr.15). Die Landwirte hatten in den folgenden Jahren eine Zeit ungestörten Aufbaus. Das Eingreifen von Heß dürfte Vertreter der Waldorfschulen ermutigt haben, sich bald ebenfalls an ihn zu wenden.

Im Zuge der Gleichschaltung des Erziehungswesens betrieb die nationalsozialistische Regierung Württembergs die Schließung der Waldorfschule Stuttgart. Ministerpräsident Mergenthaler verhängte am 10. Februar 1934 eine Aufnahmesperre für Schüler der 1. Klasse, „weil Unterricht und Erziehung der Waldorfschule den Grundsätzen des Nationalsozialismus nicht entsprechen", und leitete damit die Schließung ein.

Die Maßnahme Stuttgarts konnte bei anderen Landesregierungen sehr schnell Nachahmung finden. Es stand nicht nur die Schule Stuttgart, sondern die ganze Schulbewegung auf dem Spiel: Die Schulen in Hamburg-Altona und Hamburg-Wandsbek, in Berlin, Hannover, Kassel, Breslau und Dresden mit etwa 2.800 Kindern, außerdem der überregionale Waldorfschulverein. Würde es nach einer Schließung je wieder möglich sein, die Schulbewegung in Zukunft aufzubauen? Am Willen von Eltern, Kindern und Lehrern, die Waldorfschulen mit allen ihnen möglichen Mitteln zu erhalten, konnte kein Zweifel bestehen.

In dieser Lage konnte die Waldorfschule einen Kreis von Sympathisanten, vielfach Eltern und Freunde der Schule, mobilisieren, die für die Schule auf unterschiedlichen Wegen eintraten (WS-Archiv 10, auch im folgenden). Da sich Verhandlungen mit Mergenthaler und dem württembergischen Kultusministerium rasch als zwecklos erwiesen, mußte der Schritt zu höheren Instanzen, zu Reichsministerien und Parteistellen unternommen werden. Dieser Aufgabe unterzog sich der bereits erkrankte beauftragte „Leiter des Bundes der Waldorfschulen", Christoph Boy. Boy konnte als ehemaliger verwundeter Frontsoldat bei seinen Gesprächspartnern vermutlich noch am ehesten Gehör finden (vgl. Husemann/Tautz, S.221-230).

Bei einer dritten Reise nach München, nach vielen Vorsprachen bei untergeordneten Stellen, kann Boy endlich am 3. März zu Philipp Bouhler (1899-1945), einem engen Mitarbeiter von Heß (und späteren Chef der Kanzlei des Führers), vordringen. Boy stößt bei Bouhler auf ein gewisses Verständnis; ein Eingreifen der Parteizentrale lehnt Bouhler jedoch ab, weil diese nicht einfach die Entscheidungen einer Landesregierung annullieren könne. Die Bitte Boys, zu Heß selbst vorgelassen zu werden, wird wegen dessen Arbeitsüberlastung abgeschlagen. Boy war zu diesem Zeitpunkt bereits schwer erkrankt. In seinen Reisenotizen vermerkte er: „Trinke nichts als gekühlte Milch, muß aber von Zeit zu Zeit immer wieder erbrechen. Mein Zustand einfach deplorabel" (WS-Archiv 10, 28.02.1934).

Zur selben Zeit verhandelte der verantwortliche Vertreter der Schule in Hannover, René Maikowski, mit Berliner Reichsbehörden, doch auch diese Verhandlungen verliefen im Sande. Karl Ege, der dem Verwaltungsrat der Schule in Hannover angehörte, äußerte in einem vertraulichen Brief an Bartsch, wolle man die Schule „mit vielen Beulen und Wunden durchbringen", müsse man notwendigerweise „zu diesen Stellen", vor allem zum „Stellvertreter des Führers" durchstoßen. Kontaktversuche zu anderen NS-Führern hatten sich allesamt als erfolglos erwiesen. Der zuständige Reichsinnenminister Wilhelm Frick (1877-1946) verhielt sich ablehnend, Reichserziehungsminister Bernhard Rust (1883-1945) abwartend. Alfred Rosenberg (1893-1946), der Beauftragte des Führers für die weltanschauliche Schulung der NSDAP, „lehnte Gespräche radikal ab und bekundete den Willen, alles zu tun, damit unsere Sache verschwinde" (WS-Archiv 10, Bund der WS, 07.06.1934). Wie die Vertreter der Waldorfschulen eruiert hatten, beanspruchte Rosenberg politisch die Entscheidungskompetenz, um über die Waldorfschulen verfügen zu können (WS-Archiv 10, 07.06.1934).

Überraschend ergab sich in dieser bedrohlichen Situation im März 1934 eine Chance, über einen Mittelsmann Heß für die Sache zu interessieren. Dieser Kontakt war den stetigen Bemühungen von Ernst Riegel zu verdanken, der, vermutlich ein Anthroposoph, als Pädagoge im Münchner Kultusministerium unter Minister Schemm tätig war. Riegel stellte die Verbindung zu Max Hartmann, einem Sänger, her, der mit der Schwester von Frau Ilse Heß verlobt gewesen war und öfters ins Haus Heß eingeladen wurde. Hartmann wurde von Riegel genau unterrichtet und erhielt Schriftsätze zur Vorlage bei Heß, so die Denkschriften von Schwebsch und Uehli sowie Eingaben der Schuleltern. Am 19. März konnte Hartmann die Angelegenheit bei Heß vortragen. Heß war zuerst der Meinung, die Schule sei zu „weichlich", schließlich habe ihn der „Fall Maikowski gewonnen" (WS-Archiv 10, 19.03.1934). Auf die Frage, ob Heß noch die Zulassung der Kinder in die 1. Klasse bis Ostern einrenken könne, antwortete er: „Wenn die Auskunft der Gauleitung günstig ist, dann wird es mit einem Federstrich in Ordnung gebracht" (WS-Archiv 10, Riegel an Boy, 20.03.1934). Hartmanns Vermittlung blieb auf diese Gelegenheit beschränkt.

Beim „Fall Maikowski" handelte es sich um den ehemaligen Schüler der Waldorfschule Stuttgart, Hans Eberhard Maikowski, der auf Anraten seines Bruders René in den letzten Schuljahren die Waldorfschule Stuttgart besucht hatte, dann SA-Sturmführer geworden war und in der Nacht des 30. Januar 1933, dem Tag der Machtergreifung, bei der Rückkehr vom historischen Fackelzug ermordet wurde. Eberhard Maikowski erhielt als „Märtyrer der Bewegung" ein Staatsbegräbnis auf Anordnung Hitlers (Fest, 1987, S.616; Maikowski, S.143). In der Waldorfschule selbst wurde er allerdings nicht in den Rang eines pädagogischen Vorbilds erhoben. Paul Baumann, damaliger Leiter der Schule, führte in einer Unterredung mit Ministerpräsident Mergenthaler auch Namen ehemaliger Waldorfschüler, wie Eberhard Maikowski, die in den Ohren von Nationalsozialisten Klang hatten, ins Feld. Dieser entgegnete schroff: „Da kann man nur sagen, die Ausnahme bestätigt die Regel" (WS-Archiv 10, 09.03.1934).

Nach der ersten Fühlungnahme mit Heß war die Sache der Waldorfschule erst einmal auf den Weg gebracht. Untere NS-Chargen befaßten sich aufmerksamer mit der Waldorfschule; diese konnte zwar noch nicht vor den Restriktionen Mergenthalers, aber doch vor einem völligen Verbot sicher sein. Eine zweite persönliche Fühlungnahme mit Heß, und soweit bekannt, auch die letzte von seiten der Waldorfschulen, kam nach Ostern 1934 wohl durch einen geplanten „Zufall" zustande. Dr. Elisabeth Klein (1901-1983), die Mitbegründerin der Dresdner Schule, konnte - wohl vermittelt durch Erhard Bartsch - im Garten Alwin Seyferts mit dem Hobby-Gärtner Heß ins Gespräch kommen und ihr Anliegen vortragen (WS-Archiv 10). Sie fand dabei eine sehr „günstige Aufnahme" (WS-Archiv 10, Baumann, 18.05.1934).

Frau Klein teilte Christoph Boy als dem Sprecher des Bundes der Waldorfschulen ihre aus eigener Initiative ergriffenen Schritte mit und legte die Motive ihres Vorgehens dar (WS-Archiv 10, 03.04.1934). Sie suche „aus einem inneren Impuls heraus" Zugang zu führenden Personen, wobei sie „nie mit Akten und Schriftstücken, sondern von Mensch zu Mensch, durch das gesprochene Wort" Verbindung herzustellen suche. Ihre Absicht sei keineswegs, die Pädagogik Steiners zu verflachen oder „Opportunitätspolitik" zu treiben, aber man dürfe ja heute „an das Gegebene anknüpfen".

So harmlos auch die Bekundung „an das Gegebene anknüpfen" zu wollen, klang, so lag doch in der Akzentuierung eine Differenz zu der in der Denkschrift von Erich Schwebsch erklärten Absicht, nur soweit die „inneren Voraussetzungen" dies zuließen, mit dem neuen Staat zu kooperieren. Schwebsch wurde dann fünf Jahre später, ab 1939, als Mitglied des Dresdner Lehrerkollegiums der direkte Gegenspieler von Frau Klein.

Frau Klein vermochte bald die Verbindung zu Heß auch über dessen Frau und über enge Mitarbeiter von Heß in der Parteizentrale systematisch zu erweitern und tragfähig zu machen. Am 16. Mai wurde auf Veranlassung des Stabes Heß die Entscheidung über die Waldorfschulen an Reichsminister Rust weitergeleitet und damit der Kompetenz von Landesregierungen - und auch der von Rosenberg - entzogen. Die Entscheidung über den Bestand der Waldorfschulen sollte im Rahmen des zu verabschiedenden Reichsgesetzes über Privatschulen gefällt werden (WS-Archiv 10, Bouhler vom 15.05.1934). Im Ministerium Rust wurden schließlich im Juni 1934 in Anwesenheit von Maikowski und Klein ein Ministererlaß an das württembergische Kultusministerium formuliert, in dem dieses angewiesen wurde, die 1. Klasse der Waldorfschule Stuttgart wiederzueröffnen (WS-Archiv 10, 07.06.1934). Minister Rust stimmte der Vorlage zu und ließ sie der Landesregierung mitteilen (WS-Archiv 10, 09.07.1934), die jedoch den Erlaß zuerst einmal ignorierte.

Dieser kaum für möglich gehaltene Erfolg für die Erhaltung der Waldorfschulen bedeutete auch eine Vorentscheidung für die anstehende Wahl eines Leiters des Bundes der Waldorfschulen.

Der Bund der Waldorfschulen 1933-1936: Gründung, Tätigkeit, Konfliktlinien

Im Kooperationsorgan der Waldorfschulen, im 1933/34 errichteten Bund der Waldorfschulen, zeichneten sich zwei Konfliktlinien ab, die sich überlagerten. Der eine, zu diesem Zeitpunkt aber noch latente Konflikt betraf die Haltung der Waldorfschulen zum NS-Staat. Der zweite Konflikt resultierte aus der Krise der Anthroposophischen Gesellschaft nach Steiners Tod 1925. Sie wirkte in die Schulbewegung, vor allem in die Lehrer-kollegien in den Jahren 1933-1935 besonders heftig ein.

Der „Bund der Waldorfschulen" geht auf einen im Mai 1933 vereinbarten Zusammen-schluß der neun deutschen Schulen zurück, der noch den Namen „Reichsbund der Waldorfschulen" trug. Als Leitungsgremium fungierte eine in unregelmäßigen Abstän-den einberufene „Vertreterkonferenz" der Schulen. Der „Reichsbund", bei der Waldorf-schule Stuttgart geführt, trat kaum in Erscheinung, er besaß nicht einmal einen Briefkopf. Bereits im Juli lautete der nunmehr gedruckte Briefkopf „Bund der Waldorfschulen", eine stille Namensänderung, die eine sensible Wortwahl verrät.

Die zum 10. September 1933 in Stuttgart einberufene Vertreterkonferenz, die über das gemeinsame Verhalten gegenüber Gleichschaltungsmaßnahmen beriet, übertrug Chri-stoph Boy die Aufgabe eines „Beauftragten des Bundes"; er sollte Vertretungsaufgaben aller Schulen wahrnehmen. Dafür wurde ein gemeinsamer Beitrag festgelegt und eine beim Waldorfschulverein geführte Kasse eingerichtet (WS-Archiv, 04.09./10.09.1934). Eine Neukonstituierung des Bundes erwies sich im Frühjahr 1934 als notwendig, zumal der erkrankte Christoph Boy um die Einsetzung eines aktionsfähigen Nachfolgers bat. Die Vertreterversammlung vom 6. Mai 1934 in Stuttgart einigte sich auf René Maikowski als neuen „Bundesleiter" neben dem formell noch amtierenden Christoph Boy (1897-09.10.1934).

Die Bestellung von René Maikowski, des Bruders von Eberhard Maikowski, als Unterhändler bei NS-Behörden und bald darauf als Vertreter des Bundes der Waldorf-schulen (Maikowski, S.140 f.) erfolgte durchaus aus pragmatischen Überlegungen (Le-ber/Leist, 1983, S.345), denn „Waldorfschulen" und „Anthroposophen" stießen bei NS-Behörden gewöhnlich auf Abwehr, die Nennung des Namens Maikowski hatte jedoch eine elektrisierende Wirkung und öffnete vorher verschlossene Türen (Klein, S.84; Maikowski, S.143).

Frau Klein wurde weiterhin aus eigener Initiative tätig und arbeitete - praktisch als Vertreterin der Bundesleitung - mit Maikowski zusammen. In der Bestellung Maikowskis zum alleinigen Bundesleiter und der Verlagerung des Bundes der Waldorfschulen nach Hannover drückte sich auch ein stark geschmälerter Einfluß der „Mutterschule" aus, der in den Differenzen innerhalb der Schulbewegung begründet war, in welche die Krise der Anthroposophischen Gesellschaft nach Steiners Tod 1925 hineinwirkte. Erst diese Mo-mente können die weitere Entwicklung verständlich machen.

Innerhalb der auf internationalem Felde arbeitenden Anthroposophischen Gesellschaft hatten sich zwei Richtungen herausgebildet. Die eine gruppierte sich um den Vorstand am Goetheanum, der eine bestimmte, als „richtig" empfundene Anthroposophie zu vertreten beanspruchte und sie durch eine Zentralisierung der Allgemeinen Anthroposophischen Gesellschaft zu verwirklichen suchte (vgl. v. Plato). Die andere Richtung hatte sich im Gegenzug unter maßgeblicher Mitwirkung von Eugen Kolisko, dem Schularzt und Fachlehrer der Waldorfschule Stuttgart 1934, zu den „Vereinigten Freien Anthroposophi-schen Gruppen" aus Deutschland, den Niederlanden und England zusammengeschlossen. Diese hatten in Stuttgart ihren Schwerpunkt.

Das Kollegium der Waldorfschule Stuttgart war in „Goetheanum-Treue" und „Freie" - vereinfacht gesagt - gespalten. Während das Kollegium Berlin vornehmlich die Richtung der „Freien" unterstützte, vertraten Dresden und Hannover, ebenso wie ihre Sprecher

Klein und Maikowski die Linie des Goetheanum-Vorstandes (WS-Archiv 10, 29.05.1934; 19, 17.05.1934). Die Dresdner Schule forderte das Kollegium Stuttgart auf, ihr „negatives Verhältnis zum Goetheanum" aufzuheben und sich eindeutig zu entscheiden. Sie stellte sich damit hinter eine Aufforderung des Vorsitzenden der Anthroposophischen Gesellschaft, Albert Steffen. Dieser hatte bereits im Vorjahr wegen eines mißverständlichen Passus in einer Verlautbarung der Waldorfschule - „die Schulen sind nie Institutionen der Anthroposophischen Gesellschaft gewesen" - den nominell begleiteten Vorsitz des Waldorfschulvereins niedergelegt. Steffen, der in dem Passus eine Aufkündigung der Verbindung mit dem Goetheanum sah (WS-Archiv 10, Steffen vom 23.07.1933), legte dem Kollegium nunmehr bestimmte „Schritte" nahe, um diese Verbindung wiederherzustellen. Diese konnten nur, wie Maikowski den Schulen verdeutlichte, in einer Trennung von der dem Goetheanum entgegenstehenden Richtung im Kollegium liegen (WS-Archiv, 10; 19 A).

Über die Kompetenzen des Sprechers des Bundes herrschten nach der Vertreterkonferenz im Herbst 1933 unterschiedliche und für den doppelten Konflikt der Schulbewegung - über die Haltung zum Goetheanum und zur politischen Außenwelt - recht symptomatische Meinungsunterschiede. Erich Schwebsch vertrat die Auffassung, die Vertreterkonfernz habe dem Bundesleiter nur defensive „politische Aufgaben" übertragen, darüber hinausgehende Aufgaben seien aber an das ausdrückliche Votum der Schulen gebunden. Maikowski und ein Sprecher der Dresdner Schule hingegen interpretierten die Beschlüsse der Vertreterkonferenz als Billigung einer inhaltlich begründeten „Haltung" sowohl dem Goetheanum gegenüber, wie „gegenüber dem Staat und der Außenwelt" (WS-Archiv 10, 29.05.1934; 19 A 17.05.1934). Die Klärung der Krise der Anthroposophischen Gesellschaft und die Klärung der Haltung zum NS-Staat überlagerten sich sehr deutlich; es zeichneten sich Richtungen innerhalb der Schulbewegung ab, die später noch deutlicher hervortreten sollten.

Die Repräsentanten der „Freien anthroposophischen Gruppen" und der englischen und niederländischen Landesgesellschaften wurden mit Mehrheitsbeschluß der Generalversammlung der Anthroposophischen Gesellschaft in Dornach vom 14. April 1935 ausgeschlossen. Kolisko und Dr. Caroline von Heydebrand verließen die Stuttgarter Schule. Erst im folgenden Jahr hatte sich das Kollegium soweit konsolidiert, daß es eine inzwischen gebildete relativ kleine, aber einflußreiche NS-Elterngruppe innerhalb der Elternschaft der Schule in die Schranken verweisen und in den entscheidenden Fragen der Schulbewegung ihr Gewicht in die Waagschale werfen konnte.

Der Bund der Waldorfschulen in der Person von René Maikowski und - tatsächlich auch - in Elisabeth Klein konnte in den folgenden Jahren durch eine verschwiegene, zielgerichtete Aktivität wesentlich zur Erhaltung der Waldorfschulen beitragen. Frau Klein vermochte - wie sie es rückblickend sieht - mit Hilfe des Chefadjutanten von Heß, Alfred Leitgen, „eine Art Ring von Persönlickeiten" zu bilden, „die sich bei jeder neuen schwierigen Situation für unsere Schulen untereinander in Verbindung setzten und sich gegenseitig durch ihre verschiedenen Positionen halfen" (Klein, S.85, 88; Maikowski, S.151). Zu diesem kleinen Personenkreis gehörte Prof. Holfelder, die rechte Hand des Reichserziehungsministers Bernhard Rust; um das Jahr 1938 verstärkt auch Prof. Alfred Baeumler, der wissenschaftliche leiter im Amt Alfred Rosenberg und daneben Otto Ohlendorf, der im Sicherheitsdienst der SS das Amt „Volksbefragung" leitete.

Die Bemühungen von Maikowski und Klein hatten den Waldorfschulen zwar eine Überlebensfrist verschafft, ihre dauerhafte Erhaltung im NS-Staat schien aber beinahe aussichtslos, weil sie an ideologisch begründeten Positionen rüttelte. Im Parteiprogramm der NSDAP war der Grundsatz festgeschrieben, keine privaten Schulen, die Fremdkörper der neuen Volksgemeinschaft seien, zu dulden und das Erziehungswesen völlig zu verstaatlichen. Der Vertraute von Heß, Alfred Leitgen, vermochte zwar die Frage der Waldorfschulen dilatorisch zu behandeln, doch im Jahre 1936 drängte die Situation auf eine Entscheidung. Erziehungsminister Rust verfügte im Reichsschulgesetz vom 12. März 1936 den Abbau aller Privatschulen durch Sperrung von Neuaufnahmen (WS-Archiv 11, 09.04.1936). Davon waren auch die Waldorfschulen betroffen. Das Gesetz ließ nur bei staatlich anerkannten Versuchsschulen eine Ausnahme zu.

Der Bundesleiter Maikowski stellte daraufhin bei Heß am 09.04.1936 den Antrag, die Waldorfschulen „als Versuchsschulen im Rahmen des neu zu gestaltenden Schulwesens" bestehen zu lassen (WS-Archiv 11, 09.04.1936), stieß mit dieser vagen Formulierung aber auf kritische Vorbehalte, z.b. von Seiten des Stuttgarter „Schulleiters" (Graf v. Bothmer, WS-Archiv 11, 23.04.1936). In der bald folgenden Eingabe an Reichserziehungsminister Rust präzisierte Maikowski den Status der Versuchsschulen, für die er nunmehr die „Freiheit der Lehrerauswahl, des Lehrplans und der Methode" beanspruchte (WS-Archiv 11, 23.04.1936).

Das Problem der Waldorfschule im Nationalsozialismus stellte sich damit auf einer neuen und komplexeren Stufe.

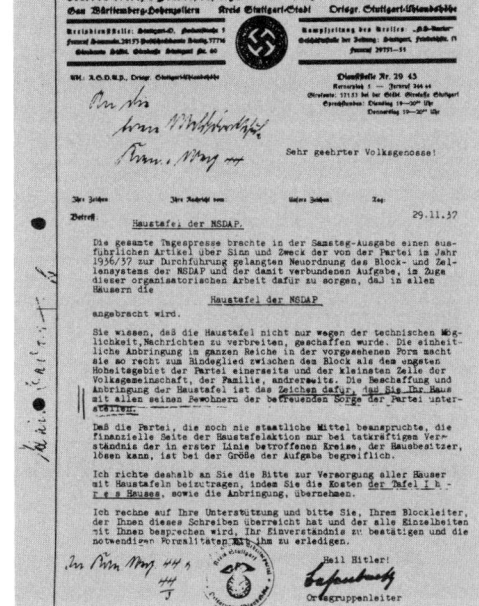

Aus dem alltäglichen Leben im NS-Staat: Der Ortsgruppenleiter der NSDAP forderte die „freie Waldorfschule" auf, Haustafeln der Partei in der Schule anzubringen, als „Zeichen dafür, daß Sie Ihr Haus mit allen seinen Bewohnern der betreuenden Sorge der Partei unterstellen". Der Schulleiter, Fritz v. Bothmer, markierte diesen Satz und vermerkte am Rande „Kein Bedarf".

Die Krise des Bundes der Waldorfschulen 1936/37

Die Unterhändler des Bundes der Waldorfschulen vermochten zwar die „schwachen" Stellen im Regierungs- und Parteiapparat geschickt zu nutzen, sie ermöglichten ihrerseits aber auch den Vertrauenspersonen in den NS-Behörden, mögliche Bruchstellen innerhalb der Schulbewegung in Erfahrung zu bringen und taktisch zu nutzen.

Nachdem der Antrag auf Versuchsschulen gestellt war, eröffnete der Vertreter des Reichserziehungsministers, Ministerialrat Frank, den beiden Unterhändlern Maikowski und Klein am 18. Juni 1936, daß „ein oder zwei" - gelegentlich hieß es auch „eine oder mehrere" - Waldorfschulen staatliche Anerkennung als Versuchsschulen finden könnten. Frank schuf damit eine neue Lage: Die Waldorfschulen sollten sich einigen, welche von ihnen erhalten, welche aufgelöst werden sollten. Bei der relativen Selbständigkeit, dem verständlichen Selbsterhaltungsinteresse jeder Schule und ihren nicht durchgängig gleich entschiedenen (ablehnenden) Haltungen zum NS-Staat mußte dieses Angebot interne Auseinandersetzungen hervorrufen, die von seiten der NS-Behörden wohl gerade beabsichtigt waren.

Durch die Schulen selbst oder durch interne Meinungsbildung der Behörden waren bereits Vorentscheidungen über potentielle Versuchsschulen getroffen. Die Erhaltung der „Mutterschule" Stuttgart, als der größten und erfahrensten, wäre zwar konsequent gewesen, war aber bei den Behörden am wenigsten erwünscht. In der Parteileitung in München wie in der württembergischen Kultusbehörde hatte die Waldorfschule in Stuttgart einen schlechten Ruf. Schulte-Strathaus, ein Vertrauensmann von Rudolf Heß (ein früherer Buchhändler und Astrologe, den Heß in seinen Stab geholt hatte), äußerte sich gegenüber Frau Els Moll, einer Nationalsozialistin, die als Lehrerin an der Waldorf-schule tätig gewesen, dort aber 1934 entlassen worden war: „Die Waldorfschule taugt nichts, die jungen Schulen sind besser zu gebrauchen." Wenn die Waldorfschule weiter-bestehen wolle, müsse sie ein Bekenntnis zum nationalsozialistischen Staat ablegen (WS-Archiv 11, 06.06.1935). Das Kollegium der Schule trat auch bald mit einem Bekenntnis hervor, freilich nicht zu dem „Führer", sondern zum Schulgründer Rudolf Steiner. Anläßlich dessen 75. Geburtstag am 25. Februar 1936 bekannte sich das Kollegium öffentlich zu Steiner und wies „Verunglimpfungen" seiner Persönlichkeit und seines Werkes, wie sie jüngst auch in der Presse erhoben worden seien, zurück (*Erziehungskunst*, Februar 1936).

Auch der zuständige württembergische Beamte im Kultusministerium und Vertreter des Ministers, Dr. Cuhorst, hatte eine negative Meinung über das Kollegium der Waldorf-schule: „Es will nicht mitarbeiten im Staat", es verschließe sich „dem Neuen". Über Waldorfpädagogik selbst hatte sich bei Cuhorst allerdings ein nicht unverdächtiger Sinneswandel vollzogen. Er wolle diese Pädagogik gar nicht ganz beseitigen, könnten doch bei ihrem geplanten Abbruch durchaus noch nützliche Reste übrigbleiben. „Der Staat", äußerte er, „kann sich aus dieser Pädagogik herausholen, was er braucht" (WS-Archiv 11, 06.06.1935, Cuhorst zu Moll).

Unterstützt von der NS-Gruppe in der Elternschaft der Waldorfschule verhandelte Frau Moll im Reichserziehungsministerium Berlin und im württembergischen Kultusministe-rium über ihren erneuten Eintritt ins Kollegium der Waldorfschule und die Übernahme der Schulleitung. Als das Kollegium der Schule davon erfuhr, protestierte es einmütig beim

Reichserziehungsministerium gegen die Anmaßung Molls und lehnte jede Zusammenarbeit mit ihr ab (WS-Archiv 11, 28.11.1936). Die Waldorfschule in Stuttgart war auch zu keiner Geste der Kooperation mit NS-Behörden bereit, sie stellte auch trotz des Drängens von Maikowski und Klein keinen Antrag auf ein Weiterbestehen als „Versuchsschule". Dieselbe Haltung nahmen auch die beiden Schulen in Hamburg-Altona und Berlin ein. Im Namen seines Kollegiums erklärte Dr. Franz Brumberg, Berlin, auf „alle Zugeständnisse des Staates" verzichten zu wollen, sollten nicht bestimmte „Grundvoraussetzungen" der Arbeit erfüllt sein: „Diese sehen wir in der Rehabilitierung des Namens Dr. Steiners, in der Freiheit der öffentlichen anthroposophischen Arbeit und in der Autonomie der Pädagogik" (WS-Archiv 11, 28.08.1936). Diese Bedingungen waren freilich im NS-Staat unerfüllbar.

Die Schule Berlin erklärte sich in einem Rundschreiben an alle Schulen gegen „jede Teil-Erlaubnis". „Sie schafft unklare Zustände, wo einheitliche Klarheit der Gesamtlage - und sei diese noch so fraglich - auf jeden Fall geistig notwendig ist" (WS-Archiv 11, 20.06.1936, Anni Heuser).

Die übrigen Schulen in Dresden, Hannover, Kassel und Wandsbek hatten sich Mitte 1936 noch nicht eindeutig für den Status einer Versuchsschule entschieden. Um eine einheitliche Haltung herzustellen, drängten Hamburg-Altona und Stuttgart auf eine Vertreterkonferenz der Schulen, die seit 1934 nicht mehr stattgefunden hatte (WS-Archiv 11, 29.04.1936). Diese Konferenz trat am 12. September 1936 in Kassel zusammen; sie schien tatsächlich die Einheit der Schulbewegung bewirken zu können.

Bei den Beratungen über einen gemeinsamen Antrag zur Gewährung von Versuchsschulen war die Konferenz über dessen Form und Inhalt zuerst zerstritten. Dresden, Hannover und Wandsbek plädierten *für* die Antragstellung, das Kasseler Kollegium war uneins, Stuttgart, Hamburg-Altona und Berlin lehnten eine Antragstellung in unterschiedlicher Schärfe ab (WS-Archiv 11, 17.09.1936; Spiegel, S.168). Schließlich fand Ernst Uehli, ein Stuttgarter Lehrer, die erlösende Einigungsformel: „Wir können die Waldorfschulen in Deutschland so lange zu halten versuchen und nur so lange, wie die Schulen die Keimkraft der Idee nicht gefährden. Wenn die Kompromisse so weit gehen und die Schulorganismen innerlich und äußerlich so verkrüppelt sind, daß die Keimkraft der Idee durch ihre Existenz gefährdet wird, dann müssen wir schließen" (Spiegel, S.168). So eindrucksvoll diese Stuttgarter Formulierung auch war, so verhüllte sie doch nur das Problem, wie die Interpretation der „Keimkraft der Idee" der Waldorfpädagogik im NS-Staat konkret festzustellen sei. Darüber gab es weiterhin Differenzen.

Bei der Umsetzung dieser Einigungsformel in konkrete Beschlüsse beteiligte sich auch der neue Vorsitzende des Waldorfschulvereins, Dr.-Ing. Emil Kühn. Er war Nachfolger von Emil Molt und, wie dieser, ein Industrieller. Seine mit Augenmaß und Geschick erstmals in Kassel vertretene Vermittlerposition sollte für die Erhaltung einer einheitlichen Schulbewegung in den folgenden Jahren unersetzlich werden. Die Konferenz wählte ein Fünfer-Gremium als neue „Bundesleitung", in der die Schule Stuttgart mit Ernst Uehli und Fritz v. Bothmer personell wieder vertreten war. Außerdem gehörten ihm der bisherige Bundesleiter René Maikowski, Elisabeth Klein, deren Tätigkeit nunmehr zum erstenmal formell bestätigt wurde, und Martin Schmidt aus Kassel an. Das Ergebnis der Konferenz faßte Emil Kühn in zwei Punkten zusammen: Die amtlich gemachten Vorschläge auf Neugründung von Versuchsschulen seien zunächst von der Vertreterversammlung abgelehnt und der Stuttgarter Schule bei einer eventuell noch zu formulierenden Antragstellung ein „Hauptgewicht" eingeräumt worden (WS-Archiv 11, 17.09.1936).

Doch die Polarisierung der Schulbewegung, zu der das Erziehungsministerium nicht ohne Absicht beigetragen hatte, war nur durch die Kompromißformel verdeckt. Die drei oder vier antragswilligen Schulen, die sich vor Kassel schon verständigt hatten, einigten sich - den Angaben Maikowskis zufolge - „in den Pausen der Kasseler Verhandlungen" und ohne Wissen der anderen Schulen darauf, „nach Absendung der allgemeinen Eingabe" jeweils einen Sonder-Antrag an die örtlichen Erziehungsbehörden stellen zu wollen. Ob diese ja nur von einzelnen Vertretern getroffene Absprache selbst bei *allen* antragswilligen Schulen unumstößlich war, muß aber bezweifelt werden.

Nach der Kasseler Konferenz erarbeiteten Bothmer und Uehli als Mitglieder der „Bundesleitung" eine Antwort auf den Regierungsvorschlag auf Errichtung von Versuchsschulen. Sie lehnten ihn rundweg ab, weil er auf die „Preisgabe der Mutterschule" hinauslaufe (WS-Archiv 11, ca. Mitte September 1936) und forderten, daß die Arbeit der Schulen „nicht weiter gehemmt und unmöglich gemacht werden" dürfe. Diese kompromißlose Ablehnung des Regierungsvorschlags stieß intern aber auf entschiedenen Widerspruch Maikowskis, der seinerseits einen Entwurf formulierte, der im Ton überaus konziliant („Die Lehrerschaft der deutschen Waldorfschule dankt dem Herrn Minister für das hiermit bekundete Wohlwollen, bittet jedoch ...'), in anderen Passagen vage oder mißverständlich gehalten war („Anpassungsfähigkeit ... an das konkrete Leben das Wesentliche der Waldorfpädagogik") (WS-Archiv 11, 21.09.1936).

Dieser Antwort versagten nun Bothmer und Uehli ihre Zustimmung. Um weitere Entwürfe, in denen doch ein Rettungsanker für die Einheit der Schulbewegung gesehen wurde, bemühten sich Emil Kühn und Martin Schmidt, doch vergebens. Erst bei einer zweitägigen Konferenz des „Fünfer-Gremiums" am 3. und 4. Oktober in Berlin konnte, wie Maikowski das Ergebnis zusammenfaßte, „zwischen ihnen eine weitgehende Verständigung erreicht werden" (WS-Archiv 11, 06.10.1936). Die Antwort auf den Regierungsvorschlag war in der Form höflich, in der Sache kompromißlos: „Eine Preisgabe der Mutterschule Stuttgart ... ist mit der Absicht, die Waldorfpädagogik zu erhalten, unvereinbar" (WS-Archiv 11, ca. 06.10.1936). Nicht um die Errichtung von Versuchsschulen wurde gebeten, sondern es wurde an die Verantwortlichen appelliert, den jetzt bestehenden notwendigen Lebensraum zu gewähren. Die Gesamt-Eingabe, diese „Solidaritätserklärung für Stuttgart" (Bothmer), sollte innerhalb der Schulbewegung Wirkung entfalten und den Regierungsbehörden bedeuten, daß die Waldorfschulen gemeinsam bestehen oder gemeinsam untergehen wollten. Die Gesamt-Eingabe wurde am 19. Oktober dem Reichserziehungsministerium von Bundesleiter Maikowski eingereicht (WS-Archiv 11, 19.10.1936). Doch schon kurz nach der Berliner Konferenz hatte Maikowski Schritte in eine andere Richtung unternommen, die mit internen Vorgängen innerhalb der Bundesleitung wohl in engem Zusammhang standen.

Wie Maikowski in einem „Zusammenfassenden Bericht" dieser Berliner Konferenz feststellte, wurde eine prinzipielle Einmütigkeit über die „innere Haltung für die Weiterführung der Schulbewegung" erreicht (WS-Archiv 11, 06.10.1936). Nach Bothmer drückte sich dies in der gemeinsam erreichten Überzeugung aus, „daß es sich jetzt nicht mehr um die Erhaltung dieser oder jener Schule handle, sondern darum, daß die

Schulbewegung ihre ganze Kraft da einsetzen müsse, wo ihr die größte Gefahr droht" (WS-Archiv 11, 13.10.1936). Unterschiedliche Haltungen kamen nach wie vor in der Einschätzung des NS-Staates zum Ausdruck und in der Bewertung der bisherigen Verhandlungen der Vertreter des Bundes, Maikowski und Klein.

Die Verhandlungsführung der Bundesvertretung der letzten Jahre wurde dabei heftig kritisiert. Die Stuttgarter Sprecher lehnten sogar „eine weitere Vertretung des Bundes" bei den Behörden ab, wenn nicht jweils einer von ihnen (Bothmer oder Uehli) mit hinzugezogen werde. Dieses Mißtrauen gegenüber der bisherigen Bundesleitung gründete sich, so ist zu vermuten, auf den Eindruck mangelnder Informationsweitergabe sowie einer eigenständig verfolgten schulpolitischen Linie.

Im Bewußtsein seiner Unersetzlichkeit konnte Maikowski während der Konferenz seinen Rücktritt erklären und sich wohl noch am selben Tage unter der Bedingung eines freien Mandats und „eines uneingeschränkten Vertrauens" bewegen lassen, das Amt weiterzuführen (WS-Archiv 11, 06.10.1936). Die Position Maikowskis konnte auch Bothmer nicht ersetzen, der sich zwar um Verbindungen zu Entscheidungsträgern des Staates bemühte, aber dann einsehen mußte, er könne „das natürlich nicht ohne Maikowski" (WS-Archiv 11, 26.11.1936). Gespräche mit den Kontaktpersonen Maikowskis mit der gewünschten Beteiligung anderer Mitglieder des Bundes kamen nicht zustande.

Nach der Rückkehr aus Berlin gab Maikowski mit Rückendeckung des eigenen Kollegiums - über dessen Informationsstand kaum Aussagen möglich sind, der aber höchst gering gewesen sein dürfte - dem weiteren Verlauf der Geschichte der Waldorfschulen im „Dritten Reich" eine unvorhergesehene Wendung. Im Namen der Schule Hannover reichte Maikowski eine vom 6. Oktober datierte Sonder-Eingabe bei der lokalen Schulbehörde mit der Bitte um Genehmigung als Versuchsschule ein. Der Antrag, zugleich dem Reichserziehungsministerium in Berlin vorgelegt, wurde mit der Notlage der Schule begründet, die an Ostern des folgenen Jahres die Oberstufe würde schließen müssen, sollte dem Antrag nicht bald stattgegeben werden (WS-Archiv 11, 06.11. und 15.11.1936). In ähnlichen Notlagen befanden sich aber auch andere Schulen. Die übrigen Mitglieder der Bundesleitung, jedenfalls Bothmer und Uehli, waren von dem Schritt Maikowskis völlig überrascht. Bei einer zweiten, nach Berlin einberufenen Konferenz der Bundesleitung standen sich die Meinungen unvereinbar gegenüber. Bothmer kritisierte die Sondereingabe wegen der fehlenden Information des Bundes, wegen der sachlichen wie zeitlichen Konkurrenz zur Gesamt-Eingabe und wegen der „gefährlichen Formulierungen der Fassung" (WS-Archiv 11, 1./18.10.1936). Die Sonder-Eingabe konterkarierte tatsächlich die Bemühungen der Bundesleitung und drängte jetzt die antragswilligen Schulen - die nach Kenntnis des Gesamt-Antrages vielleicht weitere Schritte abgewartet hätten - in eine Konkurrenzsituation, denn sie durften ja bei ihrer Antragstellung um die „ein oder zwei" möglichen Versuchsschulen nicht zu spät kommen.

Die Antragstellung der Hannoveraner Schule brach den mühsam zuwege gebrachten Kompromiß; tiefere Gegensätze waren offenbar wirksamer als der Wille zum gemeinsamen Vorgehen. So ist es unumgänglich, hier die Gründe genauer zu analysieren. Stets gibt es im Falle von Konflikten, wie die Friedensforschung zeigt, bestimmte Hemmschwellen. Würde eine solche Schwelle von den Handelnden überschritten, so findet sich der Urheber, der den Konflikt ausweitet, in einem Argumentationszwang. Und so äußert sich denn auch Maikowski folgerichtig, sich rechtfertigend gegenüber den überraschten

Waldorfschulen. In einem Rundschreiben an alle Waldorfschulen in Deutschland hob er „erneut die grundsätzlich andere Anschauung" der gesamten Lage, die er und seine Vertrauten haben, hervor. Nicht materielle Gesichtspunkte hätten in erster Linie zu den Sondereingaben der vier Schulen geführt, sondern „ideelle Gesichtspunkte"; wichtiger sei die Möglichkeit, „gestaltend mitbauen zu können an der Entwicklung des geistigen Lebens in Deutschland, als die abstrakte Vertretung einer 'reinen' Waldorfpädagogik im luftleeren Raum, d.h. ohne Rücksichtnahme auf die tatsächlichen Verhältnisse" (WS-Archiv 11, 29.10.1936).

Aus diesen Formulierungen ist einiges an Motiven und Grundhaltungen der beiden Positionen zu erschließen. In der Selbstcharakteristik wird zwar von den maßgeblichen „ideellen Gesichtspunkten" gesprochen, aber zugleich die Rücksichtnahme auf die tatsächlichen Verhältnisse hervorgehoben. Die andere Position dagegen wird als Rechtfertigung der „reinen Waldorfpädagogik" im „luftleeren Raum" gekennzeichnet.

Es ist hiermit ein häufig anzutreffender Gegensatz von Realismus und Fundamentalismus gekennzeichnet, der sich deutlich beschreiben läßt. Maikowski und die von ihm beeinflußten Kollegen in Hannover und teilweise in den anderen genannten Schulen richten den Blick auf die politischen Gegebenheiten; diese werden als Hinzunehmendes, als prinzipiell nicht veränderbares Datum angesehen. Was ist aus der nun einmal bestehenden Situation für die eigene Sache herauszuholen? Wie läßt sich die eigene Pädagogik in diesem gegebenen Raum verwirklichen, was von ihr retten?

Mit diesem Ansatz, bei dem selbstverständlich die Divergenz zum Gehalt der „nationalsozialistischen Weltanschauung" bewußt blieb, war gleichwohl eine Gefahr verbunden: er bezog die Erfahrung im Umgang mit annehmbaren Vertretern des Nationalsozialismus mit ein, waren die Gesprächspartner des „neuen Staates" doch teilweise aufgeschlossen, teilweise auch an Einzelheiten der Waldorfpädagogik interessiert, die sie darauf prüften, ob aus ihr etwas für eigene Ansichten zu gebrauchen sei. So bestand die Gefahr, daß über diesem an den „menschlichen Gegebenheiten" orientierten Realismus die berechtigte Warnung der fundamental argumentierenden Position, wie sie etwa das Stuttgarter Kollegium u.a. vertrat, die brutale, menschenentwürdigende Gestalt des Systems übersehen wurde.

Die prinzipiell argumentierenden Kollegen wiesen auf Verbiegungen hin, die durch Kompromisse und Anpassung erfolgen könnten. Dieser Einwand wurde jedoch von Maikowski als „abstrakt" abgetan. Daß in einer staatlich überwachten Versuchsschule die Gefahr der Selbstaufgabe und des Substanzverlustes bestand, spürte Maikowski auch; er suchte sie durch entlarvende Formulierungen abzufangen, indem er von „ideellen Gesichtspunkten" sprach. Diese sind aber lediglich zweckhaft gebraucht, und deshalb gleitet die Argumentation dialektisch auch in problematischer Weise dahin, wenn von der Entwicklung des geistigen Lebens gesprochen wird. Der „Aufbruch", die „Bewegung", die der nun dreieinhalb Jahre herrschende und allmählich das gesamte Leben durchdringende Nationalsozialismus gebracht hat, wird bemerkt, ebenso auch das Faktum seines Bestehens akzeptiert, aber es wird nicht mit gleicher Schärfe das Abwesende, Problematische und - das damals noch nicht durchgängig sichtbare - Verwerfliche, moralisch Böse herausgearbeitet.

Demgegenüber haben die fundamental argumentierenden Kollegen die Prinzipien der freien Lehrerwahl, den eigenen Lehrplan usf. im Auge, die es zu sichern gilt. Diese

Kollegen hatten mit dem System erste böse Erfahrungen gemacht: Im Januar 1934 war durch rassische Bestimmungen gegen jüdische Beamte, Lehrer und Wissenschaftler auch die Exilierung einer größeren Kollegengruppe erzwungen worden - ein Menetekel dafür, daß Würde und Selbstachtung dem „System" und seinen Absichten nichts galten.

Es bleibt bei allen Unterschieden in der Auffassung die Frage, wieso Maikowski und die Schule Hannover ohne Rücksprache den vereinbarten Kompromiß brach, also doch einen fragwürdigen Vertrauensbruch beging. Was sind die Gründe dafür? Wer im Gegensatz zu anderen und deren Auffassungsfall lebt, sucht im Entscheidungsfall stets Verbündete, die ihn bestärken und ihm in der immer auch latent bestehenden Unsicherheit Gewißheit vermitteln. Damit ist der Weg vorgezeichnet: sowohl Maikowski als auch Klein orientieren sich (an Stuttgart vorbei) an Dornach als Instanz, die ihnen Sicherheit und innere Legitimation geben sollte. Hatte sich 1933 Albert Steffen als Vorstand der Anthroposophischen Gesellschaft aus dem Vorsitz des Schulvereins in Stuttgart zurückgezogen, so lehnte wiederum eine Gruppe von Stuttgarter Lehrern den Führungsstil des Dornacher Vorstands ab. Was lag näher, als hier Gesprächspartner und Zustimmung zu suchen? Nach dem Verbot der Anthroposophischen Gesellschaft war jeder Besuch eines Dornacher Vorstandsmitglieds in Deutschland unmöglich geworden, so daß Information durch einzelne Persönlichkeiten erfolgen mußte. Wenn Elisabeth Klein von ihren Besuchen in Dornach berichtet, dann ist es nur allzu selbstverständlich, daß alle Informationen so gegeben werden, wie es die Bestärkung der eigenen Ansichten erforderlich macht. Eine freie Urteilsbildung verlangt eine vielfältige Information und Meinungswahrnehmung; diese lag jedoch für Dornach eindeutig nicht vor. Wenn dort die Ermutigung gegeben wurde, sich positiv für die anthroposophische Pädagogik einzusetzen, so war das allgemein gehalten, konnte aber für das eigene Handeln doch so interpretiert werden, daß die eigene Position gestärkt wurde. Man konnte sich sogar einbilden, sich abgestimmt zu haben. Vertrauenswürdig ist diese Vorgehensweise keineswegs. Auch in Dornach bemühte man sich um ein prinzipielles Verständnis des Nationalsozialismus; es lag bei den verantwortlichen Persönlichkeiten eine durchgängige Einsicht in dessen Verwerflichkeit vor. So wurden erstmals die schon zitierten Vorträge über den „Sturz der Geister der Finsternis" veröffentlicht, wo Steiner die Vererbungs- und Rassenkräfte als jene Kräfte bezeichnet, die gegen die individuelle Freiheit stehen. Das „Pochen auf Stammes- und Volks- und Rassenzusammenhänge ... (ist) in Wahrheit der Anfang einer Niedergangserscheinung der Menschen, der Menschheit" (26.10.1917, hg. von Marie Steiner, Ausg. 1935, S.77).

Für die Gesprächspartner - ob Hannover, Stuttgart oder Dornach - war das Dämonische der NS-Ideologie klar, unklar dagegen das Urteil, wieweit die Begegnung mit einzelnen sympathisch-verbindlichen Vertretern des völkischen Staates einen Gestaltungsraum für das eigene Anliegen eröffnen bzw. wie unbedingt und total die Ideologie und das System dieses Staates alles Entgegenstehende ausmerzen werde. Die eine Gruppe zog sich selbst Grenzen, die andere meinte, sie - eventuell mit Kompromissen - ein Stück weit im eigenen Sinne zurückverlegen zu können. Zu diesem Zweck übernahm sie gelegentlich Vokabeln, um Brücken zu bauen, die jedoch von der Mehrheit aller Waldorflehrer als gefährliche Avancen an das Regime angesehen wurden, da sie auf „würdiger und entschlossener Gesamthaltung" bestand. Eine tiefe Krise, ein prägender Zwiespalt zerreißt die noch junge, eben siebzehnjährige Schulbewegung.

Die Sonder-Anträge wurden von Hannover am 6., von Dresden am 20., von Wandsbek am 30. Oktober und von Kassel am 24. November eingereicht.

Bald nach der Antragstellung der vier Schulen mußten Bothmer und Uehli in einem Rundschreiben an die Schulen enttäuscht erkennen, daß „die in Kassel aufgetretene Gemeinsamkeit in der Schulbewegung nur scheinbar" war und die Sonder-Anträge „diesen Bruch offensichtlich gemacht" hätten (WS-Archiv 11, 09.11.1936). Der Versuch, „die Waldorfschulbewegung in Deutschland zu einer gemeinsamen Haltung und Richtung zusammenzufassen", so resümierten Bothmer und Uehli das Ergebnis des monatelangen inneren Kampfes, „(ist) als gescheitert anzusehen" (WS-Archiv 11, 09.11.1936).

Die Sonder-Anträge auf Genehmigung von Versuchsschulen wurden entgegen den Erwartungen von den Behörden ablehnend (Hannover bereits am 10. November) oder dilatorisch behandelt. Ministerialrat Frank vom Erziehungsministerium, von dem die Anregung dazu ausgegangen war, lehnte weitere Gespräche darüber mit Maikowski ohne Begründung ab (WS-Archiv 11, 26.11.1936).

Bothmer und Uehli sahen jetzt eine Chance, doch noch zu einer Einigung innerhalb der Schulbewegung zu kommen. Sie schlugen dem Lehrerkollegium eine Vollversammlung in Stuttgart vor, „da die auszusprechenden Dinge vor allen Waldorflehrern müssen gesagt bzw. gehört werden können, da es vielleicht der letzte Versuch ist, die Schulen in Deutschland auf einer gemeinsamen Linie zusammenzuführen" (WS-Archiv 11, 30.11.1936). Wegen der Komplexität der Fragen lehnte Maikowski eine Vollversammlung ab; außerdem hätten sich die Kollegen in Dresden, Hamburg-Wandsbek, Hannover und teilweise auch in Kassel gegen eine solche ausgesprochen; er schlage eine Konferenz bevollmächtigter Vertreter vor, um zu einer Einigung zu gelangen, „denn gerade in diesem Augenblick (sei) eine würdige und entschlossene Gesamthaltung" erforderlich (WS-Archiv 11, 30.11.1936). Ohne noch die Antwort aus Stuttgart abzuwarten, unternahm Maikowski, der sich in eine Zwangslage hineinmanöviert hatte, einen weiteren Schritt, der durchaus der Logik seines bisherigen schulpolitischen Vorgehens entsprach. Der Brief vom 2. Dezember war an den ersten „Stellvertreter des Führers", Hermann Göring (1893-1946), gerichtet und ohne Rücksprache mit den übrigen Bundesleitern (außer mit Klein) von Maikowski mit „Der Leiter des Bundes der Waldorfschulen" unterzeichnet. Er sprach die Bitte um Erhaltung der Schulen aus, weil diese gegen den „materialistisch-intellektualistischen Zeitgeist" und gegen das „technisch-mechanische Zivilisationsgetriebe, dessen Sklave die gegenwärtige Menschheit geworden" sei, eine „lebenswirkliche Erziehungsarbeit" entgegenstelle, die „aus einer exakten Erkenntis der seelisch-geistigen Menschenwesenheit" fließe. Der Brief wurde von Elisabeth Klein ins Vorzimmer Görings überbracht und der Sekretärin, Frau Fuchs, mit der Klein inzwischen bekannt geworden war, zur Weiterleitung übergeben.

Nachdem Bothmer und Uehli die Abschrift des Briefes erhalten hatten, protestierten sie gegen die „Art und Weise, wie Sie (Maikowski) Ihre Ziele als Leiter des Bundes der Waldorfschulen zu erreichen streben", und stellten fest, daß sich Maikowski „in der Art und Weise", wie er seine Zeile zu erreichen strebe, von ihrer „Zugehörigkeit zu dieser Leitung unabhängig gemacht" habe (WS-Archiv 11, 02.12.1936). Zugleich erklärten sie den Rücktritt aus der Bundesleitung.

Das Lehrerkollegium Stuttgart nahm in einem Brief an Maikowski, der auch an die anderen Schulen ging, zu dem Vorgang eingehend Stellung. Das Kollegium erklärte, daß es seine Angelegenheiten künftig weder bei Maikowski noch bei Frau Dr. Klein „in einer Weise bei den Behörden und überhaupt vertreten (sähe), wie wir dies aus unserer eigenen Haltung und Gesinnung der Pädagogik Rudolf Steiners gegenüber verantworten können". Die Eingabe an Göring, hieß es weiter, „mißbilligen wir in ihrer Haltung und in ihrem Wortlaut".

Einige Wochen darauf trat auch Martin Schmidt aus der Bundesleitung aus (WS-Archiv 11, 21.12.1936). Berlin und Hamburg-Altona schlossen sich dem Protest Stuttgarts an. Das Kollegium Hannover hingegen verteidigte das „aufopferungsvolle Mühen und Ringen für Steiners Pädagogik" durch Maikowski und bedauerte das „offene Herausstellen der zwiespältigen Meinungen", wodurch „die letzten von uns errungenen Positionen ... zerstört" würden (WS-Archiv 11, 12.12.1936). Maikowski beanspruchte weiterhin „persönlich und im Namen jener Schulen", die ihn inzwischen erneut gebeten hätten, den Bund der Waldorfschulen zu führen (WS-Archiv 11, 16.12.1936).

Während der folgenden Monate bestand keine von allen Schulen anerkannte Bundesleitung. Der Bund der Waldorfschulen führte bis März des folgenden Jahres ein Schattendasein. Auf Einladung der Stuttgarter Schule fand am 27./28. Februar 1937, anläßlich des 76. Geburtstags Rudolf Steiners, eine Versammlung der Schulen in der Waldorfschule statt, zu der außer Dresden und Hannover auch alle Schulen gekommen waren (WS-Archiv 11, 03.03.1937). Die Stuttgarter Lehrerschaft verstand sich zu einer Geste der Versöhnung und schlug René Maikowski wiederum als Bundesleiter vor, dem außerdem Emil Kühn, der Vorsitzende des Waldorfschulvereins, gleichberechtigt zur Seite stehen sollte. Der Vorschlag, der den Kräfteverhältnissen innerhalb der Schulbewegung Rechnung trug, wurde akzeptiert (WS-Archiv 11, 15.03.1937). Die neue Bundesleitung, die auch Kleins Zustimmung fand, konnte schließlich im Mai 1937 zusammentreten. Eine der ersten Aufgaben Kühns bestand darin, den Tätigkeitsbereich von Frau Klein zu definieren. Ihre Tätigkeit müsse für die Bundesleitung „zunächst unverbindlich" bleiben, Auftragserteilungen seien aber nicht ausgeschlossen (WS-Archiv 11, 22.05.1937).

Das Jahr 1937 und teilweise auch 1938 brachte für das Verhältnis von Waldorfschule und Staat ein Moratorium, Versuchsschulen wurden nicht genehmigt, die Schulen wurden aber auch noch nicht verboten. Erst an Ostern 1938 wurde die Waldorfschule Stuttgart verboten, womit aber schon lange gerechnet werden konnte. Zum selben Zeitpunkt schloß auch die Rudolf Steiner-Schule Berlin, die sich bereits im Herbst des Vorjahres für die Schließung entschieden hatte. Sie erfolgte, wie Dr. Gustav Spiegel der Stuttgarter Schule mitteilte, nicht aus wirtschaftlichen Gründen, sondern „um wahr zu bleiben dem Werk Rudolf Steiners gegenüber" (WS-Archiv 11, 26.08.1937; siehe Wiedergabe).

Nach der Auflösung der Stuttgarter Schule erreichte Emil Kühn als amtierender Bundesleiter eine Regelung und Abgrenzung zwischen den beiden Polen der Schulbewegung, die sich seit der Krise 1936 immer mehr herauskristallisiert hatten. Er sicherte der Dresdner und der allein noch bestehenden Wandsbeker Schule finanzielle Unterstützung zu, stellte aber die Bedingung, daß damit auch die Existenz „für mehrere Lehrer der ehemaligen Waldorfschule" gesichert werden müsse. Acht Lehrer der Waldorfschule Stuttgart, unter ihnen Erich Schwebsch, nahmen die Arbeit an der Dresdner Schule auf, die bis zuletzt uneingeschränkt im Sinne der Waldorfpädagogik arbeiten konnte. Dort wiederholte sich der Bruch innerhalb der sehr geschrumpften Schulbewegung im verkleinerten Rahmen des Dresdner Kollegiums. Die Dresdner Schule wurde wie übrige noch bestehende anthroposophische Einrichtungen aufgrund des „Sonder-Befehls Rudolf Heß", der nach dem Flug von Heß nach England im Mai 1941 erlassen worden war, als letzte noch bestehende Waldorfschule verboten.

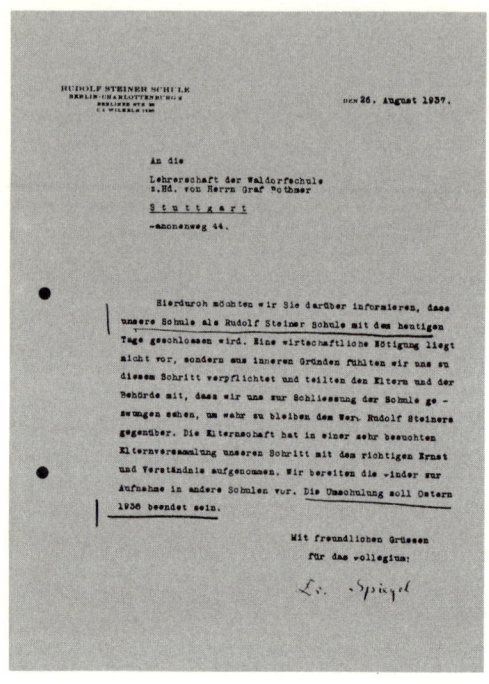

Die Schließung der Berliner Rudolf Steiner-Schule: Dr. Gustav Spiegel teilte am 26. August 1937 der Waldorfschule in Stuttgart mit, daß sie die Schule im NS-Staat nicht länger aufrechterhalten könnten. Die Berliner Schule beendete die Umschulung an Ostern 1938 und wurde zusammen mit der Stuttgarter Waldorfschule aufgelöst. Es war dies nach Spiegel „der letzte Moment, wo dies noch geschehen konnte, ohne daß die ganze Schulbewegung ernsten inneren Schaden hätte nehmen müssen". (Quelle: WS-Archiv 11).

Literaturhinweise:

1. *Archivalische Quellen*

A. Bundesarchiv Koblenz

Bestand NS 15/303-305 „Waldorfschulen, Reichsverband biologisch-dynamische Wirtschaftsweise, Anthroposophen".
Die Kennzeichnung erfolgt mit „Bundesarchiv" und Nr. des Bestandes.

B. Archiv des Bundes der Freien Waldorfschulen

Die folgenden Teile liegen dem Beitrag zugrunde. Die Kennzeichnung erfolgt mit „WS-Archiv", Kenn-Nummer und Datum der Quelle.

Nr. 3 Anthroposophische Gesellschaft, Dornacher Vorstand 1920-1935
Nr. 4 Die Waldorfschulen in Hamburg, Kassel, Breslau
Nr. 5 Die Waldorfschule Essen
Nr. 6 Die Waldorfschulen Berlin, Hannover

Nr. 7   Die Waldorfschulen Dresden und Hamburg-Altona

Nr. 9   Staatsaufsicht - Juli 1939 bis Ende 1942 (Württembergisches Kultusministerium, Evang.
         Oberschulrat)

Nr. 10   Der Kampf um die Waldorfschule, von Anfang 1933 bis Ende 1934

Nr. 11   Der Kampf um die Waldorfschule, von Anfang 1935 bis 1938

Nr. 13   Grundsätzliche Darstellungen der Waldorfschule 1926-1934

Nr. 14   Eltern-Aktionen (April 1921-November 1936)

Nr. 15   Behördenkorrespondenz betr. Schließung der Waldorfschule, Umschulung etc. auch
         Geh. Staatspolizei, Erz. Kunst usw.

Nr. 18   Vorstandsprotokolle des Waldorfschulvereins 1934/35, Jahresversammlung 1938

Nr. 19   Der Vorgang Tölke/Link (Waldorfschule und Nationalsozialismus)

Nr.19 a Korrespondenz von Waldorfschulen mit NS-Behörden

Nr. 20   „Mappe Braun", Der Waldorfschulverein, 1924-1939, 1945-1952

2. *Quellenliteratur*

Baeumler, Alfred: Nietzsche der Philosoph und Politiker. Leipzig 1931

Bartsch, Helmut: Erinnerungen eines Landwirts. Stuttgart 1978

Götte, Fritz: Erlebtes in der Zeit des Nationalsozialismus. Aus meinen biographischen Notizen.
(Manuskript) 1978

Husemann, Gisbert/Tautz, Johannes (Hg.): Der Lehrerkreis um Rudolf Steiner in der ersten Waldorfschule 1919-1925. Lebensbilder und Erinnerungen. Stuttgart 1979

Gedenken an die Rudolf Steiner-Schule Dresden. Gerlingen 1980 („Gedenken")

Klein, Elisabeth: Begegnungen. Mitteilenswertes aus meinem Leben. Freiburg 1978

Maikowski, René: Schicksalswege auf der Suche nach dem lebendigen Geist. Freiburg 1980

Seyfert, Alwin: Ein Leben im Dienste der Landwirtschaft. München 1971

Soziale Arbeit, Jg. 1934 (Zeitschrift)

Speer, Albert: Erinnerungen. Frankfurt/Berlin 1969

Spiegel, Gustav: Besonnte Wege am Abgrund. Lebenserinnerungen. (Manuskript) 1959

Steiner, Rudolf: Die spirituellen Hintergründe der äußeren Welt. Der Sturz der Geister der Finsternis.
GA 177, Dornach 1977 (Erstveröffentlichung Dornach 1935)

Darstellungen:

Bollmus, R.: Das Amt Rosenberg und seine Gegner. Studien zum Machtkampf im nationalsozialistischen
Herrschaftssystem. Stuttgart 1970

Burtscher, Angelika: Die Entwicklung der Waldorfschulen in Deutschland. Diss. phil. Innsbruck 1985

Deimann, Götz (Hg.): Die anthroposophischen Zeitschriften 1903-1985. Bibliographie und Lebensbilder; unter Mitarbeit von Norbert Deuchert, Christoph Lindenberg, Jan Pohl, Mario Zadow.
Stuttgart 1987

Berichtsheft des Bundes der Freien Waldorfschulen, Stuttgart, darin: Deuchert, Norbert: Die Anfänge
einer internationalen Schulbewegung. Waldorf- und Rudolf Steiner-Schulen 1919-1945. Dezember 1985, S.74-95

ders.: Waldorfschule und Staat 1919-1938. Dezember 1986, S.75-90

Die beiden in diesem Heft wiedergegebenen Artikel erschienen Dezember 1984, S.70-82, und
Dezember 1987, S.94-114

Deuchert, Norbert: Die Begründung der Waldorfschule im Kontext der sozialen und kulturellen Erneuerung nach dem Ersten Weltkrieg. In: Hansmann, Otto (Hg.): Pro und Contra Waldorfpädagogik. Akademische Pädagogik in der Auseinandersetzung mit der Rudolf Steiner-Pädagogik. Würzburg 1987, S.60-98

Feiten, Willi: Der Nationalsozialistische Lehrerbund. Entwicklung und Organisation. Ein Beitrag zum Aufbau und zur Organisationsstruktur des nationalsozialistischen Herrschaftssystems. Weinheim/Basel 1981

Fest, Joachim C.: Das Gesicht des Dritten Reiches. Profile einer totalitären Herrschaft. München 1980

ders.: Hitler. Eine Biographie. Frankfurt/Berlin 1987

Hepp, Corona: Avantgarde, Kulturkritik und Reformbewegung nach der Jahrhundertwende. München 1987

Leber, Stefan/Leist, Manfred: Notwendige Bemerkungen zum Beitrag „Waldorfschulen im Nationalsozialismus". In: Neue Sammlung, Nr.1 Januar/Februar 1984

dies.: Waldorfschule im „Dritten Reich". In: Erziehungskunst, Hefte 6, 7/8 1983

Leschinsky, Achim: Waldorfschulen im Nationalsozialismus. In: Neue Sammlung, Nr.3, Mai/Juni 1983, S.255-283

ders.: „Notwendige Bemerkungen", aber falsche Gewißheit. Eine kleine Replik zum Thema Waldorfschulen im Nationalsozialismus. In: Neue Samlung, Nr.24, Januar/Februar 1984, S.91-96

Lindenberg, Christoph: Die Technik des Bösen. Zur Vorgeschichte und Geschichte des Nationalsozialismus. Stuttgart ²1979

Linse, Ulrich: Barfüßige Propheten. Erlöser der zwanziger Jahre. Berlin 1983

Plato, von Bodo: Zur Entwicklung der Anthroposophischen Gesellschaft. Stuttgart 1986

Schulte, Hagen: Weimar. Deutschland 1917-1933. Berlin 1982 (Reihe „Die Deutschen und ihre Nation")

Schoenbaum, Dieter: Die braune Revolution. Eine Sozialgeschichte des Dritten Reiches. Köln 1968

ders.: Gesellschaftskrise und Narrenparadies. In: Linse, Barfüßige Propheten, a.a.O., S.9-20

Scholtz, Harald: Erziehung und Unterricht unterm Hakenkreuz. 1985 (Vandenhoek-Reihe)

Thamer, Hans-Ulrich: Verführung und Gewalt. Deutschland 1933-1945, München o.J. (Siedler 1986)

Wistrich, Robert: Wer war wer im Dritten Reich? Ein biographisches Lexikon. München 1983

Aus der Verbotszeit der Christengemeinschaft

Kurt von Wistinghausen (*1901-†1986)*

Die Staatspolizeiaktion vom 9. Juni 1941

Das Ereignis der Schließung unserer Christengemeinschaft und der Inhaftierung vieler ihrer Mitarbeiter im Jahre 1941 hatte eine jahrelange Vorgeschichte. Wie oft waren wir seit der „Machtergreifung" durch Adolf Hitler und seine Partei im Januar 1933 in Alarm versetzt, zuerst innerlich, durch Berichte von Freunden, durch Beobachtung des politisch-kulturellen Geschehens, dann durch die unmittelbar werdende Gefahr, die einigemal wieder nachließ, und schließlich durch grelle Warnzeichen. 1935 wurde die Anthroposophische Gesellschaft im Deutschen Reich verboten, 1938 folgten die meisten Waldorfschulen. Kurz vor seinem Tode, im März 1938, hatte sich Friedrich Rittelmeyer vor den Behörden in Berlin mit seiner ganzen Persönlichkeit unter Nichtachtung der angegriffenen Gesundheit für die weitere Zulassung der religiösen Arbeit eingesetzt. Die Nationalsozialistische Partei witterte Fortführung verbotener anthroposophischer Tätigkeit, verdächtige „internationale Verbindungen" und die Gesinnung freien Geisteslebens. Noch einmal gelang es Rittelmeyer, uns freizukämpfen. Aber schon 1939, ein Jahr nach seinem Tode, an der Schwelle des Zweiten Weltkrieges, schrillte die Alarmglocke neuerdings. Aus den Ferien zurückgerufen, fuhren wir ins Ungewisse: Was würden wir vorfinden? Würde Stuttgart überhaupt noch Stützpunkt zu bleiben vermögen? Es war ein Wunder, daß wir doch noch eine große öffentliche Tagung in der damaligen Stuttgarter Gewerbehalle abhalten konnten. Immer neu mußten Mitarbeiter und Freunde die bitteren Wege gehen zu allen möglichen Reichs- und Parteistellen, um hier und dort die auflodernde Glut des gesteuerten Hasses zu löschen oder zu dämpfen - selbst vielfach dadurch in persönlicher Gefahr, denn man fiel unangenehm auf. Männer wie der später in der Tschechoslowakei ermordete SS-Führer Heydrich waren der erklärten Meinung, daß mit dieser Art von Christentum schwerer fertig zu werden sei als mit dem der katholischen und evangelischen Kirche. Der aufreibenden Aufgabe, die Christengemeinschaft durchzutragen, unterzogen sich neben Rittelmeyer ganz besonders Emil Bock, Alfred Heidenreich, Eduard Lenz, Arnold Goebel, Erwin Schühle, Günther Galle, Dr. Elisabeth Klein - um nur einige der Persönlichkeiten zu nennen. Manche Freunde der Christengemeinschaft, die sich aus eigenem Entschluß einsetzten, oft sogar ungenannt blieben, haben damals mutige Initiativen unternommen.

Letzten Endes war der Weg jedoch durch die Gegnerschaft bereits vorgezeichnet. Als Rudolf Heß, der „Stellvertreter des Führers", mitten im Kriege seinen Flug nach England unternommen und dadurch die Bahn radikaleren Elementen in der Partei freigegeben hatte, gab es kein Halten mehr. Prompt spitzte sich die Lage für uns zu: Man wollte vor

---

* Erstveröffentlichung in: *Die Christengemeinschaft*, Stuttgart, Nrn. 6, 7, 8/1971. Der Abdruck erfolgt mit freundlicher Genehmigung.

dem Überfall auf die Sowjetunion reinen Tisch machen. Stichtag für den Zugriff der Geheimen Staatspolizei wurde eben der 9. Juni 1941.

Nach Pfingsten hatte die Lenkerschaft der Christengemeinschaft sich in Erlangen im Elternhause von Wilhelm Kelber zu einer Konferenz zusammengefunden - als die Gestapo erschien, die Arbeit unterbrach, das Haus durchsuchte und die Teilnehmer mit der Auflage nach Hause schickte, sich sofort bei der Polizeileitstelle des Heimatortes zu melden.

Unterdessen rollte die Aktion gleichzeitig in allen größeren Städten Deutschlands einschließlich Österreichs und des „Reichsprotektorates Böhmen und Mähren" an. (In der Schweiz, in England, in Holland und in Skandinavien konnten die Gemeinden durchgetragen, vermochte die Menschenweihehandlung regelmäßig gefeiert zu werden, wenn auch, besonders in England und Holland, durch Kriegsumstände vielfach erschwert.) Was uns dabei persönlich geschah, ist angesichts der zahllosen schwersten Schicksale nahezu belanglos. Doch zeigte es die Weltlage an.

In Stuttgart, Urachstraße 41, klingelte es Sturm gegen 7 Uhr früh. Vertreter der Gestapo in Zivil erschienen in meinem Schlafzimmer und erklärten, den Verlag Urachhaus durchsuchen zu müssen. Unter Aufsicht durfte ich mich ankleiden, zum Rasieren fehlte die Zeit. Kasse und Konten mußten aufgedeckt werden und wurden versiegelt, alle Bücherbestände - im Werte von 200.000 Mark - wurden aufgenommen und waren zur Verfügung der Polizei zu halten, Privatbücher aus unserer Bewegung ebenfalls. Auf die wiederholte Frage, was an den Büchern zu beanstanden sei, erfolgte keine Antwort, höchstens ein Gemurmel von „unerwünscht". Im übrigen wurde auf übergeordnete Behörden und deren genaue Kenntnis der Verhältnisse verwiesen. Nach Stunden intensiver „Arbeit" hieß es: Sie haben uns zu einem Verhör zu folgen. Im offenen Auto, flankiert von zwei Beamten, ging es bei strahlendem Sonnenschein in die Dorotheenstraße, ins Gebäude der Geheimen Staatspolizei. Die Verhaftung unseres Geschäftsführers Ernst Scheiffele ging getrennt vor sich. Ich sah ihn erst nach Tagen, ohne mit ihm sprechen zu dürfen, im Polizeigebäude. Dort lange Personalaufnahme und Ausfragung über die Ziele und Verbindungen der Christengemeinschaft, schließlich ein ausführliches, vom Beamten vielfach nicht gerade falsch, aber doch schief formuliertes Protokoll, das ich unterschreiben sollte. Ist der Mann „vorgeschult"? Der Zorn war schwer zu unterdrücken. Mein Einspruch, unsere Bewegung sei nicht verboten gewesen, also hätten wir auch nichts Verbotenes getan, wurde sofort mit den scharfen Worten abgeschnitten: „Wenn Sie noch ein weiteres Wort äußern, so werden Sie dies bitter-bitter bereuen." Der lange Kerl richtete dabei seinen Blick von der Seite mit eindeutiger Drohung auf sein Objekt. (Es war derselbe Mann, der - dann in SS-Uniform - im Lager Welzheim zu erscheinen pflegte, wenn von dort aus eine Hinrichtung stattfand.) Der Abschluß: Wir können Sie nicht freilassen, sie kommen ins Polizeigefängnis, bitte um Ihre Brieftasche, Ihren Geldbeutel, Ihre Schlüssel. (Er nimmt also Haus- und Wohnungsschlüssel zu Frau und Kind an sich - natürlich tadellos gegen Quittung ...)

Und dann weiter per Auto in die Büchsenstraße. Das ist das ehemalige mittelalterliche Kloster mit gotischem Kreuzgang neben der Hospitalkirche (im Kriege später dem Erdboden gleichgemacht), das als Polizeigefängnis dient. Dort wurden alle Verhafteten des Tages gesammelt und gesichtet - in buntem Durcheinander Diebe, „Arbeitsverweigerer", Urkundenfälscher, Strichjungen, Zuhälter, Politische, Unsereiner. In der Zelle, in die man nach Aufnahme der Personalien sowie der Fingerabdrücke und nach Verschwinden des

Gestapomannes von einem regulären Polizisten geschoben wird, findet man ein ganzes Sortiment vor. Im Raum mit acht Pritschen versammeln sich zwölf und mehr Mann; einige schlafen stets auf dem Boden. Mitten in der Nacht geht mehrfach plötzlich das Licht grell an, so daß alle hochfahren, und nach erfolgtem Schlössergerassel wird ein Neuer hereingestoßen. In seiner Aufregung beginnt er sogleich seine Geschichte zu erzählen; du kannst unmöglich schlafen. Wie beruhigend, daß auf dem Anschlag steht, spätestens nach 36 Stunden sei ein jeder dem Untersuchungsrichter vorzuführen. Erst nach Ablauf der Frist merkst du, daß solche bürgerlichen Regeln jetzt - und für Gestapo-"Schutzhäftlinge" erst recht - keineswegs gelten. „Schutzhäftling"? Ja, du wirst hier durch zwei Meter dicke Mauern und starke Gitter vor angeblichem Volkszorn und vor deinen eigenen Untaten geschützt.

Das Essen? Man meint, es nicht zu sich nehmen zu können. Wie zum Hohn steht da auf dem Anschlag, der Polizeigefangene habe auf Antrag das Recht auf Privatverpflegung gegen Bezahlung. Auf eine diesbezügliche Frage an den Beamten wird dir die Tür vor der Nase zugeschlagen: „Wolle Sie, daß i ens Gfängnis komm?" Nein, das gewiß nicht! Wie sollte der Gute es auch machen in dieser Kriegszeit mit ihrem komplizierten Lebensmittel-kartensystem und wo doch das wenige eingesteckte Geld unter Verschluß „vorne" lag. Nach drei Tagen fängst du sowieso unwillkürlich zu essen an, ganz einerlei, ob es schmeckt oder nicht - alles übrigens mit dem Blechlöffel, auch das donnerstags gebotene harte Stückchen gekochten Fleisches. Messer und Gabel sind streng verboten. Schwierig wird es bei der Sommerhitze, den glühenden Blenden vor dem Fenster und *der* Luft im Raum - mit dem Durst.

Interessant aber sind die Typen. Du ahnst es nicht, wen du da alles kennenlernst - Ungeübte und Geübte, Schnarcher und Schweiger, Ausfrager und Auskunftgeber, Grobe und höchst Feine (die sich bei jeder Benutzung des Kübels formvollendet entschuldigen). Was da alles zu hören ist an untergründigen Lebensläufen und „Krankengeschichten" des jeweils vorliegenden Falles! Du willst ein Priester sein und hast das alles nicht gewußt? Hast du das Leben bisher überhaupt gekannt? Und die Genialität mancher im Erzählen von Anekdoten - sie ist einzigartig und zu bewundern, auch wenn die Themen fraglicher Natur sind: diese Drastik, diese Darstellungskunst und Psychologie, dieser Humor. Selten hat man so gelacht (das Schlüsselrasseln warnt ja rechtzeitig vor unerwünschter Zeugen-schaft). Heiterkeit auf dem Vordergrunde tief dunkler Schicksale, hart am Abgrund.

Dieser Wistinghausen soll - wie sich aber erst später herausstellt - zum Gesundheits-amt. Der Beamte führt ihn viele Treppen abwärts zur Grünen Minna. In seiner Linken wälzt er klirrend die Handfesseln. Wird er sie einem anlegen? Nein, sie sind offenbar nur Imponierstücke für den Fall einer Andeutung eines Fluchtversuchs. Aus der Grünen Minna, dem „Volkswagen", wie wir sie nennen, kannst du nicht hinausblicken. Nur ein bestimmter angestrengter Blickwinkel durch die Jalousie erlaubt, ein sehr beschränktes Stück Straßenpflaster ins Auge zu fassen. In diesem Rahmen erblicke ich vor der Gestapo-Tür den ebenfalls, aber streng getrennt eingelieferten Leiter unserer Priesterbildungs-stätte. Im Gesundheitsamt zwinkert mir die Ärztin zu: „Ich kann nichts sagen, aber wir verstehen Sie, bei uns haben Sie nichts zu befürchten." „Heimgekehrt" werde ich mit einer Gruppe hinausgeführt: Spaziergang am Kreuzgang. Sprechen strengstens untersagt, fünf Meter Abstand, drei Runden. Welch seltsame „Mönche", die da grau in grau dahintrotten. Dann wieder die dumpfe überbelegte Zelle. Eines Tages: „Sachen packen!" Das kann alles bedeuten: Gestapo, Entlassung, Konzentrationslager, Verlegung. Diesmal wirst du die nächste Zeit verlegt in die „Stadtdirektion", eine andere Abteilung des Polizeigefängnisses in der Altstadt, rechts vom Rathaus, ebenfalls im Gebäude eines im Kriege später vernichteten ehemaligen Klosters. (Was hatte nur die Polizei der Mitte dieses Jahrhunderts mit den Klöstern von vor 500 Jahren zu tun?) Dort kommst du - tagsüber zu zweit - in die hohe Schule des Zuchthauswesens, denn der nach 15 Jahren vergeblich auf Entlassung hoffende Genosse erzählt dir stunden-, ja tagelang von seinem Zuchthausleben und betont, wieviel besser es dort sei, wo genaue Gesetze jede Willkür gedienter Beamten verhindern, während hier der gesetzlosen Gestapo Tür und Tor geöffnet seien. Ich lasse ihn erzählen und lerne für mein Leben bei ihm, selbst hygienische Regeln. Meinerseits muß ich schweigen, weil ich nicht weiß, warum ich mit ihm zusammengelegt worden bin. Lieber spielen wir hundertmal Schach. Auf dem festgeschraubten eisernen Tisch hat nämlich ein Ahnherr das nützliche Schachbrett eingeritzt, und die Figuren dreht man mit Geschick und Spucke aus (erlaubtem) Zeitungspapier. Rasselt der Beamte mit seinen Schlüsseln, so sind die Schnipfel mit einer Armbewegung vom Tisch gewischt. Damals meinte ich, ganz gut schachspielen zu können, aber der begabte und geübte Eduard S. hat mich immer besiegt. Der Mann hatte zwar seine Strafe (für einen Totschlag im Familienstreit) redlich abgesessen, aber er kam nicht frei. Da er „wehrunwürdig" blieb, durfte er nach national-sozialistischer Auffassung nicht in die Freiheit entlassen werden, um nicht bessergestellt zu sein als die Wehrwürdigen, die an der Front ihr Leben einsetzten. So fiel er der Gestapo anheim und sollte in ein Lager abgeschoben werden - viel schlimmer als jedes Zuchthaus.

Wie herrlich waren die Nächte, obgleich unsere Zelle sich bei Dunkelheit mit viel zu vielen Insassen bevölkerte. Man durfte „bei sich" sein, durfte schlafend in eine andere Welt eintauchen und frei nachdenken - bis um 6 Uhr früh das scharfe „Aufstehen!", das in Sekundenschnelle zu befolgen war, die Ruhe zerschnitt. - Aus dem Hof drang am 22. Juni die Radio-Sondermeldung mit Fanfaren zu uns herauf: Einmarsch auf breiter Front in Rußland. Gnade uns Gott.

Meine Frau eroberte Apfelsinen und brachte es fertig, mir welche bei der Gestapo genehmigen zu lassen und durch die regulären Beamten zuzustellen. So eine Frucht mit ihrem Aroma hebt den Häftling wie in eine höhere reine Welt. Es war nicht üblich, die ganze Orange unter den Genossen aufzuteilen, aber ein Teil erquickte natürlich auch sie. Unser Naturmensch, zum achten Male rückfällig, bat um nichts anderes als um die Schale. Da seien die Vitamine drin, an ihr zu riechen und sie langsam zu kauen, sei der wahre Genuß. (Kein Mensch dachte damals noch an Gift in der Schale.) Das verstand auch der Zigeuner, der bei weitem am tiefsten Leidende unter uns. Er wußte sein Kind krank und sah sich hier sinnlos eingesperrt. Rastlos, das ganze Antlitz vergebliche Frage, ging er hin und her - wie ein Wolf im Käfig. „Arbeitsverweigerung"? Seinesgleichen mußte damals in kriegswichtigen Betrieben arbeiten. Der Wechsel der Arbeitsstelle ohne Genehmigung des Arbeitsamtes war streng verboten. Zigeuner aber tragen die Wanderschaft so stark im Blute, daß sie es nur beschränkte Zeit an einem Ort aushalten. So brachen sie eines Tages auf, alle Vorschriften vergessend - wurden gefaßt, in Gefängnisse gesteckt und auf diesem Wege ausgerottet.

Bei 30° im Schatten zur Gestapo - zu Fuß in Begleitung eines sympathischen jungen SS-Mannes. Kommt jetzt eine Verhandlung, ein neues Verhör? Keineswegs: stundenlanges zermürbendes Warten im Bunker des Untergeschosses mit den vielen eingeritzten

Inschriften, darunter sehr deutlich und ernst: „Orate fratres", „Betet, Brüder". Schließlich das Schlüsselgerassel der Wachhabenden. Keinerlei Auskunft, aber Transport nach oben in das von der Sonne zum Glühen gebrachte Dachgeschoß. Man soll auf vorgezeichnete Zeilen eines Vordrucks, etwa zehn an der Zahl, seine Biographie schreiben. Was sagst du aus? Was läßt du weg? *Wie* sagst du das kurz, was du in diesem Fall sagen mußt und willst? Deinen Füllhalter hast du natürlich nicht mehr. Die dargebotene Feder, breitbeinig gespalten, hat schon Hunderte von Lebensläufen aufgekratzt, und von der eingetrockneten Tinte ist nur noch ein zähes Tümpelchen im Faß. So mußt du zu jeder Silbe neu ansetzen; und der aufsichtsführende SD-Mann drängt. Vom Duktus eigener Handschrift also keine Spur. Wer - in Berlin - soll sich da ein zutreffendes Bild machen können? Erst recht aus der Photografie, die jetzt in einer Spezialzelle aufgenommen wird: von vorn, von links und von rechts. Du hast deine schäbigste Jacke an, der Schweiß rinnt dir über das Gesicht, du stehst am sechsten Schöpfungstage deines Stoppelbartes, da nur alle sieben Tage der „Friseur" - ein Genosse - in die Zelle kommt, um reinen Tisch zu machen. Auch die Haare wildern. Nein, dieses Subjekt kann nach Aussehen und Graphik am grünen Tisch in Berlin, wo die Würfel fallen, nur Kopfschütteln und Widerwillen erregen. Das gehört wohl zur Methode. Du kriegst die über dein Schicksal entscheidenden Männer nie zu sehen, kannst mit ihnen nie ein Gespräch führen; sie ihrerseits haben nur ein nicht von dir, sondern von einem Ignoranten formuliertes Vernehmungsprotokoll und eben deine Karikatur vor sich. Wird der Fingerabdruck, der ebenfalls dazu gehört, dich besser ausweisen können? Da vermag nur übermenschliches Ermessen zu helfen.

Im Haftlager Welzheim, Juli 1941

Zum Rücktransport ins Gefängnis stand der ständig durch die Stadt kurvende grüne Kastenwagen wieder zur Verfügung. Der Häftling sah bei der Fahrt nichts von der Stadt und erfuhr natürlich nichts vom Ziel - höchstens durch die Vermutung eines erfahrenen Mit-Eingeschlossenen -, lernte aber an den erfühlten Kurven und den Längen der Geradeaus-Strecken ungefähr zu ermessen, wohin die Reise ging. So wurden die Fahrten in der Grünen Minna zu einem Bild für unsere gesamte Situation. Da wir keinerlei Auskunft erhielten, ja des Rechtes auf Fragen verlustig gegangen und einem Untersuchungs-richter entgegen allem Recht nicht überstellt worden waren, mußten wir wie Blinde abtasten, was die täglichen Erlebnisse an Auskunft hergaben, und so an kleinsten Zeichen und Äußerungen im Buch unserer Haft lesen lernen. Zwar erwirkte meine Frau ein-, zweimal Sprecherlaubnis in Gegenwart eines Gestapomannes; es durften aber nur Familienfragen und wirtschaftliche Sorgen erörtert werden. Ich konnte erraten, was es hieß, Martin sei erkrankt ... Bald wurde deutlich, daß es sich um keine Maßnahme gegen die Person aufgrund irgendeiner Anklage handeln konnte. Zwar hatte, wie sich später herausstellte, der für uns zuständige unsichtbare Kommissar es im Falle von Herrn Ernst Scheiffele (dem damaligen Geschäftsführer des Verlages) und mir versucht, eine rechtli-che oder wirtschaftliche Handhabe gegen uns zu finden, indem er bei allen Druckereien und sonstigen Lieferanten des Verlages Urachhaus Erkundigungen über unser Geschäfts-gebaren einzog, jedoch überall die besten Referenzen zur Antwort erhalten. Es ging ohne Zweifel um die gesamte Christengemeinschaft in Deutschland.

Wir mit unseren Stadtfahrten in der Grünen Minna waren übrigens noch sehr gut dran. Wer außerhalb seines Wohnorts auf einer Berufsreise aufgegriffen war, wie es auswärtigen Pfarrern geschah, kam „auf Transport". Wenn er bei seiner Verhaftung nicht zufällig die Kenntnis der Regeln auf so unbekannten Pfaden besaß und nicht sogleich die Geistesgegenwart hatte, hervorzustoßen: „Ich beantrage Privatreise auf eigene Kosten" (d.h. in Begleitung eines Polizeibeamten), kam er unweigerlich in die Gruppen der Gefangenen, die mit den damals noch in langsamen Personenzügen der Reichsbahn verkehrenden Gefangenenwagen von Gefängnis zu Gefängnis geschleust wurden. Auf den verkehrsreichen Bahnhöfen wurden die Delinquenten zum Ein- und Aussteigen mit Handschellen aneinandergefesselt, reisten tagsüber oft zusammengepfercht bei knapper Verpflegung und wenig Wasser und übernachteten jeweils in einer anderen Haftanstalt. So ging es etwa für einen Bremer aus Stuttgart nach Bruchsal, dann nach Frankfurt, Kassel, Hannover, schließlich - eben erst nach 4-5 Tagen - ins zuständige Bremer Polizeigefängnis.

Die große und quälende Ungewißheit blieb, wie weit wohl der unmittelbar betroffene Personenkreis gezogen worden war. Erst allmählich bekam man ein Bild davon, wer alles von unseren leitenden Männern - Emil Bock an der Spitze - und den Stuttgarter Mitarbeitern in den anderen hiesigen Zellen sitzen mußte. Begegnungen auf dem Gang und im Hof wurden mit ausgeklügeltem Geschick vermieden. In der „Stadtdirektion" saß offenbar ich als einziger - vielleicht aufgrund einer Fürsprache des Gesundheitsamtes. In den heißen drei Wochen wurde ich von dort aus noch *ein* zweites Mal zum „Spaziergang" im Hospitalhof „an die Luft" geführt. Der (reguläre) Beamte, der mich durch die Innenstadt begleitete, erwies sich als außerordentlich nett, war aber gehemmt. Im vorsichtigen Gespräch versuchte er von *mir* herauszubekommen, worum es sich wohl bei diesen aus jedem Rahmen fallenden Gästen des Polizeigefängnisses eigentlich handele. Was wir pexiert hätten, konnte ich ihm schlechterdings auch nicht sagen.

Von der Gestapo in der Dorotheenstraße kommend, entwickelte man der „Stadtdirektion" gegenüber fast eine Art Heimatgefühl. - Mahatma Gandhi „preist" einmal in einer seiner Schriften das Gefängnis, da man in ihm aller äußeren Sorgen enthoben sei und vom mächtigen Staat betreut werde. Ja, Christian Morgensterns „Palmström", der als „Schurke" (Kriegsdienstverweigerer) „in der Kamurke" eingesperrt sitzt, weigert sich sogar, diesen Ort zu verlassen. Wirklich, zunächst erfährt der Verhaftete neben aller Entbehrung und Erniedrigung ein erstaunliches Gefühl der Entlastung. Die bedrohliche Erwartung mit ihrer Unrast durch das ständige Suchen nach den rechten Abwehrmaßnahmen ist von ihm wie abgefallen. Jetzt ist das Verhängnis da. Jetzt hat der Gefangene keine Verantwortung mehr; die liegt nun ganz bei den Gegnern.

Wirklich ganz? Nein; es meldet sich eine neue Stimme: Du bist deiner Verantwortung keineswegs enthoben, du trägst sie zwar nicht mehr, indem du äußere Taten tust, um so mehr trägst du sie innerlich. Versuche den Tätern, die nicht wissen, was sie tun, zu helfen, ihr Unrecht nicht noch mehr zu steigern. Und denke an die jetzt ungleich größere Belastung derjenigen Mitarbeiter und Glieder der Christengemeinschaft, die sich „in Freiheit" befinden, die das Gemeindeleben entbehren und auf die nun alle Sorgen gewälzt sind, und die große Frage, wie uns durch ihre Initiativen zu helfen wäre. Wer nämlich in den Fängen einer Geheimen Staatspolizei sitzt, kommt von sich aus kaum heraus, da für diese Behörde wenig Anlaß besteht, ihn wieder freizulassen. Sicher ist sicher ... Nur wenn von außen her bei den verschiedensten Staats- und Parteiämtern auf seine Existenz aufmerksam gemacht und für ihn Sturm gelaufen wird, besteht noch einige Hoffnung. Um folgendes aus Welzheim vorauszunehmen: Ein Stubengenosse, älterer Herr und harmloser deutscher Bürger, war ebenfalls als Christ festgenommen worden, und zwar weil er der von Amerika aus „gesteuerten" „Christian Science" angehörte, als man sich rüstete, auch den USA den Krieg zu erklären. Da sich offenbar niemand von Gewicht um ihn kümmern konnte, blieb er mit schmerzvollem Blick zurück, als ich entlassen wurde, und ward kurz darauf nach Dachau abgeschoben. Als ich mich drei Wochen später in seiner Stuttgarter Wohnung nach ihm erkundigen wollte, wurde ich von einer verstörten Frau scheu abgewiesen. Wie ich von andrer Seite erfuhr, war er in jenem berüchtigten Lager „auf der Flucht" (das hieß eben von hinten) erschossen worden. An diesem Schicksal konnte ich ermessen, was durch mutige Freunde - schon genannte und besonders die beiden Marineoffiziere und Ritterkreuzträger Erdmenger und von Rukteschell - in Berlin für uns geleistet worden war.

Aus Anzeichen merkte ich dann Anfang Juli, daß die Gruppe der anderen Stuttgarter Freunde verlegt worden war: wenn nicht gerade nach Dachau, dann nach Welzheim bei Schorndorf, wo die Geheime Staatspolizei, Polizeileitstelle Stuttgart, in einer ehemaligen Schule ein höchst eigenes Polizeigefängnis betrieb, bewacht von Männern des SD (Sicherheits-Dienst der SS). Bald darauf hieß es für einen ganzen Haufen von Häftlingen der Stadtdirektion: „Sachen packen! Auf Transport." Im Hof wurden wir in einen großen gedeckten Lastwagen mit festen Planen an den Seiten und dem oberen Teil der Rückseite verladen und darüber belehrt, daß beim geringsten Fluchtversuch ohne Vorwarnung von der Schußwaffe Gebrauch gemacht würde. Dann ging es in die freie Natur. Leider gab das einzige Luftloch hinten nur einen bescheidenen Blick auf die staubige Straße frei. Man sparte sich unser Mittagessen, was für die Häftlinge eine heftig diskutierte Rolle spielte: Vor Tisch fuhr man ab, und nach Tisch kam man an.

Alsbald wurden zerrissene alte österreichische Landjäger-Uniformen mit breiten aufgenähten Rot-Streifen als Lagerbekleidung gefaßt, dazu ein Käppi ... In der Stube mit etwa zwanzig in drei und vier Etagen übereinander angeordneten Liegen fand ich mich - wieder isoliert von den „anderen" - unter lauter Männern sehr gemischter Herkunft. Vom Stubenältesten, einem erfahrenen „Langjährigen" und nach seinem Bericht mehrfach in anderen Lagern gefolterten Jung-Kommunisten-Führer, wurde jeder Neue sofort in eine strenge Schule genommen. Im Lager herrsche peinliche Ordnung, deshalb müßten wir vor allem das Bettenbauen lernen. Die Leintücher über dem Strohsack hatten - ob sie wollten oder nicht - glatt wie ein Brett zu liegen und mit scharfer rechtwinkliger Kante seitlich senkrecht zu stehen. Die unteren Betten gebückt hinzukriegen, war schon eine Kunst, für die oberen mußte der herangerückte Tisch als Standort zu Hilfe genommen werden. Die mittleren waren weder vom Fußboden noch von dem zu hohen Tisch aus zu meistern: eine tägliche schweißtreibende Affäre. Natürlich war es streng verboten, sich tagsüber auf ein Bett zu setzen oder zu legen. Um den Neuen zu erproben („Du Brillenträger mit dem piekfeinen Namen"), erhielt er sofort die Aufgabe, den vollen Urineimer täglich früh und abends zur Latrine zu tragen, auszuleeren und zu spülen, was er grinsend übernahm. Eine weitergehende Gelegenheit gab es in der verschlossenen Stube nicht. Man mußte sich durch Klopfen an der Tür melden, sein militärisches Sprüchlein heruntersagen und wurde dann hinausgelassen; nachher hatte man an der Stubentür zu warten, bis man wieder eingeschlossen wurde („Schutzhäftling [wir sagten Schmutzhänfling] so und so meldet sich zurrückck!").

Sogleich war dem stubenältesten Kenner aufgefallen, daß wir ein Kennzeichen der echten Welzheimer vermissen ließen: Wir waren bei der Einlieferung nicht geschoren worden; ein völlig ungewohnter Tatbestand. Dies deutete seiner Ansicht nach auf baldigen Weitertransport, bevorstehende Entlassung oder auf Unsicherheit des Berliner Reichssicherheitshauptamtes. In Wirklichkeit hatte Staatssekretär W. in Stuttgart durch seine Fürsprache dieses Privileg für uns erwirkt; und dazu kam ein weiteres: Wir mußten nicht tagsüber zur körperlich schweren Arbeit im Steinbruch oder im Walde antreten, sondern saßen stundenlang allein in unseren Stuben, nur mit Haus- und Putzarbeit beschäftigt. Mit chemisch fragwürdigen Pulvern habe ich täglich die Eßnäpfe und Blechlöffel blank gerieben. Muße zur Einkehr aus sehr fremder Umwelt.

Außer Emil Bock waren hier ebenfalls in Haft: Gottfried Husemann, Martin Borchart, Hans Feddersen (Stuttgart), aus Nachbarorten Hans Kuhn und Eberhard Klemp sowie als Verleger der erwähnte Ernst Scheiffele.

Merkwürdig: sogar der gefürchtete Choleriker und faktische Lagerleiter E., ein Feldwebeltypus, verhielt sich uns gegenüber verhältnismäßig zurückhaltend und ließ sich von mir sogar eines Tages ohne Krach auf eine soeben erlegte Wanze am Fensterbrett hinweisen. Ja, etwas später wurden wir Mitarbeiter der Christengemeinschaft alle gleichzeitig zum „Spaziergang" auf den Hof hinausgelassen, was meine erste Begegnung mit den in anderen Stuben untergebrachten Mitarbeitern bedeutete. Ein Gespräch war zwar verboten, aber bei der Runde konnte Emil Bock mir dennoch einen guten Hinweis zuwerfen. Wir haben uns in großer Freude angelacht.

Dennoch: Harmlos war das Lager nicht. Die für uns noch erträgliche Haft spielte sich auf düsterem Hintergrund ab und war gerade *deshalb* schwer. Zeitweise füllte sich das Haus mit „Spanienkämpfern", jetzt an das Reich ausgelieferten deutschen Gefangenen der im spanischen Bürgerkrieg mit nationalsozialistischer Hilfe und Luftwaffe siegreichen Armee General Francos. Die sozialistisch-kommunistisch orientierten Freiwilligen auf der falschen Seite befanden sich nun in Händen der Gestapo und galten als verächtliche Verräter. Sie wurden angeschrien und schikaniert, wo immer sich ein Anlaß ergab. Immer wieder sah man sie auf dem Gang mit dem Gesicht zur Wand Strafe stehen, das vorgeschriebene Käppi in der Hand. - Dieses Stück unserer Lageruniform war auf jedem Weg vom einen Gebäude zum andern oder auf den Hof ruckartig aufzusetzen, wenn man ins Freie trat, und mußte ebenso vom Kopf gerissen werden, wenn man eintrat oder einem Wachmann draußen begegnete. Den „deutschen Gruß" („Heil Hitler") auszusprechen, war natürlich kein Schutzhäftling würdig, was uns freilich sehr entlastete. - Die bemitleidenswerteste Kategorie bildeten übrigens die aus irgendeinem Grunde verhafteten Polen, welche grundsätzlich nur im Laufschritt durch die Gänge zu eilen und dann bei Auftauchen eines Wachmannes ebenfalls plötzlich mit dem Gesicht zur Wand strammzustehen hatten. Sie wurden nicht nur angeschrien, sondern auch geschlagen (was uns nicht geschah), und durften nichts erwidern, ja sie vermochten es auch nicht, da sie die Sprache kaum beherrschten. Die meisten von ihnen waren aus dem besiegten Polen geholte Landarbeiter. Es kam vor, daß ein solcher Fremdling im Dorf bei einem deutschen Mädchen Trost gesucht hatte - ohne die Bedingungen für seine Arbeit im Kopf oder vielleicht je richtig verstanden zu haben. Auf solch einer Verbindung stand aber für ihn die Todesstrafe! Und zwar durch Erhängen an einem Baum im Umkreis des betreffenden Dorfes. (Das Mädchen wurde kahlgeschoren und aus dem Ort verwiesen.) Fand eine solche Vollstreckung statt, so brausten eben SS-Leute in großer Uniform aus Stuttgart an. Unser Kommunist, Schreiner von Beruf, war nach seinem Bericht genötigt worden, das Bänkchen zu konstruieren, auf das der von einem SS-Gericht Verurteilte mit der Schlinge um den Hals zu steigen hatte und das plötzlich umkippte, wenn der SD-Scharfrichter vom verlängerten Fußbrett am Boden wegtrat.

Die SD-Leute dürften teilweise biedere Familienväter gewesen sein; sie vermochten jedenfalls jovial zu lachen; durch jahrelange Aufwühlung falscher Instinkte hatten sie in unheimlicher Weise die sogenannte „Härte" für solche befohlenen Verbrechen angenommen.

Eines Tages wurde ich ins Büro befohlen und stand dort zum erstenmal „meinem" Stuttgarter Kommissar gegenüber, der übrigens allem anderen als einem germanischen Recken gleichsah. Er stellte verschiedene Fragen und machte sich Notizen. Dann wollte er plötzlich wissen, was ich beruflich beginnen würde, wenn die Christengemeinschaft verboten sei, ich aber dennoch einmal entlassen würde. Es dürfte keine selbständige Tätigkeit mehr sein. Er murmelte etwas von der notwendigen Liquidation des Verlages Urachhaus durch mich selbst. So also lief der Hase. Für jetzt - innerlich nie - konnte man unserem und dem größten Feinde Deutschlands nur ausweichen. „Vorübergehend" - das war sofort unsere Zuversicht.

Noch blieb unklar, ob ich frei käme. Die Mitarbeiter waren tatsächlich eines Tages auf den Gängen nicht mehr zu sehen, nur Emil Bock, der es als Exponent am schwersten hatte, blieb - wie ich später erfuhr - einsam in der Haft, die für ihn acht Monate dauern sollte, zurück. Etwas später, Ende Juli, sieben gute Wochen nach der Verhaftung, hieß es morgens: „Sachen packen". Dieser Befehl konnte eine hohe Gefahrenstufe anzeigen. Ich aber wurde wieder aufs Büro bestellt, erhielt meine Kleider und den schriftlichen Meldebefehl des Kommandanten für die Gestapo Stuttgart sowie den Lebensmittelkartenausweis. Ich mußte bei schwerer Strafandrohung unterschreiben, daß ich absolutes Stillschweigen über das Lager zu bewahren hätte. „Sie werden *probeweise* entlassen." Noch eine Frage an den Gewaltigen. Keine Antwort, dafür mit lautstarkem Nachdruck: „Raus!" - Welche Musik!

Vor dem Tor kann ich Herrn Ernst Scheiffele die Hand reichen. Scheu sehen wir uns um, doch keiner verfolgt uns. Das romantische Dampfzügle führt uns Schorndorf zu.

Von der Liquidation bis zur Wiederaufnahme der Arbeit 1945

Es zeigte sich, daß im Juli/August 1941 nicht nur wir Stuttgarter - bis auf Emil Bock - aus dem Lager Welzheim, sondern auch die andern inhaftierten Pfarrer der Christengemeinschaft im Reichsgebiet aus ihren örtlichen Polizeigefängnissen wieder entlassen worden waren oder wurden. Allerdings alle unter der Bedingung, daß sie nicht mehr für die Bewegung tätig würden und keinerlei Ersatzansprüche stellten. Jegliche Organisation der Gemeinden war von jetzt an unmöglich gemacht. Nur ganz wenige Mitarbeiter hatten sich der Verhaftungswelle entziehen können oder waren übersehen worden. (Die zum Wehrdienst Eingezogenen wurden nicht verhaftet.) Alle mußten sich - um mit ihren

Familien existieren zu können - andere Berufe suchen; einige hatten die Möglichkeit, ein Studium fortzusetzen oder neu zu beginnen.

Erst am 6. August 1941 erschien in Nr.32 des Ministerialblattes des Reichs- und Preußischen Ministeriums des Inneren unter „Verbot der Christengemeinschaft" der Runderlaß des Reichsführers SS und Chef der Deutschen Polizei im Reichsministerium des Inneren vom 25. Juli 1941 - S-IV B2 - 580/41 S - mit folgendem Wortlaut:

„(1) Auf Grund des § 1 der Verordnung des Reichspräsidenten zum Schutze von Volk und Staat vom 28.02.1933 [Reichsgesetzblatt I S.83] wird die Sekte 'Christengemeinschaft', die als Nachfolgeorganisation der Anthroposophischen Gesellschaft anzusehen ist, mit sofortiger Wirkung für das gesamte Reichsgebiet aufgelöst und verboten.

(2) Unter Hinweis auf die Strafbestimmungen des § 4 aaO. wird jede Tätigkeit untersagt, die den Versuch einer Fortführung dieser Organisation oder einer Neugründung in anderer Form mit gleichen und ähnlichen Zielen darstellt."

Die „sofortige Wirkung" vom 25. Juli hatte so prompt eingesetzt, daß sie schon am 9. Juni 1941 losgebrochen war. Im übrigen stimmte auch die Begründung nicht, da die Christengemeinschaft auch damals erstens keine Sekte und zweitens zwar mit der anthroposophischen Bewegung geistig verbunden, jedoch gerade *organisatorisch nicht* ein Glied oder die Nachfolgerin der Anthroposophischen Gesellschaft gewesen ist. Nein: das Volk mußte vor uns geschützt werden ...

Mir bestätigte der Kommissar, daß ich keine selbständige Tätigkeit mehr ergreifen dürfe, sondern eine Anstellung zu suchen habe. Darüber sei dann zu berichten. Zunächst aber sei die Liquidation des Verlages Urachhaus durchzuführen, was er mir unter Aufsicht der Polizei überlassen wolle. Verreisen dürfe ich nicht ohne seine Genehmigung.

Zunächst beantragte ich sogleich eine Fahrt nach Freudenstadt, um zehn Tage auszuspannen und die Eindrücke einigermaßen zu ordnen und zu verdauen.

Daß die Liquidation des Verlages zusammen mit der weit größeren des eingetragenen Vereins Christengemeinschaft mitsamt ihrem Hausbesitz so kompliziert sein würde, daß sie Erwin Schühle und mich ein ganzes Jahr in Atem hielt und viel Kopfzerbrechen machte, ahnte wohl der Kommissar selber nicht. Wovon wir unterdessen leben sollten, war *ihm* keine Sorge, nur daß alles befehlsgemäß geschah und bis auf den Pfennig abgerechnet würde.

Unsere Hauptfage bestand natürlich fortwährend darin, wie wir neben dieser organisatorischen Quälerei für die Freilassung Emil Bocks, des damaligen Leiters der Christengemeinschaft, wirken könnten. Er war offensichtlich als Pfand zurückbehalten worden, und jene Liquidationen schienen bei der Gestapo die Voraussetzung zu seiner Freigabe zu bilden. Das Reichssicherheitshauptamt fühlte sich eben erst dann einigermaßen sicher, wenn es keine Organisation unter den Mitgliedern der Bewegung und kein gemeinsames Vermögen gab. Einerseits hatten wir keinerlei Interesse an der Beschleunigung jener abbauenden Arbeit, andererseits mußte sie zur Rettung von Emil Bock sobald wie möglich abgeschlossen werden ...

Das erst 1939/40 fertiggewordene Kirchengebäude und Gemeindehaus der Christengemeinschaft an der Stuttgarter Werfmershalde konnte durch einen Schachzug Erwin Schühles einem (damals „kriegswichtigen") Industrieunternehmen, dessen einer Leiter unserer Bewegung angehörte, übereignet werden, ehe sich Parteistellen seiner zu bemächtigen vermochten. Die anderen Gebäude, Seminar und Urachhaus, mußten wir aber der „Nationalsozialistischen Volkswohlfahrt" und der „Deutschen Arbeitsfront" „verkaufen", sie konnten jedoch, soweit sie Wohnungen enthielten, von uns zunächst weiterhin bewohnt werden, was 1944 durch den Bombenkrieg sein Ende nahm.

Um die erzwungenen Kaufverträge abschließen zu können, mußte Emil Bock als zeichnungsberechtigtes Vorstandsmitglied seine Unterschrift vor einem Notar abgeben. Das war der Anlaß, daß wir den Einsamen zweimal in seinem Gefängnis besuchen konnten. Zwar gelang es nicht, ihn allein zu sprechen, doch konnten die Gesichtspunkte für eine der Polizei vorzuschlagende spätere Tätigkeit ausgetauscht werden. Eine bekannte Industriefirma in Stuttgart fand sich - bei dem damaligen kriegsbedingten Mangel an Arbeitskräften - bereit, ihn einzustellen, ja sogar anzufordern. Aus Solingen vermittelten wir die Einladung zu einer wissenschaftlichen betriebsgeschichtlichen Aufgabe.

Nachdem die Übertragung der Grundstücke auf die der Nationalsozialistischen Partei genehmen neuen Besitzer erfolgt war, schienen die Vorschläge für Emil Bocks „Verwendung" einigen Eindruck zu machen. Doch mußte er bis Februar 1942 ausharren. Dann nahm er - endlich freigelassen - sofort beide Tätigkeiten auf. Dabei vermochte er bald durch Mut und Geschick mit Persönlichkeiten vieler Gemeinden in ganz Deutschland eine menschliche Fühlung aufzunehmen. An Gottesdienste war aber nicht zu denken, was die Mitglieder in jener Zeit der Not und der vielen Kriegstode doppelt bitter entbehrten.

Die ordnungsgemäße Auflösung des Verlages Urachhaus erwies sich als eine ebenso schwierige Aufgabe. Es mußten sämtliche Außenstände hereingebracht, Vorauszahlungen von Abonnenten der Zeitschrift aber auch - wo es verlangt wurde - erstattet werden. Mit Tausenden war daher diesbezügliche Fühlung zu nehmen. Eine spürbare Welle von Hilfsbereitschaft kam seitens der Bezieher dadurch zum Ausdruck, daß weitgehend auf Rückzahlung verzichtet wurde. Nur so konnte ein schuldenfreier Abschluß überhaupt erreicht werden. Denn das gesamte Bücherlager war ja beschlagnahmt und hatte nun einen Wert von weniger als 0 Reichsmark, da es ja nur Miete kostete. Und die fälligen Rechnungen der Druckereien und Bindereien waren zu begleichen. Es ist als eine Art Wunder anzusehen, daß uns die Liquidation durch stille Reserven auf die Art gelang, daß kein Angestellter oder Lieferant einen Pfennig verlor und daß wir sogar Mitarbeitern der Christengemeinschaft bescheidene Beträge zu ihrer Unterstützung deponieren konnten. Ich selbst bewahrte 5000 Reichsmark auf: Mit ihnen, unserem gesamten Stammkapital, wurde der Verlag Urachhaus unter amerikanischer Lizenz am 1. Januar 1946 neu begründet.

Solange unser Bücherlager noch nicht abgeholt war, wollte ich den Versuch machen, wenigstens einzelne Titel zu retten, und machte vor der Gestapo geltend, daß Prof. Hermann Beckhs „Sprache der Tonart", von Zeugnissen belegt, besonderen musikwissenschaftlichen Wert habe, daß Michael Bauers „Pflanzenmärchen, Tiergeschichten und Sagen" ein reines Kinderbuch sei und daß auch andere Werke gar nicht „gemeint" sein könnten. Nach längerem Hin und Her gab mir der Kommissar anheim, selbst in Berlin vorzusprechen und meinen Antrag zu begründen, wozu er mir die Reisegenehmigung erteilte. So stieg ich denn 1942 eines Tages die Treppen des großen Gebäudes der betreffenden Abteilung des Reichssicherheitshauptamtes im Berliner Westen empor - ich, ein kürzlich haftentlassener, höchst verbotener Mann -, während unterdessen Günther Galle, damals Ministerialdirigent im Reichsverkehrsministerium, unauffällig und geduldig das Geviert umschritt, um zu beobachten, ob ich auch wieder herauskäme. Der Freund verstand mein Anliegen, hatte aber als erfahrener Beamter einige Sorgen: „Gehe nicht zu deinem Fürst, wenn du nicht gerufen wirst ..." Schließlich wurde ich tatsächlich empfangen, aber nur von zwei jungen Beamten, die nicht viel zu sagen wußten. Weiterzudringen, gelang mir nicht. Ich würde schriftlichen Bescheid erhalten. Der kam nie.

Bald darauf kam dagegen in Stuttgart der Tag des Abtransportes des ganzen wertvollen Lagers im Auftrag der Gestapo - ohne Polizeiaufgebot, durch eine simple Altwarenhandlung. Es fuhr ein mächtiger Lastwagen vor. In schäbige, zerrissene Säcke wurden die Werke von Rittelmeyer, Bock, Beckh, Doldinger, Meyer, Schütze u.a. gestopft und unter die Plane gewuchtet. Einer von den Leuten war offensichtlich ein Psychopath. Mit merkwürdiger Gier folgte er seinem Auftrag. Ich sehe sein fast dämonisches Gesicht noch vor mir, als ihm von einem Aufseher zugerufen wurde, das Werk „Christus" (von Friedrich Rittelmeyer) sei noch nicht verladen. „Mo (breitschwäbisch für wo) isch Chrischtus?" stieß er als Frage hervor und bemächtigte sich mit Genugtuung und schmutzigen Händen der weißen, mit Goldschrift geprägten Bände ...

Am Rande ergab sich wieder einer der Anlässe zu einem gewissen Galgenhumor. Die Papiermühle in Reutlingen, in die unser Büchervorrat zur Einstampfung und Verwertung abgefahren wurde, trug zufällig den Namen Emil Adolph. Vor- und Zuname konfrontierten Emil Bock als Vertreter unserer Sache mit Adolf Hitler, dem Führer der Gegnerschaft.

Ein Kapitel für sich war der Verbleib der uns und vielen Mitgliedern abgenommenen Bücher aus privaten Bibliotheken. Was den Gestapoleuten in die Hände fiel, wurde beschlagnahmt - oft bis zu Büchern philosophischen Inhalts, der nichts mit unserer Bewegung zu tun hatte. Wie der Arzt ein Geschwür rundherum ausschneidet, so meinte die Staatspolizei, lieber mehr als zu wenig von dem fressenden „Gift" unserer Literatur fassen zu müssen. Vieles davon ist eingestampft worden. Einiges aber wurde - aus gegnerischen Motiven - bewahrt. Am Ende des Krieges fand Emil Bock - durch Hinweise von Studenten geleitet - seine (und zum Teil auch meine) Bücher, sogar mit dem Namenszug, in der Bücherei des von Prof. Wilhelm Hauer geleiteten „Arischen Seminars" der Universität Tübingen, wohin die Gestapo sie zu „wissenschaftlichen Prüfungszwecken" abgegeben hatte. Körbe voll davon brachte er per Auto wieder heim. Nur sein Manuskript „Die drei Jahre" blieb wie eine wichtige andere Handschrift verschollen; er mußte es mit großer Mühe neu schreiben.

Wir befinden uns aber noch im Jahre 1942. Wenn es erlaubt ist, hier noch einmal Persönliches als Beispiel für unsere Schicksale einzuflechten: Als viele Pfarrer der Christengemeinschaft schon ihre erzwungenen Berufe ergriffen hatten, konnte und mußte auch ich mich umsehen. Es lag nahe, auf dem Gebiet zu arbeiten, auf dem ich bürgerlich als Fachmann gelten konnte. Während eine Fühlungnahme mit dem Kosmos-Verlag Franckh nicht zum Ziel führte, griff der Cotta-Verlag zu, jenes weltbekannte Unternehmen, das schon Goethes und Schillers Werke zu deren Lebzeiten verlegte. Ich wurde dort für drei Jahre Hersteller und Lektor, korrespondierte mit bedeutenden Autoren, ließ in vielen europäischen Ländern drucken und binden und habe dabei viel gelernt. Sowohl sachlich wie menschlich war es eine Zeit, für die viel zu danken ist.

Das Archiv des Verlages Cotta, heute im Schiller-Nationalmuseum in Marbach/ Neckar, mit seinen zahlreichen Brief-Originalen von Goethe, Schiller, Humboldt und vielen anderen, das reichste historische Verlagsarchiv der Welt, durfte ich bei dieser Arbeit kennenlernen. Als ich Teile davon bei der Verlagerung wegen der Stuttgarter

Brände in Urach zu betreuen hatte, stieß ich auf über 100 Autographen Rudolf Steiners aus den 80er Jahren des vorigen Jahrhunderts, Briefe, Postkarten und Telegramme, der Zeit der durch ihn besorgten Ausgaben von Schopenhauers und Jean Pauls Werken eben im Verlage der „J.G. Cotta'schen Buchhandlung". So konnte ich unmittelbar nach dem Kriege vermitteln, daß die wichtigsten davon in der Dornacher Ausgabe der Briefe Rudolf Steiners erschienen.

Unterdessen war dem Kriege das bevorstehende Ende mit Schrecken deutlich am bleichen Antlitz abzulesen. Im Herbst 1944 wurden alle drei Häuser der Christengemeinschaft in Stuttgart, damals in fremdem Besitz, auf einen Hieb zerstört. Ich sah die Brandwolken unter freiem Himmel. Wir lebten, jeder mitten in seiner Not und Arbeit, auf den Gedanken an die Neubegründung der Bewegung hin, die jetzt notwendiger schien als je. Emil Bock hat sie später als ungewöhnliche, vom Schicksal geschenkte Gelegenheit gepriesen, innerhalb derselben Generation noch einmal von vorne anfangen zu dürfen. Von unseren Mitgliedern fanden sich 1945, nach über vier Jahren, alle, die noch lebten, wohl ohne Ausnahme, wieder ein, und auch unsere Zeitschrift zog ihre alten sowie viele neue Bezieher an, als sie von 1946 an unter Emil Bocks glänzender Redaktion wieder erscheinen konnte.

Die politische und soziale Krankheit unseres Jahrhunderts war im Weltkrieg zu einem riesengroßen Geschwür zusammengeballt und dann aufgebrochen. Wir standen überall vor Trümmern und lebten mitten in ihnen. Nach und nach kam das ganze Ausmaß der Grausamkeiten zutage, die ganze Völker zu vernichten trachteten. Jenes merkwürdige Gefühl hatte uns bei allem Schmerz geleitet: Die Zerstörungen und die Leiden des eigenen Volkes sind entsetzlich, aber sie gleichen etwas davon aus, was in erschütternder Verkennung der Wahrheit von Deutschland ausgegangen ist. Noch schlimmer wäre es, wenn die deutschen Siege der ersten Hälfte des Krieges fortwährend weitergegangen wären. Jetzt - so schrieb Emil Bock es in seinen Briefen an die von Bombenangriffen heimgesuchten Gemeinden - wird eben durch die Katastrophe der Blick frei auf die innere Welt. Jetzt eben „erhebet eure Häupter" zum Geiste. Das war das Hauptmotiv bei der Wiederaufnahme der Arbeit im Jahre 1945.

Erlebnisbericht

Johannes Lenz

Es war in der Nacht vom 8. zum 9. Juni 1941.

Drei Kinder des Priesters und Lenkers der Christengemeinschaft, Eduard Lenz, und seiner Frau Friedel Lenz, der späteren Märchenerzählerin, schliefen in der Dresdner Wohnung. Wir wußten, daß der Vater einen großen Vortrag in Berlin gehalten hatte. Der übliche Anruf danach zu Hause war ausgeblieben. Mußte er wieder zu Verhandlungen mit den Behörden des NS-Staates, um für die Existenz der Bewegung zur religiösen Erneuerung zu kämpfen? Wir wußten es nicht.

Etwa 03.15 Uhr in der Frühe ging die Klingel. Als 14jähriger schoß ich aus dem Schlaf hoch, war als erster an der Tür. Ich öffnete. Zwei Männer standen draußen; sie zeigten eine Marke. Dann im barschen Ton: „Geheime Staatspolizei! - Wir führen eine Wohnungsdurchsuchung durch. Zeige uns alle Zimmer."

Als ich das Schlafzimmer der Mutter wies, wurde abgeschlossen. Ich selbst mußte in das Bubenzimmer zurück, die Schwestern lauschten ängstlich an der Tür. „Niemand verläßt sein Zimmer!"

Dann fingen sie im Arbeitszimmer die Untersuchungen an. Der Schreibtisch, alle Schränke und Truhen wurden geöffnet und durchsucht. Sämtliche Drucksachen, Manuskripte, Bücher wurden beschlagnahmt. Am Morgen kam Verstärkung. Nicht nur für das Frühstück der beiden. Ein Lastwagen fuhr vor. Der Abtransport der Bücher begann.

Seit der Schülerzeit auf dem Maximiliansgymnasium in München - gemeinsam mit Werner Heisenberg - hatte der Schüler, dann der Student der Universität, der sich bei Christian Kayser am Rathausplatz in der Buchhandlung und dem Verlag Geld verdiente, schließlich der Mitbegründer der Christengemeinschaft 1922, Buch um Buch erspart und seine Bibliothek aufgebaut. Sie umfaßte alles, was aus der Christengemeinschaft an Literatur hervorgegangen war. Sie enthielt alles, was bis dahin von Rudolf Steiner erschienen war, einschließlich Sekundärliteratur auf geisteswissenschaftlichem Felde.

Schließlich die wichtige Literatur zur Geschichte des Christentums und der Weltreligionen. Es waren weit über 2.000 Bände. Jeder Band wurde angeschaut und in Körbe geworfen, die zwei Hilfskräfte zum offenen Lastwagen trugen. Ich schlich mich dazu, schaute mit Wehmut und innerer Auflehnung auf die leeren Regale und die vollen Körbe. Homer, Homer - wer ist das? Weg! „Die Odyssee" flog in den Korb ...

Ein Beamter verhörte die Mutter. Lange, sehr lange, wie es uns schien. Dann verhörte er einzeln jedes Kind - 12, 14, 16 Jahre alt: Was wir von der Tätigkeit des Vaters wüßten? Ob wir selber der Christengemeinschaft angehörten (ich war gerade Ostern 1941 konfirmiert worden!)? Was wir über den Führer dächten? Ob wir auf die Waldorfschule gingen? Was wir von der nationalsozialistischen Gesinnung der Eltern, in der Gemeinde, der Lehrer wüßten? Schließlich mußten wir die Verse des Deutschland- und des Horst-Wessel-Liedes aufsagen. Damit waren wir entlassen. Mit Ablösung dauerte die Durchsuchung der Wohnung bis zum Nachmittag. Alles Gedruckte, alles Schriftliche wurde abtransportiert. Später, nach Wochen, kam die Aufforderung, der „ordnungsgemäßen Einstampfung" der Bücher in einer Papierfabrik beizuwohnen. Diktaturen arbeiten mit bürokratischer Genauigkeit. Verloren waren die Manuskripte der Arbeiten zu den vier Evangelien. Nur die

„Betrachtungen über das Matthäus-Evangelium" (Stuttgart 1990) konnten später neu aufgezeichnet und damit wenigstens als Fragment gedruckt werden. Die ganze Lebensarbeit, sofern sie einen schriftlichen Niederschlag gefunden hatte, war zerstört. Als die Aktion beendet war, saßen wir in unserer halb geräumten Wohnung. Das Schlimmste war die Sorge um den Vater, mitzuerleben, wie die Mutter um ihren Mann bangte. Er war nach dem Vortrag verhaftet worden. Die „Grüne Minna" - das Polizeiauto - hatte ihn in das Gefängnis am Alexanderplatz in Berlin gebracht. In der Zelle traf er Ludwig Köhler, Mitbegründer der Christengemeinschaft und Pfarrer in Berlin, Adolf Müller, Pfarrer aus Berlin, Ernst Weismann, der später die Waldorfschule in Reutlingen gründete, Ernst Weißert, der nach dem Krieg leitend in der Waldorfschulbewegung tätig war, und viele mehr. 34 Zellengenossen, ein paar Doppelbetten, Schlafen mit Ablösung. Kein Verhafteter hatte das Recht, gehört zu werden oder einen Anwalt zu nehmen. Erst nach Wochen entsetzlicher Unsicherheit erfuhren wir, daß er im Gefängnis war. Die Christengemeinschaft war im gesamten Reichsgebiet am 9. Juni 1941 verboten worden. Ein Runderlaß des Reichsführers SS und Chefs der Deutschen Polizei aus dem Reichsministerium des Inneren vom 25. Juli 1941, veröffentlicht erst am 6. August, gab nachträgliche Begründung.

Am nächsten Tag fuhr ich mit dem Fahrrad durch die Stadt. Wo Mitglieder der Gemeinde und Freunde aus der Waldorfschule wohnten, gab ich Alarm, warnte: „Es geht los" - „die Verfolgung beginnt" - „alles verstecken". Der goldene Kelch, das Herzstück für den Kultus der Gemeinde in der Reichenbachstraße, wurde versteckt. Gartenlauben wurden zu kleinen Bücherdepots, in denen wichtige Literatur verschwand. Dachböden und Keller wurden als unauffällige Lagerräume überprüft, wo Wichtiges versteckt werden konnte. Überall in den Straßenbahnen, Omnibussen und an Litfaßsäulen hing das gelbe Plakat: „ACHTUNG - FEIND HÖRT MIT" -, da der Feind nun aber die Organe des Staates waren, mußte alles möglichst unauffällig, schweigend geschehen. Reden war gefährlich, wenn beim anderen nicht die Fähigkeit zum Schweigen - auch im Verhör - vorausgesetzt werden konnte. Die Mitglieder der Gemeinde, soweit sie nicht Soldaten waren, tauchten unter, tarnten sich, lebten geistig aus den Verstecken. Wichtiges wurde von Hand in Hefte abgeschrieben und kursierte als unauffällige geistige Nahrung. Mit der Ausbreitung des Krieges nahm das Dunkel zu. Das sakramentale Leben und die Verkündigung des Evangeliums waren unter der Decke des Verbotes zu verheimlichen, sie waren weiter wie zur Zeit der Cäsaren in Rom in die Katakomben verbannt. Die Begeisterung der Jungen für die verbotene Sache wuchs.

Das Verbot währte bis zum letzten Tag des Krieges. Im zertrümmerten Deutschland fing zu Pfingsten 1945 das neue Leben der Christengemeinschaft wieder an.

Nelly Sachs

EINE ERINNERUNG ZUM 100. GEBURTSTAG AM 10.12.1991

Annegret Kühl

„Ich sehe kein zweites Werk, das diese Toten, diese so besonders unglücklichen Toten unter den vielen schlecht Gestorbenen, der Erinnerung der Menschheit einfügt, wie das Deine"[1], schreibt Hilde Domin 1966 in einem offenen Brief an Nelly Sachs. Zur Erläuterung stellt sie weiter oben voran: „Bei Kriegsende sah ich zum ersten Mal Bilder aus den Konzentrationslagern. Viele haben sie damals zum ersten Mal gesehen: außerhalb Deutschlands und vor allem auch in Deutschland, auch in Deutschland, ich wiederhole dies ausdrücklich. (Ich selber war weit weg, auf einer Insel im Karibischen Meer). Am schlimmsten waren mir die Leichenhaufen: all diese nackten, hilflosen Körper, wie ein Lager von verrenkten Puppen, übereinandergestapelt. Ich konnte keine nackten Körper mehr sehen, besonders keinen schlafenden - in den Tropen schläft man ja oft nackt oder fast nackt -, ohne mich zu ängstigen vor den Leichen, diese hilflosen Objekte von Anderer Tun. Jeder Lebende wurde mir sofort zur Leiche, zog Trauben von Leichen an. Das habe ich damals nie ausgesprochen, das hätte ich niemandem sagen können, mein Entsetzen war nicht mitteilbar. Sollte ich vielleicht sagen: 'Schlafe nicht. Sofort liegen lauter Leichen da?'

Als ich Deine Gedichte las, im Winter 1959/60, also fast 15 Jahre später, da hast Du meine Toten bestattet, all diese fremden, furchtbaren Toten, die mir ins Zimmer kamen. Sie stiegen auf in einem weißen, wirbelnden Schaum, sie verloren diese Puppenhaftigkeit der Menschen, denen nur angetan worden war, dieses umgekehrte Robotertum, und gingen ein in das Gedächtnis aller Verstorbenen. In Schmerz, aber ohne Bitterkeit lösten sie sich in Deinen Worten und stiegen auf wie ein milchiger Dunst, ich sah es sich auflösen, fortziehen. Sie kamen nicht mehr in dieser Form zu mir zurück. Ich breche in Tränen aus, wie ich dies schreibe, aber ich will es trotzdem aussprechen und auch öffentlich."[2]

Hiermit spricht Hilde Domin stellvertretend aus, was viele empfanden und empfinden. Hört man die Qualen und Zahlen von Auschwitz, schaut man die Gedenkstätte Dachau an, so bleiben meist tiefste Abscheu und Ekel, die den Blick auf die Opfer verstellen. Man möchte sich abwenden und verdrängen, vergessen ist unmöglich. Nelly Sachs nun hat es vermocht, diese Toten aus der Anonymität, aus der ungeheuren Zahl zu befreien und „unserer Erinnerung einzufügen".

> WENN ICH nur wüßte,
> Worauf dein letzter Blick ruhte.
> War es ein Stein, der schon viele letzte Blicke
> Getrunken hatte, bis sie in Blindheit
> Auf den Blinden fielen?
>
> Oder war es Erde,
> Genug, um einen Schuh zu füllen,
> Und schon schwarz geworden

Von soviel Abschied
Und von soviel Tod bereiten?

Oder war es dein letzter Weg,
Der dir das Lebewohl von allen Wegen brachte,
Die du gegangen warst?

Eine Wasserlache, ein Stück spiegelndes Metall,
Vielleicht die Gürtelschnalle deines Feindes,
Oder irgend ein anderer, kleiner Wahrsager
Des Himmels?

Oder sandte dir diese Erde,
Die keinen ungeliebt von hinnen gehen läßt,
Ein Vogelzeichen durch die Luft,
Erinnernd deine Seele, daß sie zuckte
In ihrem qualverbrannten Leib?[3]

Das Werk der Nelly Sachs ist ein Brückenschlag zwischen Lebenden und Toten. Nimmt man die Mitteilungen Rudolf Steiners ernst, so bedürfen die Toten der Hilfe durch Lebende. Die meisten Toten der KZs bedürfen wahrscheinlich auch fremder Hilfe, da oft Angehörige und Freunde dasselbe grauenvolle Schicksal traf. Was aber, wenn die Gedanken der Lebenden in Abscheu und Haß gegen die Mörder gefangenbleiben und nicht zu einem menschenwürdigen Gedenken finden?

Der Dichter Hans Magnus Enzensberger hat in einer Rundfunksendung des Norddeutschen Rundfunks einmal gesagt: „Der Philosoph Theodor W. Adorno hat einen Satz ausgesprochen, der zu den härtesten Urteilen gehört, die jemals über unsere Zeit gefällt worden sind: 'Nach Auschwitz ist es nicht mehr möglich, ein Gedicht zu schreiben.' Wenn wir weiterleben wollen, so muß dieser Satz widerlegt werden. Wenige vermögen es. Zu ihnen gehört Nelly Sachs. Ihrer Sprache wohnt etwas Rettendes inne. Indem sie spricht, gibt sie uns selber zurück, Satz um Satz, was wir zu verlieren drohten: Sprache. Ihr Werk enthält kein einziges Wort des Hasses. Den Henkern und allem, was uns zu Mitwissern und Helfershelfern macht, wird verziehen und nicht gedroht. Ihnen gilt kein Fluch und keine Rache. Es gibt keine Sprache für sie. Die Gedichte sprechen von dem, was Menschengesicht hat: von den Opfern. Das macht ihre rätselhafte Reinheit aus. Das macht sie unangreifbar."[4]

Nelly Sachs selber spricht mehrfach in ihren Briefen über diese Frage, so in einem Brief vom 09.10.1948: „Ein junges Ehepaar aus Polen, die im Konzentrationslager beide waren, zog in unsere frühere Wohnung, und was sie berichten von den Martern ihrer ermordeten Familien und Kinder ist so, daß man nur noch die Augen schließen möchte, da man den Absturz dieses Sterns nicht aufhalten kann. Ich habe versucht, in meiner neuen Gedichtsammlung diese apokalyptische Zeit zu fangen, aber auch die ewigen Geheimnisse dahinter schimmern zu lassen. Unsere Zeit, so schlimm sie ist, muß doch wie alle Zeiten in der Vergangenheit in der Kunst ihren Ausdruck finden, es muß mit allen neuen Mitteln gewagt werden, denn die alten reichen nicht mehr aus."[5]

Am 01.10.1946 schrieb sie über ihre Arbeiten: „... es ist auch gänzlich gleichgültig, ob ich sie schrieb oder irgend jemandes Stimme erklang. Aber es *muß* doch eine Stimme erklingen und einer muß doch die blutigen Fußspuren Israels aus dem Sande sammeln und sie der Menschheit aufweisen können. Nicht nur in Protokollform!"[6]

Wie groß sie diese Aufgabe empfand und wie gering ihr eigenes Vermögen, sprach sie am 18.05.1946 in einem Brief aus: „Ein Dante, ein Shakespeare wäre notwendig, der Menschheit diesen Abgrund zu zeigen, aber so muß es eine schwache Frau tun."[7]

Dichtungen der Nelly Sachs finden sich in vielen Schulbüchern, aber sie selbst ist wenig bekannt. Sie tritt hinter ihr Werk zurück. Spätere Biographen weist sie immer wieder darauf hin, daß sich alles Wesentliche ihres Lebens in ihren Werken fände. Trotzdem ist auch ein Blick auf ihre Biographie hilfreich zum Verständnis.

1891 wurde Nelly Sachs in Berlin geboren, sie wuchs recht zurückgezogen als einziges Kind der Familie auf. Ihr Vater spielte häufig Klavier, und sie tanzte dazu. Im Alter von 17 Jahren verliebte sie sich unglücklich. Dieses Erlebnis erschütterte sie tief, und sie fühlte sich diesem Mann zeitlebens verbunden. So schrieb sie eines ihrer ersten großen Werke „Eli. Ein Mysterienspiel vom Leiden Israels" im Jahre 1943, nachdem sie von seiner Ermordung erfahren hatte. Auf diese Begegnung spielt sie in Briefen immer wieder an, schreibt aber keine „harten Fakten"; denn für sie ist das innere Erleben, welches sie in ihren Gedichten ausdrückt, das Wesentliche. Bereits als Jugendliche begann Nelly Sachs zu schreiben, aber aus diesen Jahren ist nur weniges erhalten und wie sie selber sagt, hat sie das Wesentlichste, „alle Gedichte, die wirklich mein Schicksal betrafen"[8], verbrannt. Aber diese frühen Werke haben ihr den Weg nach Schweden gebahnt. Sie schickte einiges an Selma Lagerlöf, woraufhin eine Brieffreundschaft entstand. Nachdem 1930 der Vater gestorben war, lebte Nelly Sachs mit ihrer Mutter allein. Wegen ihrer jüdischen Abstammung wurde sie gedemütigt und verhört. 1940 flog sie zusammen mit ihrer Mutter mit einem der letzten Flugzeuge aus Berlin nach Stockholm. Durch Selma Lagerlöfs Hilfe hatte sie eine Aufenthaltsgenehmigung erhalten. In Stockholm wohnte sie zusammen mit ihrer Mutter, die sie bis zu deren Tod 1950 pflegte, in einer Ein-Zimmer-Wohnung.

CHOR DER GERETTETEN

Wir Geretteten,
Aus deren hohlem Gebein der Tod schon seine Flöten schnitt,
An deren Sehnen der Tod schon seinen Bogen strich -
Unsere Leiber klagen noch nach
Mit ihrer verstümmelten Musik.
Wir Geretteten,
Immer noch hängen die Schlingen für unsere Hälse gedreht
Vor uns in der blauen Luft -
Immer noch füllen sich die Stundenuhren mit unserem tropfenden Blut.
Wir Geretteten,
Immer noch essen an uns die Würmer der Angst.
Unser Gestirn ist vergraben im Staub.
Wir Geretteten
Bitten euch:
Zeigt uns langsam eure Sonne.

Führt uns von Stern zu Stern im Schritt.
Laßt uns das Leben leise wieder lernen.
Es könnte sonst eines Vogels Lied,
Das Füllen des Eimers am Brunnen
Unseren schlecht versiegelten Schmerz aufbrechen lassen
Und uns wegschäumen -
Wir bitten euch:

Zeigt uns noch nicht einen beißenden Hund -
Es könnte sein, es könnte sein
Daß wir zu Staub zerfallen -
Vor euren Augen zerfallen in Staub.
Was hält denn unsere Webe zusammen?
Wir odemlos gewordene,
Deren Seele zu Ihm floh aus der Mitternacht
Lange bevor man unseren Leib rettete
In die Arche des Augenblicks.
Wir Geretteten,
Wir drücken eure Hand,
Wir erkennen euer Auge -
Aber zusammen hält uns nur noch der Abschied,
Der Abschied im Staub
Hält uns mit euch zusammen.[9]

Mit 49 Jahren also wird Nelly Sachs gerettet, und es beginnt ein neues Leben, ein Leben, das sich in Grenzgebieten ereignet. Nachdem sie die schwedische Sprache erlernt hat, arbeitet sie als Übersetzerin schwedischer Lyrik. Damit überschreitet sie ständig die Grenze zwischen zwei Sprachen, zwei Kulturen. Sie selber will mit dieser Arbeit ihren Dank Schweden gegenüber bezeugen und dessen Lyrik weiteren Kreisen zugänglich machen. Dadurch lernt sie erstens die modernen schwedischen Dichter kennen, und zweitens wird ihre eigene Dichtung in der Auseinandersetzung mit der Fremdsprache immer klarer. Aber nicht nur sprachlich lebt sie in einem Grenzgebiet, sondern mit ihrer gesamten Existenz. Besonders deutlich beschreibt sie diese Erlebnisse, wenn sie von ihrer kranken Mutter und der Entstehung der szenischen Dichtung „Eli. Ein Mysterienspiel vom Leiden Israels" erzählt. An Alfred Andersch schreibt sie am 30.10.1957: „... das sind alles Versuche, die dicken Häute des Diesseits zu durchbrechen und hinauszulugen, ebenso wie in meinen Gedichten, da ich versuchte, das Thema 'Jäger und Gejagte' bis in die Augen der Hindin zu verpflanzen, darin die Scheiterhaufen der Angst lautlos brennen. Es ist bestimmt so, daß wohl nur wenige dem letzten Teil, der ganz über die Grenzen führt, wo meine geliebten Toten heimgefunden haben, folgen werden - da seufzt eigentlich nur noch Schweigen!"[10]

Ausführlicher schreibt sie über die Entstehung ihrer Werke am 23.01.1957: „So entstanden 'Die Wohnungen des Todes' und fast zu gleicher Zeit 'Eli'. Ihn schrieb ich, oder vielmehr er offenbarte sich in drei Nächten unter solchen Umständen, daß ich mich zerrissen glaubte, und da ich nicht wagte, in dem einen Zimmer, das wir bewohnten, Licht anzuzünden, um die kostbare Nachtruhe meiner Mutter, die so selten war, zu stören, so versuchte ich im Kopf immer wieder zu wiederholen, was sich da abspielte in der Luft, wo die Nacht wie eine Wunde aufgerissen war. Am Morgen schrieb ich dann das so behaltene, so gut ich konnte, nieder oder versuchte, was ich im Dunklen aufgekritzelt hatte, zu entziffern, was viel schlechter ging. Auf diese Weise entstand der 'Eli'. Niemals hatte ich daran gedacht, daß dieses Nachtstück wirklich etwas mit richtiger Dramatik oder Kunst zu tun haben würde. Genau so erging es mir ja mit den 'Wohnungen des Todes'. Dann kam, wie Du ja weißt, 'Sternverdunkelung' immer nahe der Grenze zwischen Leben und Tod - immer am Krankenbett meiner geliebten Mutter. Zuletzt 'Und niemand weiß weiter', wo sich mein Leben weit hinausbeugt über die Grenze, die unsere Haut uns zieht."[11]

Aus dieser Erfahrung des „bevölkerten Jenseits" erwachsen ihre Werke, die die Toten unserer Erinnerung einfügen können, weil sie aus der Begegnung mit den Toten leben.

SCHMETTERLING

Welch schönes Jenseits
ist in deinen Staub gemalt.
Durch den Flammenkern der Erde,
durch ihre steinerne Schale
wurdest du gereicht,
Abschiedswebe in der Vergänglichkeiten Maß.

Schmetterling
aller Wesen gute Nacht!
Die Gewichte von Leben und Tod
senken sich mit deinen Flügeln
auf die Rose nieder
die mit dem heimwärts reifenden Licht welkt.

Welch schönes Jenseits
ist in deinen Staub gemalt.
Welch Königszeichen
im Geheimnis der Luft.[12]

Nelly Sachs hat unzählige Gedichte und mehrere szenische Werke geschrieben, letztere habe ich leider noch nicht in einer Aufführung erlebt. Es war ihre Absicht, ein neues Theater, ein „Kulttheater" aus Mimik, Musik und Sprache zu schaffen. „Ideale sind dazu da, verwirklicht zu werden, sagt der heilige Franz von Assisi. Aber 'Gesichte' müssen auf der Bühne stehen können"[13], schreibt Nelly Sachs in einem Brief an den Komponisten Moses Pergament am 31.10.1950.

Nelly Sachs stand in Verbindung mit vielen deutschen Künstlern, lebte aber zurückgezogen in Stockholm. In Deutschland wurde sie nie wirklich populär, obwohl viele junge Künstler wie Enzensberger, Andersch und Celan sie sehr schätzten. 1966 erhielt sie den Nobelpreis für Literatur, und 1967 wurde sie Ehrenbürgerin der Stadt Berlin. Am 12. Mai 1970 starb sie in Stockholm.

Immer wieder wird Nelly Sachs als die Dichterin des jüdischen Volkes gefeiert. Damit aber verfallen wir der Terminologie der Nationalsozialisten; denn Nelly Sachs ist

Deutsche, ihre Muttersprache, in der sie zeitlebens ihre Dichtung schrieb, ist deutsch. Aus dem Abstand eines Schweden weist der Schriftsteller und Journalist Olof Lagercrantz auf diesen Sachverhalt hin: „Es ist an der Zeit, daß man in Deutschland versteht, daß sie ein Landsmann ist, den man fortgetrieben hat, und kein Fremdling, den man zum Ehrenbürger macht. Es ist leicht, allzu leicht, sie eine große jüdische Dichterin zu nennen. Es scheint schwerer zu sein, zu verstehen und zu erkennen, daß Nelly Sachs auch die große Dichterin des deutschen Volkes in unserer Zeit ist.“[14]

Nelly Sachs ist Dichterin der deutschen Sprache und Dichterin des jüdischen Schicksals; aber auch das scheint mir zu eng gesehen, denn sie ist die Dichterin aller Verfolgten, Heimatlosen und schlecht Gestorbenen. Wenn ich folgendes Gedicht lese, denke ich sowohl an Juden als auch an Palästinenser und an alle die anderen, die ihre Heimat wie eine Waise im Arm tragen.

> KOMMT EINER
> von ferne
> mit einer Sprache
> die vielleicht die Laute
> verschließt
> mit dem Wiehern der Stute
> oder
> dem Piepen
> junger Schwarzamseln
> oder
> auch wie eine knirschende Säge
> die alle Nähe zerschneidet
>
> Kommt einer
> von ferne
> mit Bewegungen des Hundes
> oder
> vielleicht der Ratte
> und es ist Winter
> so kleide ihn warm
> kann auch sein
> er hat Feuer unter den Sohlen
> (vielleicht ritt er
> auf einem Meteor)
> so schilt ihn nicht
> falls dein Teppich durchlöchert schreit -
>
> Ein Fremder hat immer
> seine Heimat im Arm
> wie eine Waise
> für die er vielleicht nichts
> als ein Grab sucht.[15]

Anmerkungen:

1) Hilde Domin in: Nelly Sachs zu Ehren. Frankfurt/M. 1966, S.192

2) ebd., S.191

3) Nelly Sachs: Gedichte. Frankfurt/M. 1977, S.23

4) Ruth Dinesen/Helmut Müssener (Hg.): Briefe der Nelly Sachs. Frankfurt/M. 1984, S.208 f., Brief vom 24.03.1959

5) ebd., S.97 f., Brief vom 09.10.1948

6) ebd., S.67 f., Brief vom 01.10.1946

7) ebd., S.53, Brief vom 18.05.1946

8) ebd., S.204, Brief vom 04.02.1959

9) Nelly Sachs: Gedichte, a.a.O., S.27

10) Ruth Dinesen/Helmut Müssener (Hg.): Briefe der Nelly Sachs, a.a.O., S.171 f., Brief vom 30.10.1957

11) ebd., S.157 f., Brief vom 23.01.1957

12) Nelly Sachs: Fahrt ins Staublose. Frankfurt/M. 1961, S.148

13) Ruth Dinesen/Helmut Müssener (Hg.): Briefe der Nelly Sachs, a.a.O., S.123, Brief vom 31.10.1950

14) Olof Lagercrantz: Den pågående skapelsen. En studie i Nelly Sachs diktning. Stockholm 1966. S.43, Übersetzung: Annegret Kühl

15) Nelly Sachs: Gedichte, a.a.O., S.89 f.

Ein KZ-Kommandant, den der Himmel schickte

„ICH WOLLTE, DASS SIE LEBEN" - DAS WUNDER VON DAUTMERGEN
Thomas Seiterich*

Erwin Dold *ist 72 Jahre alt und Seniorchef eines der größten Holzunternehmen in Südwestdeutschland. Als junger Mann, in den Jahren 1944 und 1945, rettete er als Kommandant des KZ Dautmergen mindestens tausend Menschen vor dem sicheren Tod. Es fällt ihm schwer, von damals zu erzählen. Seine Tat hat ihn unter den Deutschen seiner Generation zu einem Unverstandenen, ja zu einem Fremden gemacht. Deshalb hat Dold mehr als vier Jahrzehnte lang geschwiegen. Zum ersten Mal seit 1947 berichtet er der Öffentlichkeit, was er als Chef des KZ Dautmergen in Württemberg im letzten Dreivierteljahr des Zweiten Weltkrieges getan hat.*

Foto: Bank

Die systematische Barbarei, die bürokratisch-penible Grausamkeit und die gezielte Menschenvernichtung der deutschen Konzentrationslager ist einzigartig in der Geschichte der Menschheit. Die Auseinandersetzung mit der entsetzlichen Wirklichkeit jener KZs macht beklommen. Daran ändert auch die Tatsache nichts, daß die Ereignisse bald ein halbes Jahrhundert zurückliegen. Die vielen, die als größere oder kleinere Täter mit dabei waren, beriefen sich vor den Gerichten später auf „Befehlsnotstand".

Erwin Dold muß sich auf diese Weise nicht aus der Verantwortung stehlen. Sein extrem mutiges Handeln zeigt, daß es möglich war, an verantwortlicher Stelle gegen die Menschenvernichtung zu arbeiten. Seine Geschichte ist die Geschichte eines Wunders. Ein Sieg des Lebens, mit Täuschung, mit List und Tücke errungen über den vom damaligen deutschen Staat befohlenen Tod. Die Geschichte von Erwin Dold spielt nicht in einer besseren Welt. Sie hat nichts mit Phantasie zu tun. So unglaublich sie klingt: Es handelt sich bei dem Lebensbericht des damaligen Feldwebels Erwin Dold von Mitte 1944 bis zum April 1945 um Tatsachen; um die Dokumentation tatsächlicher, bezeugter und beurkundeter Vorgänge.

Der damals 24 Jahre alte Mann hat als KZ-Kommandant in den letzten sechs Monaten des Zweiten Weltkrieges unter Einsatz seines Lebens mindestens tausend Menschen vor dem sicheren Tod bewahrt.

Als Held hat ihn später niemand gefeiert. Seine Tat hat ihn eher einsam gemacht. Viele gingen zu ihm auf Distanz: die alten Kameraden, weil er ihnen als ein „Verräter" galt, der gegen Nazi-Täter in Kriegsverbrecherprozessen aussagen mußte. In seinem Heimatdorf Buchenbach hält sich bis heute das Gerücht, er sei ein SS-Mann gewesen. Dies stimmt

---

*Erstveröffentlichung in: *Publik-Forum, Zeitung kritischer Christen*, Oberursel, Nr.7/1990. Der Abdruck erfolgt mit freundlicher Genehmigung.

nicht. Dold, der bis vor kurzem als Unternehmer eines der größten Sägewerke und Spanplatten-Unternehmen Südwestdeutschlands leitete, sprach nie seit seinem Prozeß 1947 öffentlich über das, was er 1944 und 1945, wie er erklärt, „aufgrund des christlichen Glaubens" getan hat. Ohne daß Erwin Dold dies so wörtlich sagt: Seine Geschichte ist eine moderne Version des biblischen Gebots: „Man muß Gott mehr gehorchen als den Menschen."

Die Fakten: Dautmergen liegt auf halbem Weg zwischen Balingen und Rottweil. Ein kleines Dorf am Rande der Schwäbischen Alb. Die alten Leute erinnern sich noch an jenes dunkle dreiviertel Jahr in der Endphase des Krieges, als am südlichen Ortsrand ein 20.000-Quadratmeter-Areal, durch übermannshohe Stacheldrahtverhaue abgeschirmt, zur letzten Leidensstation für Tausende geriet, die als Verfolgte des Nazi-Terrors aus vielen Ländern Europas hierher verschleppt wurden.

Im Sommer 1944 ordnet Hitlers Reichsregierung nach dem Verlust der strategisch wichtigen rumänischen Ölfelder bei Ploesti die forcierte Ausbeutung des Ölschiefers am Albrand an. Erdöl, Treibstoff für die großdeutsche Kriegsmaschine wird dringender denn je benötigt. Die „Geheime Staats-Polizei" (GeStaPo) befiel dem Kommandanten des elsässischen Groß-Konzentrationslagers Natzweiler, Hartenstein, die Einrichtung von zwei Dutzend KZ-Kommandos im Gebiet der schwäbischen Ölschiefervorkommen. Württembergs GeStaPo-Chef Musgay veranlaßt die Beschlagnahmung geeigneter Grundstücke. Die für Wehrmachtsbauten zuständige paramilitärische „Organisation Todt" (OT) stampft innerhalb weniger Tage Stacheldrahtzäune, Wachttürme und einige Notunterkünfte aus dem Boden. Als die ersten Häftlingstransporte anrollen, rücken die OT-Kommandos ab. Die Gefangenen müssen im Freien, auf der vom Regen aufgeweichten Erde schlafen. Es ist nachts eiskalt. Decken und Matratzen, Küchen und sanitäre Anlagen fehlen. Bald grassieren Tuberkulose und Fleckfieber, Thyphus und tödliche Erkältungskrankheiten in den Lagern. Von rund 50.000 Menschen, die zwischen Spätsommer 1944 und Kriegsende in jene Lager deportiert werden, stirbt mindestens die Hälfte.

Ihr Tod ist schrecklich und vielfältig. Tausende verhungern, weil ihre Bewacher selbst die geringen Lebensmittelzuteilungen unterschlagen, die den Häftlingen nach dem Reglement des Unrechts zustehen. Tausende erfrieren, weil sie keine Leibwäsche, Mäntel und Strümpfe erhalten und im harten Winter in Ermangelung von Schuhen die Füße in Lappen und Papiersäcke wickeln müssen.

Andere sterben durch Willkür und Gewalt. In einem der Lager, im KZ Schörzingen, werden als „Weihnachtsüberraschung" am 24. Dezember 1944 die Russen Oleinez und Tur exekutiert; die angetretenen Gefangenen müssen angesichts der Galgen Weihnachtslieder singen. Einige SS-Männer singen zynisch lächelnd mit.

Auf welchen Umwegen wird der Nicht-Parteigenosse Erwin Dold KZ-Chef in Dautmergen? „Im Herbst 1943 wurde ich auf der Krim als Jagdflieger angeschossen. Monatelang hat man mich in verschiedenen Lazaretten, zunächst in Rumänien, später in Ostdeutschland behandelt und schließlich, nahezu dienstunfähig, zum Fliegerhorst Freiburg versetzt. Ich war nun wieder in der Nähe meines Heimatdorfs Buchenbach im Schwarzwald und freute mich auf die Entlassung." Da erreicht ihn 1944 ein Stück Papier, das seinem Leben eine Wende geben wird: der Stellungsbefehl zum „Industriewachkommando Haslach im Kinzigtal". Dold: „Ich konnte mir darunter nichts vorstellen. Haslach war ein Arbeits-KZ. Bis dahin hatte ich von der Existenz solcher Lager keine

Notiz genommen. Und auch bei uns zu Hause, in der kinderreichen Familie, die ein kleines Sägewerk und eine Gastwirtschaft betrieb, war davon nie die Rede gewesen." Erwin Dold: „Den Augenblick, in dem ich den Haslacher Kommandobezirk betrat, werde ich niemals vergessen. Schmutzige, halbverhungerte, von Ausschlägen und Mißhandlungen entstellte Menschen starrten mich angstvoll an." Und weiter: „Das kam auf mich zu wie eine Lawine. Nicht zwei oder drei Menschen lebten hier in größter Not, sondern Tausende, und täglich sind neue dazugekommen." Der damals 24 Jahre alte Erwin Dold faßt seinen Entschluß, den entscheidenden Entschluß seines Lebens, schon in dieser ersten Minute. „Meine Eltern haben mich im katholischen Glauben erzogen und in der Überzeugung, daß man anderen helfen muß. Aber hier nützte es wenig, dem einen oder anderen zu helfen. Hier mußte man sich identifizieren mit allen; ich mußte für alle denken und handeln, mußte sozusagen ein wenig einer von denen werden. Anders hätte ich selber dort nicht leben können."

„Einer von denen werden ..." Dold sieht das 1944 wie 1990 unpathetisch, ganz praktisch, handgreiflich. „Man mußte für Essen, Kleidung, Arzneien sorgen. Ob die Lagerinsassen nun Staatsfeinde oder angeblich Volksschädlinge waren: Ich wollte, daß sie leben."

Im Herbst 1944 wird der junge Feldwebel von Haslach wegkommandiert. Man macht Dold zum Chef des KZ-Lagers Dautmergen. Tage zuvor hat dort der SS-Unterscharführer Kruth den polnischen Juden Mifka auf dem Marsch zur Arbeit in die Ölschieferbrüche erschossen, weil der hungernde, geschundene Mann am Straßenrand Falläpfel aufhob.

Dold erinnert sich an seine Ankunft: „Das Lager befand sich auf einer Sumpfwiese. Die Baracken hatten keinen Boden." Die tägliche Totenzahl liegt bei 40 bis 50. Von einem Transport von 1.000 Rigaer Juden beispielsweise überleben den Krieg acht, von 80 Norwegern 30. Der norwegische KZ-Häftling Alf Knudsen, der seit 1942 mehr als zwei Dutzend Gefängnisse und Lager durchlaufen hatte, sagt 1946 im Rastatter Kriegsverbrecherprozeß vor französischen Richtern als Zeuge aus: „Dautmergen, das war die Hölle, unvergleichlich mit irgendeinem anderen Ort. Bis Erwin Dold kam."

Der polnische Jude Tubiaszewicz erinnert sich 1946 vor dem französischen Kriegsverbrecher-Gericht an seine erste Begegnung mit dem neuen Lagerführer: „Ich war im Krankenrevier. Das war für Juden verboten. Dold kam herein, ich sprang von der Pritsche auf und stand zitternd vor ihm. Er hatte die Macht, mich totzuschlagen. Ich flehte ihn an. Da legte er die Hand auf meine Schulter und sagte: 'Warum haben Sie Angst? Sie sind krank und Sie sind kein anderer Mensch als ich.' Ich werde diese Worte nie vergessen. Erwin Dold wurde uns vom Himmel gesandt."

KZ-Chef Dold beläßt es nicht bei Worten. Um den entkräfteten und halbverhungerten 2.000 Dautmergener Gefangenen wenigstens für eine kurze Zeit die schwere Arbeit in den Ölschieferbrüchen zu ersparen, verhängt er über das gesamte Lager, „gegen den Widerstand der SS", Seuchenquarantäne. Dold: „Das gab Ärger, bis nach Berlin. Doch wir beschafften Baumaterial und verbesserten die Baracken und sanitären Anlagen. Ohne Tricks und Zwecklügen wäre das nicht möglich gewesen."

Für die nicht „behandlungswürdigen" jüdischen Häftlinge sowie für die nicht mehr behandlungsfähig erscheinenden KZ-Insassen gibt es im Lager eine Sterbebaracke, die in der Sprache der SS bezeichnenderweise „Schonungsblock" heißt. Den Todgeweihten, die in diesen Block verlegt werden, hat man die Kleidung abgenommen. Nackt, auf der kalten

Erde, von Geschwüren und Ungeziefer bedeckt, warten sie auf das Ende. Nur wenige Bewacher betreten ab und zu diese Stätte des Grauens - um den Toten und Sterbenden die Goldzähne aus dem Mund brechen zu lassen.

Dold, entsetzt, befiehlt die Räumung des sogenannten Schonungsblocks. Da im Krankenrevier nur ein deportierter polnischer Medizinprofessor arbeitet, ordnet der KZ-Chef zusätzlich den Einsatz deutscher Zivilärzte an. Vorgeschobene Begründung: Die Gefangenen müssen für Deutschlands Endsieg arbeiten und deshalb gesund sein ...

Es fehlen Wolldecken. Dold: „Ich machte, nach sorgfältigen Erkundungen und Vorbesuchen, mit hochprozentigem Schwarzwälder Kirschwasser die Wache eines Schömberger Todt-Vorratsdepots betrunken. Währenddessen luden ein paar vertrauenswürdige Leute aus dem Lager Dautmergen die lebenswichtigen Decken und Unterwäsche auf unseren LKW."

Die Gefangenen leiden Hunger. Dold stellt sich selbst dringende Fahrbefehle aus, organisiert „Benzin und einen LKW". „Wir fuhren regelmäßig bei Nacht und Nebel über den Schwarzwald nach Südbaden, in meine Heimat, um Kartoffeln, Mehl und einmal eine geschlachtete Sau auf dem schwarzen Markt zu beschaffen." Dold: „Das Geld dafür gab mir mein Vater. Er nannte mir auch Bekannte und Freunde, bei denen ich vorsprechen sollte. Mein Vater wies mir auch die Schleichwege, auf denen ich um die Kontrollen herumkam." Dold hat bei jenen Nachtfahrten nur ein paar KZ-Gefangene dabei. „Es waren immer dieselben fünf oder sechs Vertrauenswürdige. Ich gab ihnen Wehrmachtsmäntel. Trotzdem sahen sie so jämmerlich und verhungert aus, daß die Bauern Mitleid hatten und bereitwillig Lebensmittel an uns verkauften, obwohl das unter Strafe stand."

Der KZ-Chef von Dautmergen wagt jeden Tag das eigene Leben. Dold übertritt bei seinen Aktionen Kriegsgesetze, von denen jedes einzelne in zahllosen anderen Fällen zu Todesurteilen geführt hat. „Wenn wir bei den Beschaffungsfahrten in eine unüberschaubare Situation kamen, dann habe ich eben den harten KZ-Chef gemimt. Dies klappte immer." Was Dold unerwähnt läßt: Wenn es nur ein einziges Mal nicht gewirkt hätte - dem 24jährigen wäre der Galgen sicher gewesen.

Einmal ist es beinahe soweit. Dold hat in der Nähe von Dautmergen illegal Schlachtrinder bei Großbauern gekauft. „Mein Problem war - wie in vielen ähnlichen Situationen -, daß für die Lagerbewachung ein Kommando zuständig war, dem ich überhaupt nichts zu sagen hatte. Also: Wie sollte ich die Kühe in die Küche bekommen? Da bin ich eben nachts in mein Büro gerannt, habe den Luftschutzalarmknopf gedrückt, damit das Wachkommando die Scheinwerfer löschen mußte, und dann habe ich mit ein paar Gefangenen die Tiere hereingeholt, die wir zuvor in einem Wäldchen in der Nähe 'abgestellt' hatten." Als Tage später die Polizei, von einem unbekannten Denunzianten alarmiert, anrückt, um wegen „Schwarzschlachtung" zu ermitteln, bleibt Dold kaltblütig. Er läßt den verantwortlichen Polizeibeamten zu sich kommen und bedroht ihn, ohne lange zu zögern, mit der Erschießung. Aus dem Munde eines KZ-Führers ist so eine Drohung im Winter 1944/45 ohne Zweifel ernstzunehmen. Die Polizei läßt sich von da an im Lager Dautmergen nicht mehr blicken. Dennoch blieb die Situation extrem bedrückend, nahezu hoffnungslos. Dold: „Immer quälender wurde meine Angst und meine Isolation."

Im April 1945 nimmt die Angst ein Ende. Vor dem Ansturm der Alliierten werden die Lager im Raum Balingen/Rottweil geräumt. SS-Kommandos sollen die Überlebenden in Eilmärschen in Richtung der sogenannten „Alpenfestung" nach Südosten treiben.

Dold weiß, daß die Elendsgestalten, die sich nun zu kilometerlangen Marschsäulen formieren, für ihre uniformierten Treiber nurmehr lästige Zeugen sind. Er verteilt die restlichen Lebensmittel an die Gefangenen; „es reichte gerade für zwölf Kartoffeln und ein Brot pro Mann." Dold läßt an einem Bahnhof am Weg gegen den Protest der SS einen „herumstehenden" Eisenbahnwaggon aufbrechen und seinen Inhalt als Zusatzproviant ausgeben - Schokolade und Zigaretten. Dann fährt er auf dem Motorrad der Kolonne voran, versucht Quartier zu machen und Lebensmittel zu organisieren.

Er weiß nicht, daß die SS inzwischen jeden Häftling erschießt, der Schokolade und Zigaretten bei Passanten gegen Nahrungsmittel einzutauschen versucht. Er weiß nicht, daß jeder, der entkräftet zu Boden sinkt, auf der Stelle liquidiert wird. Und er erfährt erst viel später, daß die Häftlinge aus Dautmergen nach fünf Tagen von der französischen Armee aufgespürt und endlich befreit werden.

Dold stellt sich der französischen Besatzungsmacht. Im Herbst 1946 wird er, zusammengekettet mit 49 Massenmördern, Folterern und Schreibtischtätern, als „Angeklagter Nr.41" vor das französische Militärtribunal in Rastatt gestellt. Es kommt zu Auftritten, die in der Geschichte der Kriegsverbrecherprozesse ohnegleichen sind: Weinend bitten die befreiten Gefangenen von Dautmergen um Leben und Freiheit für den ehemaligen KZ-Kommandanten. Als ein jüdischer Greis vor den Schranken des Gerichts den Segen des Himmels für „diesen Mann, seine Kinder und Kindeskinder" erfleht, bricht einer der Armeerichter in Tränen aus. Am 17. Januar 1947 wird der Angeklagte Nr.41 aus der Untersuchungshaft entlassen. Am Morgen des 1. Februar verkündet der Vorsitzende des Tribunals, Richter Jean Ausset, 21 Todesurteile und hohe Haft- und Zwangsarbeitsstrafen. Erwin Dold wird als einziger KZ-Chef des „Dritten Reiches" freigesprochen: wegen erwiesener Unschuld.

Ein halbes Jahrhundert danach

GIBT ES NOCH BERICHTENSWERTES VON DEN KZs?

József Tihanyi-Hirmann

Es gibt Material für Hunderte von Bibliotheken über die Nazi-Zeit, auch über die KZs wurde weitgehend alles geschrieben, was zu schreiben ist. Und als ich - eine große Ehre - von der Redaktion der FLENSBURGER HEFTE aufgefordert wurde, einen Artikel über meine KZ-Zeit zu schreiben, habe ich mich gefragt, was zum Teufel in der Hölle es wert sei, im Jahre 1991 noch über diese Zeit zu schreiben, bei dieser Überschwemmung mit entsprechender Literatur. Aber einige Gedanken möchte ich doch niederschreiben und sie mit einigen Vorbemerkungen einleiten.

Oftmals benutze ich im Gespräch oder Briefverkehr mit meinen Freunden sehr starke Kraftausdrücke über die westlichen „Demokratien", auch über das - meiner Meinung nach - jüdisch-klerikofaschistoide, zionistisch-imperialistische Israel. Ich erhalte dann bezüglich meiner Ansichten über Israel immer die Antwort, daß es für mich leicht sei, mißbilligende Äußerungen zu artikulieren, da ich kein Deutscher sei, den man sofort als „bösen Deutschen", als Nazi oder Neonazi beschimpfen würde. Man hört das so oft, daß ich es für sehr wichtig halte, die Legende vom „bösen Deutschen" zu zerstreuen und den Deutschen zu helfen, ihre Selbstschätzung zurückzugewinnen. Natürlich gab und gibt es böse Deutsche, zum Beispiel die Nazis, aber die gibt es auch in allen anderen Ländern.

Auf der anderen Seite waren Bebel, Engels und andere natürlich keine Botokuden, sondern sie standen mit vielen Deutschen am Anfang der Arbeiterbewegung. Und der - meiner Auffassung nach - größte Deutsche war ein Jude, ein gewisser Karl Marx - und der größte Jude war ein Deutscher: derselbe Karl Marx. Oder will man behaupten, daß der Hegelianer Karl Marx kein Deutscher war? Das wäre doch sehr dumm.

Außerdem waren bis 1939 alle KZs mit Deutschen vollgestopft, mit Anti-Nazis! Auch danach wurden noch viele Deutsche hingerichtet oder in Zuchthäuser bzw. KZs eingesperrt. Also, das Märchen, das gut gezielte Märchen vom bösen Deutschen ist ganz einfach eine infame, niederträchtige dumme Lüge. Dumm? Nein, sondern sehr raffiniert: Manche wollen damit den Unterschied vom guten und vom bösen Deutschen verwischen.

Meine Mutter war Jüdin, mein Vater ein sogenannter Donau-Schwabe. Daß man nicht ein ganzes Volk verurteilen kann, als gut oder böse bezeichnen darf, habe ich am hautnah erlebt, denn selbst in meiner Familie gab es sogenannte böse und gute Deutsche. Wir wohnten mit meinen Eltern in einer Provinzstadt, in Waitzen (ungarisch Vác). Dort stand das Zuchthaus, in dem mein Vater - ein sehr, sehr anständiger Mensch - nach den Revolutionen nach dem Ersten Weltkrieg drei Jahre sitzen mußte. Nachdem ihn aus sein Bruder aus seiner Tischlerei herausgeschmissen hatte, mußte unsere Familie in der Provinz herumwandern, um den nötigen Lebensunterhalt zu verdienen. Meine Mutter - sie war Näherin - konnte mit mir, dem kleinen Kinde, nicht herumziehen und kehrte deswegen zu ihrer eigenen Mutter nach Budapest zurück. Also Elend, Jammer, Hunger, Frieren, Jahr für Jahr.

Wir schreiben das Krisenjahr 1929 im klerikofaschistoiden Ungarn: In diesem Jahr starb mein Vater, der uns immerhin noch ein wenig aus der Provinz unterstützt hatte, und wir wurden auslogiert und zogen woanders zur Untermiete ein. In der Elementarschule -

ich ging damals in die vierte Klasse - gab es am Nachmittag Lehrlingsunterricht. Die Lehrlinge schrieben sozialistische Parolen an die Toilettenwände, was mir natürlich sehr gefallen hat. Ich selber schrieb ähnliche Parolen auf Flugblätter, wurde dabei aber von meinen Lehrern entdeckt, so daß man mir die Noten im Betragen und im Religionsunterricht jeweils um eine Note herabsetzte. Diese Lehrer waren keine Deutschen, sondern ungarische Faschisten. Deswegen hat man mich nur in ein „Massengymnasium" aufgenommen, aber ich wollte um jeden Preis studieren.

Mit Hilfe der Volksküchen, Unterstützung meiner Schulkameraden und durch verschiedene Arbeiten für einen Hungerlohn habe ich schließlich im Jahre 1937 mein Abitur gemacht. Zwischenzeitlich lernte ich Stenografie bei einem sehr guten Stenografieprofessor, Ödön Galamb, der mich in einem Sonderkurs unentgeltlich unterrichtete. Ihm habe ich es zu verdanken, daß ich nach einem Jahr Arbeitslosigkeit bei dem größten ungarischen Zeitungskonzern, Az Est-lapok, einen Job als Parlamentsberichterstatter und Pressestenograf bekam.

Zwei oder drei Tage nach Kriegsausbruch, also Anfang September 1939, hörte ich in der Redaktion von einem Kollegen, daß die ungarische Staatsführung eine Armee der ungarischen Wehrmacht an die Nordgrenze - das war die ungarisch-polnische Grenze - verlegt hatte, um zu verhindern, daß die deutsche Armee von hier aus Polen angreifen könne.

Es war für mich damals klar, daß dies wenigstens in den ersten Kriegstagen eine sehr wichtige Nachricht für die gegen die Nazis kämpfenden Polen war. Aber! Polen hatte ja ein ebenso zu verachtendes Regime wie Nazi-Deutschland, klerikal, faschistoid. Sollten sie sich doch gegenseitig hinmorden, was ging mich das an? Aber nach einer halbstündigen Überlegung habe ich mich dann doch entschieden, daß die deutschen Nazis weitgehend gefährlicher und niederträchtiger waren als das Regime des Pilsudsky-Landes Polen. Also paßte ich auf, bis sich der Berichterstatter aus Warschau meldete, dem ich dann in verdeckter Weise meine Mitteilung gemacht habe. Ich schreibe das Ganze nur deswegen, um zu zeigen, daß schon damals ein informierter und vernünftiger Mensch gewußt hat, daß nicht *die* Deutschen, natürlich auch nicht *die* Polen, sondern die Faschisten beider Nationalitäten zu verachten waren.

Schon am nächsten Tag umzingelte die Spionageabwehr unsere Redaktion, drang in unsere Räume ein und erfuhr natürlich auch von den Aufzeichnungen meines Telefonats mit dem Warschauer Korrespondenten, so daß ich wegen „Spionage gegen eine befreundete Macht" - Nazi-Deutschland - verhaftet wurde.

Stundenlang wurde ich verhört, denn man wollte vor allem wissen, woher ich die Nachricht hatte, daß die ungarische Staatsführung eine Armee an die Nordgrenze verlegt hatte. Allerdings erfuhren sie von mir nichts, so daß sie mich wieder freilassen mußten. Zwar empfing man mich in der Redaktion mit Freude, aber auf Drängen der Spionageabwehr - das Militär war eigentlich durch und durch faschistisch - mußten sie mich aus der Redaktion entlassen.

Und das war im Oktober 1939. Anschließend verdingte ich mich als Hilfsarbeiter in einer Chemiefabrik, später in einer Druckerei. Im Jahre 1941 trat ich der Sozialdemokratischen Partei bei und wurde im März 1943 einer ihrer Zentralsekretäre. Sonntags arbeitete ich in der Redaktion der linksliberalen Sonntagszeitung *Függgetlen Magyarország* (Unabhängiges Ungarn).

Es war ein Jahr nach meiner Arbeitsaufnahme in der Parteizentrale, am 19. April 1944, als ich in der Redaktion hörte, daß die deutsche Wehrmacht das Land besetzt habe. Damals wohnte ich in einer Ein-Zimmer-Wohnung beim Chefideologen der sozialdemokratischen Partei, Illés Mónus, und wir arbeiteten Tag und Nacht an dem Übergangsprogramm der Partei. Ich rannte sofort nach Hause, er aber war nicht da, und ich packte mit seiner Frau das Nötigste ein, um sofort verschwinden zu können. Aber währenddessen überraschte uns die Gestapo, und wir versteckten uns in der Küche. Ein Gestapomann und zwei bewaffnete SS-Männer kamen in die Wohnung, was ich aus der finsteren Küche durch einen Türspalt beobachten konnte. Eine Weile blieb ich mucksmäuschenstill in der Küche verborgen, dachte dann aber, wenn sie mich beim Durchsuchen der Wohnung in der Küche finden würden, daß ich dann sehr viel verdächtiger sein würde.

Also begann ich das auf dem Gasherd kochende Essen zu rühren, einer der SS-Männer hörte mich, dachte wahrscheinlich, daß es eine Katze oder etwas ähnliches sei, und brüllte, als er mich entdeckte, aus voller Leibeskraft. Man ergriff und verhörte mich sofort: Ich erzählte ihnen, daß ich ein Freund des Sohnes Mónus´ sei und daß man mich zum Mittagessen eingeladen hätte. In der Tat ließ man mich in der Wohnung.

Mónus´ Sohn - die Familie Mónus waren Juden - hat man in Mauthausen ermordet, seinen Vater in ein ungarisches Internierungslager eingewiesen und am Ende des Jahres 1944 wurde er von ungarischen Faschisten ermordet und in die Donau geworfen. Das war im übrigen eine übliche Methode der ungarischen Faschisten. Ähnlich war es auch in den Jahren 1919/20 bei den Horthy-Faschisten zugegangen, die ihre Opfer ebenfalls in die Donau warfen.

Also ich war „frei". In meine Wohnung ging ich natürlich nicht mehr zurück, sondern lebte weiter in der Illegalität und organisierte den Widerstand. Am 13.10.1944 wurde ich um Mitternacht von drei Detektiven - ungarische Faschisten - auf der Straße verhaftet, am 14.10. einwaggoniert, am 21.10. kam ich in dem KZ Dachau an; wieder einen Monat später wurde ich nach Buchenwald geschafft, wo ich am 16.11. ankam, wenn ich mich der Daten noch genau erinnere.

Dazu muß ich bemerken, daß mein eigentlicher Name Hirmann ist. Allerdings habe ich den Namen 1945 geändert, weil es in dieser Zeit nötig war, einen ungarisch klingenden Namen zu haben. Bei meiner Auslandskorrespondenz benutze ich beide Namen, denn falls jemand meine Angaben über meine KZ-Haft kontrollieren möchte, so soll er mich finden.

Bei meiner Ankunft in Dachau habe ich gleich mit einer Fälschung begonnen. Beim Ausfüllen der Fragebogen war es nicht ratsam, den jüdischen Namen meiner Mutter anzugeben, darum änderte ich ihn ab.

Von Buchenwald aus kam ich nach Berga an der Elster, von dort wieder zurück nach Buchenwald, später in eine Kalisulfatmine bei Bad Salzungen/Dorndorf. Und dort geschah es, daß ein bzw. zwei Deutsche mein Leben gerettet haben. Zum ersten Mal!

Ich war damals sehr schwach, denn das Lager in Berga war ein sehr schlimmes, und ich war ohnehin nie sehr kräftig. In Bad Salzungen/Dorndorf mußten wir Tag und Nacht in einer 270 m tiefen Kalisalzmine arbeiten. Eines Tages ging ich durch das Lager, als mich der deutsche Oberkapo ansprach: „Du sollst ab morgen in ein anderes Kommando gehen, dort ist nicht die siebentägige, sondern nur eine sechstägige Schicht und Du wirst es dort leichter haben." Er hatte ja an dem Buchstaben „U" am roten Winkel gesehen, daß ich kein

Deutscher bin, sondern ein Ungar; er kannte mich nicht, wollte von mir nichts, was hätte er auch schon haben können, er sah nur ganz einfach, daß ich schwach war, und wollte mir, einem Ungarn, helfen!

Das war lebensrettend!

Dadurch schloß ich die Bekanntschaft mit dem Lagerältesten, einem alten deutschen Kommunisten. Wie gesagt, ich war Sozialdemokrat, so daß wir sehr viel zu diskutieren und zu zanken hatten. Aber er konnte es verhindern, daß ich in mein altes Kommando zurückgeschickt wurde.

Gott weiß, was mit allen geschehen ist, die damals mit mir in der Mine in Bad Salzungen gearbeitet haben. Die meisten waren schon ältere Leute und haben deswegen den Evakuierungsmarsch von Bad Salzungen zurück nach Buchenwald höchstwahrscheinlich nicht überlebt, denn viele starben auf diesem Rückmarsch vor Entkräftung oder wurden einfach erschossen, wenn sie nicht weitergehen konnten.

Ich selbst habe diesen Marsch im März 1945 überlebt, einen Höllengang durch Schnee und Kälte, an den Füßen nur mit Holzsandalen bekleidet, also jeweils einem Stückchen Brett, das ich mit Draht an meinen Füßen befestigt hatte. Nach und nach fraß sich dieser Draht auf dem Marsch in meine Füße ein, auch an den Knien und Kniegelenken bekam ich Wunden, deren Spuren noch heute zu sehen sind.

Nachdem wir in Buchenwald angekommen waren, kam die Befreiung und ich wurde mit meinen eiternden Wunden auf eine Krankenstation verlegt. Ich selbst hatte einen deutschen Pfleger, einen Kriegsgefangenen der Amerikaner, die uns im Lager befreit hatten. Seine Arbeit war es, uns Kranke im Revier zu betreuen.

Eines Tages sagte er zu mir: „Hör mal zu, Du hast sehr wunde Füße, man muß sie operieren. Ich rufe sofort einen Arzt." Er verschwand, kehrte aber bereits nach zehn Minuten zurück und sagte: „Alle sind total besoffen." Währenddessen betrachtete mein Pfleger mich auf dem Feldbett und sagte: „Wir werden es auch ohne sie schaffen." Er holte eine Pinzette und ohne jede Betäubung und Schmerzmittel begann er, mir das verfaulte Fleisch an den Beinen zu entfernen. Diese verfaulten Teile verbreiteten einen höllischen Gestank. Aber er schaffte es und bandagierte mich. Vielleicht zwei Wochen konnte ich nicht auf meinen Füßen stehen, aber schließlich wurde ich gesund.

Wieder hatte mir ein Deutscher, dieser kriegsgefangene Wehrmachtspfleger, das Leben gerettet.

Mein Leben lang bin ich meinen deutschen Genossen, Kameraden und Freunden dankbar, ebenso bin ich meinen Briefpartnern dankbar, die mich zeitweise besucht haben und mir im Laufe der Jahre Nachrichten aus dem fortschrittlichen Teil Deutschlands gebracht haben. Sie helfen mir noch heute, mein Los zu ertragen. Ich, der ich über siebzig Jahre alt bin, zehnmal operiert wurde, Magenresektion, Kehlkopfextirpation, als Rentner in einem sich rekapitalisierenden Lande mit galoppierender Inflation, und auch in einem Land mit sich wiederbelebenden Nazi-Kräften.

Aber meine deutschen Genossen, Kameraden und Freunde waren und sind meine Partner im Leben, und sie werden es bleiben!

Bücherschau

David Irving: Führer und Reichskanzler - Adolf Hitler 1933-1945
Herbig, München 1989. 816 Seiten, geb., DM 58,-

David Irvings neues Hitler-Buch, von vielen mit Spannung erwartet, ist die gekürzte und veränderte Fassung seiner beiden früheren Hitler-Biographien „Hitlers Krieg" und „Hitlers Weg zum Krieg". Gegenüber den beiden Vorläufern hat Irving allerdings eine wesentliche Änderung angebracht: Alle Passagen, in denen Treblinka, Auschwitz und Majdanek als Vernichtungslager bezeichnet wurden, sind weggelassen.

In einem Gerichtsverfahren gegen den deutsch-kanadischen Neonazi Ernst Zündel, der den systematischen Massenmord an den Juden bestreitet, wurde ein Dokument vorgelegt, das sogenannte „Leuchter-Gutachten", das beweisen soll, daß es in den Konzentrationslagern keine Gaskammern gegeben habe. Der amerikanische „Gaskammer-Experte" Fred Leuchter (er arbeitet in den USA als Beauftragter der amerikanischen Regierung für die Tötungstechnik bei der Vollstreckung von Todesurteilen) hatte die drei Vernichtungslager bereist und durch die Untersuchung von den Gaskammern entnommenen Gesteinsproben „bewiesen", daß es dort keine Exekutionskammern gegeben habe.

David Irving schloß sich dieser These an. Mit seinen zahlreichen Publikationen über das „Dritte Reich" erreicht David Irving einen großen Leserkreis vorwiegend rechtsstehender Zeitgenossen. Es genügt deshalb bei weitem nicht, sich über sein Buch zu empören und in diesem eine schlimme Verharmlosung Adolf Hitlers zu sehen. Es muß eine Auseinandersetzung mit diesem Buch geben, und diese Auseinandersetzung kann nicht bloß den Historikern überlassen bleiben. Diese haben das Irvingsche Buch bisher weitgehend verdrängt und weigern sich zum Teil auch, sich mit Irving an einen Tisch zu setzen. Auch diese Form von Verdrängung kann nicht gutgeheißen werden. Das kann man so sehen, ohne gleich als Nazi-Sympathisant verdächtigt werden zu können. Man kann auch sagen, es hätten viel mehr Menschen Adolf Hitlers „Mein Kampf" lesen müssen (auch heute noch scheint das nicht sinnlos zu sein), ohne daß dies gleich Sympathien dem Buche gegenüber bedeuten muß.

Irving schreibt: „Das größte Problem für eine kritische Beschäftigung mit Hitler ist die durch jahrelange intensive Kriegspropaganda und emotionell gefärbte Geschichtsschreibung nach dem Krieg hervorgerufene Aversion gegen seine Person. Ich hingegen stieß mit einer fast neutralen Einstellung auf dieses Thema."

Man mag letzteres bezweifeln. Leider hält Irving es ebenso nicht für nötig, sich mit den Arbeiten von Historikern wie Eberhard Jäckel oder Imanuel Geiss auseinanderzusetzen, was seinem Buch deutlich geschadet hat.

Das Hitler-Buch Irvings kann eine Auseinandersetzung entzünden, die zeigen wird, inwieweit unsere Vergangenheit von seiten der Historiker wirklich aufgearbeitet ist. Solange Autoren wie Irving einen großen positiven Zuspruch erhalten, andere ihn wieder total ignorieren, wird nur einer Polarisierung das Wort geredet, die uns in den nächsten Jahren einen großen Schaden zufügen kann. Irving wird möglicherweise für viele zum Heroen unter den Historikern. Das kann doch nicht beabsichtigt sein!

Somit kann das Irving-Buch ein echter Prüfstein gerade für diejenigen sein, die alles besser wissen, oder auch für diejenigen, die die ganze Diskussion um den Nationalsozialismus schon als abgeschlossen betrachten. Solche und solche gibt es leider noch sehr viele!

Arfst Wagner

Heiner Meyer: Berlin Document Center - Das Geschäft mit der Vergangenheit

Ullstein Verlag, Frankfurt/Berlin 1988. 160 Seiten, kart., DM 19,80

Es ist erstaunlich, daß es solche Bücher gibt, wie dieses von Heiner Meyer, ohne daß sie eine erkennbare Wirkung zeigen.

Einige Dutzend Tonnen Akten aus den Nazi-Zentralen wurden im Mai 1945 auf dem Hof einer Papiermühle in der Nähe von München von SS-Leuten abgeladen. Der Müller war überfordert. Er übergab das Material den einige Tage später einrückenden Alliierten. Diese gründeten in Berlin das Document Center.

Dieses scheint recht schlampig geführt zu werden. Viele Akten sind verschwunden, so zum Beispiel die über Klaus Barbie, Adolf Eichmann und die des späteren Ministerpräsidenten Filbinger.

Aus dunklen Kanälen gespeist, blühte (und blüht?) ein schwunghafter Handel mit Originaldokumenten aus der Nazi-Zeit, die aus dem BDC verschwanden. So kostete zum Beispiel ein einziges geklautes NSDAP-Mitgliedsbuch 4.500 DM auf dem Schwarzmarkt. Erhebliche höhere Summen werden für von Nazi-Größen unterschriebene Originaldokumente geboten.

Die geplante Übergabe des BDC der Amerikaner an die Deutschen scheiterte immer wieder unter haarsträubenden Umständen.

Kaum zu glauben, aber wahr ...

Für Deutsche ist das BDC bis heute kaum zugänglich.

Arfst Wagner

Johannes Rogalla von Bieberstein: Adelsherrschaft und Adelskultur in Deutschland

Verlag Peter Lang, Frankfurt/M. 1989, 335 Seiten, kart., DM 70,-

Johannes Rogalla von Bieberstein, Historiker und Bibliotheksdirektor der Universität Bielefeld hat ein Buch vorgelegt, das eine echte thematische Lücke schließt. Mit akribischer Sorgfalt, aber nicht ohne Humor verfaßt, beschreibt er die kulturellen, biologischen und religiösen Wurzeln der „Adelsherrschaft und Adelskultur in Deutschland" bis hin zum Adel der Gegenwart.

Der Adel wird sehr facettenreich porträtiert und analysiert, von den wesentlichen Grundzügen des adeligen Selbstverständnisses, der ständischen Sozialordnung, der adeligen Mentalität und Ideologie bis hin zu Rittertum, adeliger Jagd und zur Edelfrau als Ware auf dem Heiratsmarkt. Auch auf die Rolle der Adeligen im Widerstand gegen Hitler und den Nationalsozialismus wird eingegangen.

Mit einem Kapitel über „Adel, Bauern, Bürger und Demokratie", in dem der „Sturz der Adelsherrschaft von 1918 und 1945" beschrieben ist, sowie eine Beschreibung des „Adels der Gegenwart" klingt das Buch aus.

Der ideale Adelige des 16. Jahrhunderts sollte „ein geschliffener Diamant", ein allseitig gebildeter Mensch sein. Aber „Blaublut" ist nicht gleich „Blaublut", oder - wie Hans Sachs sagte -: „Adel sitzt im Gemüte, nicht im Geblüte."

„Der Mensch wird erst dadurch zu einem Kulturmenschen, daß er sich Gedanken macht über sich selbst und den Sinn der Welt, daß er sein Leben bewußt und frei gestaltet und er im Unterschied zu dem instinktgeleiteten Tier auch nein sagen kann."

Arfst Wagner